미국 최대교회 25개 중 12개를 석권한 갈보리채플 부흥 이야기

종말의 때, 하나님이 택한 사람들

HARVEST

세상을 바꾼 사람들

위대한 추수

홀리북스

Harvest
by Chuck Smith

© 1994 The Word For Today
Published by The Word For Today
Translated by permission of The Word For Today

Korean edition
© 2020 Holy Books / Jonah Lee

홈페이지 : www.holybook.kr
전화번호 : 02)798-5412

저자 서문

우리 크리스천들도 때때로 좌절감에 빠진다. 이는 우리가 스스로 이해할 수 없는 일들을 이해하려고 애쓰는 데서 온다. 사람들은 하나님이 하시는 모든 일을 이해하려고 애쓴다. 그러나 하나님은 "내 생각은 너희 생각과 다르며 내 길은 너희 길과 달라서"(사 55:8,9)라고 말씀하셨다.

하나님이 이스라엘의 국가적 권위를 높이고자 하셨을 때, 이스라엘 백성을 이끌 영광스런 왕으로 선택한 사람은 천만 뜻밖의 인물이었다. 그는 바로 베들레헴의 이새의 막내아들 목동 다윗이었다. 하나님께서는 그의 머리에 기름을 부어 왕으로 삼으셨다.

사실 다윗이 이스라엘의 왕이 될 만한 배경은 없었다. 만약 다윗이 그리될 만했던 자격을 굳이 찾는다면 천진난만한 천성과 하나님을 사랑했다는 것일 뿐, 그 외에는 보잘것없는 어린 양치기 목동에 불과했다.

또 하나님은 이스라엘의 대적들을 쳐부수기 위해 다윗이 인솔할 막강한 군대를 편성할 때도 잘 훈련된 용사를 모으신 것이 아니었다. 오히려 삶에 지친 자, 빚진 자 그리고 불평꾼들을 끌어 모으셨다. 이러한 볼품없는 오합지졸이 백전불굴의 용맹을 떨쳐 다윗 앞에선 대적들을 모두 굴복시켰던 것이다.

예수께서 세상을 개혁하고 하나님 사랑의 기쁜 소식을 온 인류에 전파하기 위해 선택하신 후보들 역시 의외였다. 열두제자 대부분은 어부였고, 제자들 중에 하나는 세상 사람들의 미움을 사던 세리였다. 중대한 대업을 눈앞에 두고 우리들이 취했을 방법과는 전혀 다르다. 오늘날에도 하나님은 세상 가운데 어떤 놀라운 일들을 하고자 하실 때, 사람들 눈에는 어리석고 불가능한 것 같이 보이지만, 세상에서 미천하고 약한 자들을 택하여 강한 자들과 지혜자들을 당황케 하신다.

예컨대 수천 명의 교인을 가진 큰 교회를 이끌 목자를 키움에 있어서, 하나님은 반드시 예일대나 하버드 같은 일류대학의 우등생들을 찾지 않으셨다. 하나님은 일류대학에서 최고 우수한 성적으로 졸업하고 박사학위를 지향하는 천재급 인재들 중에서 물색하시지 않는다는 말이다.

대신 우리의 경우를 보면, 갈보리채플 교회를 통해서 그리스도의 나라를 확장시켜 나갈 때, 하나님은 고교 중퇴자로 거리에서 패싸움을 일삼던 멕시칸 깡패, 마약중독으로 정신이상이 되었던 히피족, 우상숭배를 일삼던 마약 밀매꾼, 그리고 오토바이 깽단원과 같은 타락한 젊은이들을 등용하셨다. 이들은 퇴색일로에 있던 기독교 전통의 폐단을 뒤엎기 위해 우리 갈보리채플을 통하여 하나님이 선택하신 몇몇 사역자들 중의 몇사람들이다.

이제부터 펼쳐지는 믿어지지 않는 놀라운 이야기들은 비록 상황은 서로 다르지만 한결같이 사탄의 사슬에 묶여서 난폭하게 행동하고 악의 극치를 달리던 젊은이들이 하나님의 은혜의 손길로 감화되어 새 삶을 찾았을 뿐 아니라, 오늘날 수천의 군중을 향하여 하늘로부터 받은 은혜의 말씀을 전하고 있다. 아마 오늘 이 책을 읽을수록 신학교육은 받아보지도 못한 청년들이 어떻게 거대한 교회를 세우고 수천 명의 교인의 리더가 될 수 있었을까 하는 놀라움을 갖게 될 것이다.

그렇다면 이러한 놀라운 성공의 비결은 무엇인가? 다년간 우리 교회가 체험해 온 놀라운 일들 중의 공통된 실례를 든다면, 그것은 그들이 복음의 진리를 듣고 성령의 감화로써 거듭났을 때 수많은 교회를 일으킬 수가 있었고, 또 신실한 목회를 통하여 거대한 교회로 부흥시킬 수 있었던 것이다.

지난 사십여 년간 목회생활을 통해 주님이 나에게 가르쳐 주신 교훈은, 목회철학과 방향 그리고 효과적이고 능력 있는 목회방법은 다른 사람들에게도 전수할 수 있다는 절대 확신이다. 우리가 오직 주님께 순종한 것처럼, 주께 부름 받은 그들도 이 땅 위에 능력 있는 강한 그리스도의 교회를 세울 수 있다는 것이다.

우리는 사도행전에서 교회 탄생 첫날에 삼천 명의 새 신자가 불어났으며, 주께서 나날이 그 수를 늘려주셨음을 배웠다. 이와 같이 교회가 주님의 뜻대로 실행하면, 주님은 그 교회를 통하여 그가 원하시던 일을 항상 이루심을 우리는 확신한다. 따라서 사람이 아무리 자기의 길을 계획할지라도 그 걸음을 인도하시는 이는 하나님이다. 사람이 치밀하고 세부적인 목회 계획을 세운다고 할지라도, 그것이 사람의 생각이고 하나님께서 함께하시지 않는다면 결국은 실패하고 만다.

그러므로 목회자가 교회는 예수님의 몸이요 주님의 것이라는 생각과 마음으로, 그의 뜻대로 목회를 한다면 하나님은 우리가 상상할 수 없을 정도로 영혼의 수확을 걷어 주신다. 그러므로 목회에서 가장 중요한 것은 주의 음성을 듣고 순종하는 것이다.

갈보리채플 척 스미스

목 차

1부

회심의 증언

탈 브룩(Tal Brooke)

버지니아 대학교 & 프린스턴 대학교 졸업
Spiritual Counterfeits Project 대표
(미국 최고의 변증 및 문화 감시단체)
저서: Lord of the Air & Avatar of Night.

혼돈의 세대

어느 날 신문 자판대 앞에서 LOOK, TIME, NEWS WEEK 지를 펼쳐 든 순간 나는 전면에 게재된 커버 사진에 완전히 매료되었다.

나는 땀이 송골송골 맺혀 떨어지는 무더운 날, 수많은 사람들이 운집해 있는 인도 남부 어느 시장 거리에서 그 잡지들을 손에 들고 서 있었다. 그 시장은 마이소어주(Mysore) 방갈로 버스 정류장 근처에 있었고, 나는 사이바바(Sai Baba) 본부로 돌아가는 길이었다. 사이바바 본부에는 인도에서 가장 존경받는 힌두교 스승이 있었고, 그 당시 나는 사이바바의 특별회원이었다.

신문 커버 사진 중에서 특별히 내 눈을 사로잡은 사진 한 장이 있었는데 물속에서 솟아 나오는 아름답고 찬란한 한 남자의 형상이었다. 반짝반짝 햇빛에 튀기는 젖은 몸을 한 젊은이가 푸른 바다 위로 솟아나와 서 있는데, 그의 팔은 파란 하늘을 향해 뻗고 있었다. 기자는 다음과 같이 설명하였다.

- 그 순간 시간은 멈추어 섰고, 태양의 입자들은 공중에 흩뿌려져 결정체가 되어서 뿌려지고 있었다. 그 위로 유리알처럼 얼어붙은 물방울의 파편들이 폭포처럼 쏟아졌다. 수천 개의 작은 물방울이 아름다운 보석 꿰미가 되어 떨어지고 있었다. 그 사람의 얼굴은 지고한 기쁨을 맛본 듯 환한 미소로 가득 차 있었으며, 구원받은 행복감 속에 소망이 넘쳐났다.

그는 바로 소문난 캘리포니아 히피(Hippie) 중 한 사람이었다. 야위었지만 근육질로 다져진 가슴까지 금발머리를 길게 늘어뜨렸다. 이 친구의 과거 행로는 그의 팔뚝과 얼굴에 아주 잘 나타나 있었다.

그는 하이트 애쉬베리(Haight Ashbury)에서 마약을 복용하며, 샌프란시스코에서 로스앤젤레스 1번 도로를 따라 도로변의 과일을 따먹으면서 걷기도 하고 차를 얻어 타며 목적 없는 여행을 즐기고 있었다.

사실 그의 인생행로는 험했다. 그러나 켈리포니아의 푸른 바닷물에 잠겼다가 나온 순간 그의 얼굴은, 험한 인생행로를 끝내고, 전혀 예기치 않았던 미지의 세계를 향해 출발해야 할 때가 왔음을 암시하고 있었다. 그에게 인생 전투는 더 이상 없다. 지옥의 발걸음은 더 이상 밟지 않으리라. 무한한 평안과 기쁨이 그의 영혼 가운데 가득차 왔다.

사진 속의 그 젊은이는 코로나 델 마 비치(Corona Del Mar Beach)에서 침례를 받고 물 위로 나온 때이다. 그는 '골든게이트'(Golden Gate)에서 영원으로 가는 길을 찾기까지 길고 기나긴 여행을 했으며, 그날 갈보리채플 침례식에서 세례를 받은 900명 가운데 한 사람이었다.

그날 이후 캘리포니아 해안을 중심으로 펼쳐진 갈보리채플 척 스미스 목사의 "예수사람운동"(Jesus People Movement)은 초고속 기어를 달고 달리기 시작하였다.

예수사람운동

또 다른 커버 사진에는 침례를 집도하는 사람, 바로 척 스미스 목사가 등
장하였는데, 그는 코스타메사 갈보리채플 담임목사로서 미국 서부지역
들을 휩쓴 갈보리채플 부흥을 주도한 인물이다. 그 이후 갈보리채플에
서는 매월 900여명에게 침례를 베풀었다. 이러한 부흥운동은 수많은 사
람들 특히 일반교회 목회자들을 어리둥절케 하는 사회적 빅 이슈였다.

잡지에 실린 사진들은 켈리포니아 해안가 암벽을 따라 서 있는 군중들
곧, 신비의 세계를 추구하며 반문화운동에 침식된 자신을 버리고 그리
스도인이 되려는 소망으로 가득 차 있었다. 그들은 자기들의 생활방식과
인생의 무거운 짐들을 던져버리고 오직 예수 그리스도를 따르기로 결단
하고 있음을 암시하고 있었다.

그들은 그리스도인으로 귀의하기 위하여 방종한 자유와 쾌락의 꾸러미
들, 곧 마약, 음주 히피 공동체 생활, 사회거부운동, 프리섹스 그리고 급
진적인 경험 추구 속에 파고든 동방 신비주의의 모든 것들을 한 순간에
던져 버렸던 것이다.

그 당시 신비세계를 찾아 인도에 있던 나에게 있어, 그 사진들은 나의 인
생행로의 전환을 심각하게 제안하는 계기가 되었다. 사실 그 당시 성경
적 관점들은 흑백 논리에 빠져 있었는데, 새롭게 시작한 갈보리채플이
새로운 복음의 발판을 놓고 있었다. 내가 왜 그렇게 말할 수 있는가? 당
신은 그 질문에 대한 대답을 곧 알 수 있을 것이다.

뉴에이지 vs 새로운 의식

사실 나는 2년 동안 인도에 거하면서, 자칭 신(神)이란 사람이 주창하는 "의식확대"(Consciousness Expansion) 요법을 배우고 있었다. 자칭 신이란 사람은 내가 계몽되어야 할 사람으로 운명 지어져 있다고 말하였다. 그의 말을 따라 나는 신비의 물마루를 타고 있었던 것이고, 사실 그 일들은 향후 10년 간 "뉴에이지운동"(New Age Movement)을 미국에 끌어들이는 데 일조하였다.

그때 나의 생활은 모험영화의 줄거리에서나 볼 수 있는 모험을 동반한 시간 속에 있었다. 그것은 실제 삶의 드라마였다. 그렇지만 이제 내 손에 들려 있고, 내 눈에 들어온 그 잡지의 사진들은, 내가 지금까지 믿었던 모든 것을 정면으로 반박하였고 이제 돌이켜서 "새로운 의식"(New Consciousness)을 추구하는 운동에 동참하라고 촉구하였다.

내 의식이 그 사진에 초점을 맞추어감에 따라, "신성"(Godhood)을 추구하던 내 자신의 영적행로의 어려움에 관하여 더욱 깊이 생각하게 되었다. 그리고 시간이 지남에 따라 나는 동방의 영적행로에 대해 실망을 절감하게 되었다.

그 무렵 몇 가지 영적인 "테스트"가 나의 영적 행로를 가로막았는데, 그것은 두 사람의 기독교인 선교사로부터 왔다. 그들의 사랑은 실제 살아 움직이고 있었다.

그들의 선한 행실은 밖으로 나타났고, 그들은 견딜 수 없는 상황에서도 오히려 기뻐하였다. 그들은 마치 사랑과 소망이라는 용수철을 숨겨 갖고 있는 것 같았으며, 외적인 환경의 영향을 절대 받지 않는 것 같았다. 그러나 이 두 선교사에 비추어 내 자신을 돌이켜 볼 때, 내가 신비의 세계로 성장하고 앞으로 나아간다고 믿었던 것들은 실제로 완전한 영원함으로 가는 영적 행보를 훼방하며 저주하고 있었다.

1971년 2월호 「Look」지 커버스토리와 다른 잡지의 기사들은 또 어느 놀라운 사회 현상들을 토픽으로 다루었다. 그 당시 60년대 말에 이르러 여러 가지 사회의 기본 규범들이 급속도로 무너져 내리고 있었는데, 그러한 반문화 경향과는 전혀 다른 반대 방향을 향해 가는 무리들이 잡지에 소개되고 있었다.

그 사진에는 캘리포니아의 급진적 히피문화를 즐길 수 있는 일을 추구하는 방랑자의 구체적인 묘사를 하고 있었는데, 히피문화와 완전히 다른 별개의 사진이 나란히 실려 있었다. 그것은 꽃을 들고 태평양의 파도 한가운데 서 있는 청년의 사진이었는데, 그것은 전혀 뜻밖의 것이 아니었다.

인도의 어느 한 길가에 서 있던 그 순간 이후, 나는 일 년이 지나지 않아서 그 사진에 실려 있던 친구처럼 나도 버지니아의 샬럿츠빌(Charlottesville, Virginia) 근처 어느 호수에서 침례를 받고 구원의 평안과 기쁨의 미소를 지었다. 그때 내 생애에서 처음으로 진정한 소망이 무엇인지를 알 수 있었다.

그때까지만 해도 내가 꿈꾸어 온 힌두교 교사를 포기한다든가 내가 그리스도인이 된다는 것은 생각조차 해보지 않았다. 그리고 오래지 않아서 내가 그 사진들의 중심 인물인 척 스미스 목사와 함께 일하게 되리라고는 전혀 생각해 보지도 않았다. 그렇지만 그 기사는 하나님께서 내 영혼에 보내시는 세미한 신호였다. 하나님은 내 마음 속에서 다음과 같이 말씀하셨다.

- 지금까지 너는 네 자신이 진리에 이르는 길에 있다고 생각하였겠지만, 사실 너는 세상에서 가장 미묘한 거짓의 유혹에 빠져 있었다. 너는 지금 파도 가운데 우뚝 서 있는 이 사람을 보느냐? 그가 바로 나의 종 척 스미스 목사다. 언젠가 너도 내 시간표에 따라서 그와 동역하게 될 것이다.

그러나 그것은 미래에 이루어진 일이었고, 그 당시에는 나의 세대 사람들 대부분이 그러했던 것처럼 나도 그리스도인이 되기를 거부했었다. 다만 세미한 신호를 마음속에 두고 조용히 기억하고 있을 뿐이었다. 그러면 그 일이 어떻게 현실화되었을까? 어떻게 우리가 맨 처음 만나서 동역하게 되었는가? 어떤 면에서 나는 하나의 모델 케이스일 뿐이다.

무질서 세계의 신세대

나는 무신론적인 가정에서 자랐고 교회에는 가보지도 못했다. 더욱이 나는 어렸을 때부터 비학(秘學)에 입문했다. 아버지가 런던에서 외교관으로 있을 때 나는 열 살이었다. 어느 날 저녁, 아버지는 나를 데리고 나가 점판(占板)을 경험하게 하였다. 사실 내 아버지는 확고한 유물론자로서 내가 하는 모든 것에 관심을 갖는 것만큼 무익한 미신적 행위에도 참여케 하였다.

그 후 나는 버지니아 대학교에 들어갔고 신비주의에 깊이 몰입하고 있었다. 어느 날 버지니아의 교외에서 마약 중의 하나인 Sandoz LSD를 다량 복용하고 있었는데, 그때 내게 갑자기 신비의 문이 활짝 열렸다. 그날은 따뜻한 봄날 저녁이었으며, 풀밭이 마치 큰 안락의자 같았다.

갑자기 하늘의 신비를 가진 자들이 내게 무언가 말하였다. 대화가 끝난 순간, 나는 영원을 맛보았다고 확신하였고, 그때로부터 우파니샤드(Upanishads)와 여러 가지 인도 경전들을 탐독하였다. 갈수록 더욱 깊이 몰입되었으며 그 누구도 이것으로부터 나를 떼어놓지 못하였다. 그러던 어느 날 더욱 깨달음이 많은 현자 스승을 찾아 인도로 가야겠다는 생각을 하게 되었다.

그러나 여기서 나는 또 다른 고백을 하고 싶다. 내가 기독교를 선택하지 않고 동방의 사상으로 돌아선 가장 중요한 이유들 중의 하나는, 내가 참석하려 했던 그 어떤 교회에서도 그들이 입술의 매력처럼 말하는 사랑이란 것을 도무지 찾아볼 수가 없었기 때문이다.

기독교 문화 속에 살아온 나에게 "교회에 사랑이 없다"는 사실은 받아들이기 어려웠다. 이럴 때 나와 같은 소심한 판단주의자들은 종종 어리석은 냉담함을 내보이게 마련이다. 심지어 더 보수적인 교회들이 자기들의 특별한 기준에 맞지 않는 사람들과는 자기 것들을 결코 나누거나 함께 하려 하지 않는다고 매도해 버린다.

이와 같이 밖에서 보는 사람들에게 있어, 하나님의 은혜와 아름다움을 상실한 교회보다 흉한 것은 없다. 그 이유는 은혜를 상실한 신자들의 모습은 신앙인의 성숙한 믿음이 아니라 종교의 모습이기 때문이다. 따라서 내 눈에 그들은 결단코 올바른 신앙인으로 비춰지지 않았다.

그러나 이것은 전적으로 폐쇄적인 교회들만의 잘못이라고도 말할 수 없었다. 사실 우리 세대는 자기가 파놓은 함정에 스스로 빠져 있었다. 반문화적인 것들을 무분별하게 수용한 사람들은 자기들이 수용한 반문화는 교회의 "심판적 위선"(Judgmental Hypocrisy)보다 더 정직하다고 생각하였다.

그만큼 우리는 속단하여 교회를 낮게 평가하였던 것이다. 그래서 나 또한 동료들처럼, 교회에서 제안한 것들에 대해서 상당히 의심스러운 눈초리로 바라보았다. 예를 들면, 인도에서 나는 앞에서 언급했던 그 두 명의 선교사들을 잔인하리만치 비판적인 시각으로 살펴보고 관찰했다.

그러나 이 두 사람의 신실한 영혼에서는 하나님의 은혜가 숨김없이 거짓없이 드러나고 있었다. 드디어 나는 거기서 참된 하나님의 은혜를 만났으며, 결국 허무한 나의 행로의 종지부를 찍게 되었던 것이다.

그후부터 교회에 사랑이 없으므로 교회에 갈 필요 없고 절대로 예수를 믿지 않겠다던 변명이 더 이상 내게는 용납되지 않았다. 사실을 말하자면 내가 그리스도인으로 살았던 최근 몇 년 동안, 나 역시 내가 교회를 격렬하게 공박했던 바로 그 일들을 내가 행하므로 많은 비난을 받게 되었다. 믿는 나 역시 때때로 관대하지 못하고 남을 판단하며 사랑하지 않았던 것이다.

이런 사회적 풍조로 인해 적어도 60년대, 70년대의 젊은이들은 대체로 교회를 멀리하고 교회에 대해 적대적이었다. 그럼에도 갈보리채플은 이러한 그룹에 다가가기 위해서 능력 있고 활발한 사역을 펼쳤으며, 지금도 여전히 펼치고 있다.

이런 젊은이들은 비록 온갖 형태의 타락한 배경을 갖고 있었지만, 그들이 어두운 삶의 현장에서 갈보리채플의 사역을 보던 날부터 그들은 닫히고 적대적이던 마음을 서서히 열고 갈보리채플 교회로 들어왔음이 분명하다.

신선한 바람

회심한 지 십 년이 되는 해 돌이켜 볼 때, 내가 코스타메사 갈보리채플의 풍요로운 성전에 들어갔을 때 보고 느낀 것은 상쾌하고 신선한 바람 같은 것이었다.

내가 갈보리채플 교회의 문을 열고 들어간 순간, 풍요로운 사랑이 넘쳐 흐르고 있음을 느꼈다. 적어도 이 교회에는 어느 교회와 같이 판단주의자들이 모여 있지 않은 것을 확신할 수 있었다. 오히려 나는 굳건한 소속감 같은 것을 느꼈다.

그리고 척 스미스 목사의 설교에는 무언가 다른 것이 있다는 것을 깨달았다. 어느날 나는 하나님께서 그의 백성에게 주신 약속, 즉 그들에게서 생수의 강이 넘쳐날 것이라는 약속에 관하여 듣고 크게 놀랐다.

의심할 바 없이 척 스미스 목사가 말한 대로 생수의 강은 자기 자신에게서부터 넘쳐나고 있었다. 내게 있어서 이것은 하나님께서 그 사역 위에 인치셨다는 것으로 받아들여졌다.

척 스미스 목사는 하나님을 믿고 기대하며 결코 자기 자신을 의지하지 않았으므로 하나님의 부요하심에 참여하게 되었다. 그래서 예배가 끝난 후 내가 척 스미스 목사를 만났을 때는 마치 옛 친구를 만나는 것 같았다.

주일 3부 예배로 나누어 드리는 주일 오전 예배에 참석한 인원은 4,000명이 훨씬 넘었고, 예배 후 많은 사람들이 그를 만나기 위해 줄을 지어서 있었다. 드디어 내가 척 스미스 목사를 만나는 차례가 왔다. 그리고 그때까지만 해도 나는 은혜의 충만 가운데 사랑이 넘치는 목사를 만나리라고는 생각하지 못했었다.

그러나 그를 만나고 난 후 나는 많은 사람들에게 복음을 전파하고 하나님을 만나게 하시기 위해 하나님께서 겸손한 사람 척 스미스를 사용하신 이유를 알 수 있었다. 그를 만난 후 나는 그의 사역이 한 세대에만 영향력을 미치는 것이 아니라 뒤를 이어 끊임없이 확대될 것이라 확신했다.

사실 갈보리채플의 출발은 아주 미약하였다. 그러나 그들은 기꺼이 죽어가는 젊은 세대 속으로 깊숙이 파고 들어가 맡겨진 사역을 감당했다. 그 결과 한 단일 교회가 교회 역사상 경이로운 영혼의 수확을 걷었다. 변명할 수 없는 이 사실 속에는 우리 모두가 본받아야 할 몇 가지 흥미로운 교훈이 있다. 또한 이와 같은 추수의 교훈을 배우게 하는 것이 이 책이 추구하는 목표이다.

2부

추수시대

척 스미스(Chuck Smith)
(1927~2013)

미국 Calvary Chapel 개척자
Calvary Chapel Bible College 설립자
1960년대 예수사람운동 창시자

새로운 시작

지금부터 나는 한 사람의 구경꾼인 입장에서 코스타메사(Costa Mesa)에 위치한 우리 교회를 시발점으로 갈보리채플 활동의 전반에 걸쳐 발생한 폭발적인 교회 부흥의 양상을 설명하려고 한다.

여기서 내가 자랑할 것은 이 모두가 주님의 은혜로 말미암은 것이라는 사실이다. 앞으로 전개될 사건들을 그려서 한번 관망한 후, 나에게 있어 광야생활에 해당했던 고달팠던 긴 세월의 경험담들을 풀어 놓으려 한다. 이는 내가 왜 하나님이 하신 일에 대해서 경외함을 금치 못하는지 이 글을 읽는 사람들을 이해시키기 위함이다.

이제 여러분들도 나의 증언을 통해서 하나님의 완벽한 계획을 살펴보면서 경탄을 아끼지 않게 될 것이다. 왜냐하면 읽는 사람들 모두가 다 놀라서 입이 딱 벌어지게 될 테니까 말이다.

루크(LOOK), 라이프(LIFE), 타임(TIME) 그리고 뉴스워크(NEWS-WEEK)지 등에서 태평양 한 바닷가에서 행해진 우리 갈보리채플의 대대적인 침례식 장면을 다루었다. 그리고 거기에 실린 그림들은 바로 인간 추수 현장을 방불케 하였다. 문자 그대로 수천을 헤아리는 군중들이 해변으로 찾아와 장사진을 이루고 자기가 받을 침례를 기다렸다.

이 잡지들은 근대 교회 행사로서의 놀라운 현상을 널리 세상에 알려 주었다. 풀러대학의 피터 와그너(Peter Wagner) 교수와 웨스트민스터 주립대학의 론 엔로스(Ron Enroth) 교수는 각기 그들의 저서에서 이는 미국 역사상 전례 없는 장엄한 광경이었다고 격찬하였다.

70년도 중반의 어느 한때는 무려 2년 사이에 캘리포니아 코스타메사의 갈보리채플이 베푼 침례식에서 8,000명 이상이 침례를 받았다. 또 같은 기간에 갈보리채플은 20,000명 이상의 사람들을 그리스도를 향한 믿음으로 전향시키는 역할을 수행했다.

그 당시 미국 교회성장을 조사한 신학교 교수들에 의하면 갈보리채플의 성장률은 지난 10년 동안의 100배를 넘겼다고 한다. 그러나 이보다 더욱 놀라운 사실은 1965년 코스타메사 갈보리채플의 첫 주일 오전 예배에 참석자는 25명밖에 안됐다는데 있다.

처음 25명으로 시작된 이 작은 교회가 캘리포니아 지역에 무려 300개 이상의 지교회를 설립했을 뿐만 아니라, 코스타메사의 갈보리채플을 출석하는 교인 수만 해도 무려 35,000명에 달하는 큰 성장을 이루었다. 그래서 그 당시, 전 세계의 가장 큰 20개 교회 중에 18위로 꼽혔다.

존 바한(John Vaughan)은 『세계 20대 교회』라는 책에서 갈보리채플의 기적에 가까운 교회부흥의 현상을 전면적으로 다루었다. 그런가 하면 한편에서는 갈보리채플의 이런 충격적인 성과를 보잘것없는 것으로 일축해 버리는 비평가도 있었다.

이들은 갈보리채플이 대중 인기몰이를 위해 사람들이 좋아하는 메시지만 제공한다고 혹평했다. 이처럼 세상에는 하나님이 할 수 있고, 할 수 없는 일이 있다고 단정 짓는 비평가들도 있는 모양이다. 그러나 기억하라. 하나님 앞에 불가능이란 있을 수 없음을!

이런 비평가들은 대부분 몇 년이 지나도 도무지 성장이 없는 교회에 속하는 사람들로서 그들의 편견은 10여 년 동안 본인 자신이 체험한 입장이기도 하다. 그들은 영적 엘리트 의식론을 주장하는데 '소수란 영적이고 속이 여물어 충실하며 세상과 타협을 불허하는 정예임을 증명'한다고 고집한다. 아마도 그들은 양(量)이 영의 품위를 저하시킨다고 생각하는 모양이다.

그러나 예수님은 이미 자기 몫의 달란트를 땅에 묻어 두었다가 훗날 자기가 갖고 있던 것마저 빼앗겨 빈털터리가 된 종의 비유를 말씀하셨고, 자신이 받은 달란트를 몇 곱절로 늘린 종이 받은 축복도 아울러 말씀하셨다. 그러므로 교회의 크기를 제한하여 질을 향상시킨다는 비평가들의 주장은 근거 없는 소리이고 교회의 폭발적인 성장력이 나타나는 현상은 바로 하나님이 전적으로 함께하고 계시다는 증거이다.

우리가 성경에서 보는 것과 같이 오순절날에 예루살렘 거리에서 3,000명의 군중이 예수 그리스도를 영접한 그 은혜의 역사를 누가 잊을 수 있겠는가. 성경은 "주께서 구원받는 사람을 날마다 더하게 하시니라"(행 2:47) 증거하였다.

그 당시 민족적 우월감을 갖고 있던 유대인들이 하나님의 복음을 자기들만의 독점물로 여길 것이 아니라 멸시받는 모든 이방인들에게도 고루 나누어져야 하는 것으로 깨달았듯이 우리 갈보리채플도 이와 같은 의식 전환이 전개되었다.

이 기쁜 복음의 뉴스는 미국의 정통파 신앙인들 중의 25명에게만 머물지 않고 '반문화 체제'(counter culture) 그룹의 젊은이들에게 울려 퍼졌다. 물론 이러한 손길에는 사랑과 기적적인 포용의 역량이 뒷받침 된 결과다. 상호 이질적인 그룹 사이에서 따뜻한 손길을 베풀 때 신자는 자연히 늘어나기 마련이다. 그러나 이 일들은 어제도 오늘도 함께 하시는 하나님의 섭리가 절대적이었고, 그의 부르심 가운데 소망적인 삶을 찾는 많은 사람들의 의욕의 불길들이 끊이지 않았다.

어느 날 오후 아편 중독에 빠진 절망적인 한 젊은이가 신문기사를 보는 순간 주저 없이 주사기를 내버리고 해변으로 달려가 침례의 군중들 틈에서 통회하며 예수를 믿게 되었다면, 이 얼마나 놀라운 믿음의 구현인가!

이러한 놀라운 일들은 계속되었다. 갈보리채플이 새 교회당으로 옮기자마자 첫 예배부터 초만원을 이루었다. 마치 바둑판에 바둑알이 늘어놓듯이 우리 교회는 날로 날로 부흥 성장하였다.

개척 2년도 채 못 되어 코스타메사에서 시작한 작은 교회에서, 바닷가의 허름한 교회 건물을 사서 옮겼다. 그리고 얼마 안 되어 다시 옮겨야 했는데, 이번에는 학교 건물을 사서 리모델링을 시작했다. 학교 교실을 예배당으로 고치는 작업장에는 장발의 히피 청년들도 기쁨에 넘치는 얼굴로 참여하고 있었다. 이러한 장엄한 광경을 보기 위해 지나가던 차들이 속력을 늦추고 있었다.

예전부터 내가 꿈꾸던 이상적인 교회의 크기는 275석이었기에, 그렇게 설계했다. 그런데 1969년 완성 시는 335석이었고, 우리는 처음부터 1부, 2부 예배로 나누게 되었고 그것도 부족해서 바깥뜰에까지 500석의 자리를 마련해야 했다. 날씨가 좋을 때는 그런대로 괜찮았다.

그러나 1971년 되던 해 우리는 늘어나는 성도들의 수와 장맛비로 인해 결국 이사를 해야 했다. 그때 우리 교회는 코스타메사와 산타나 경계선에 위치한 12,200여 평의 땅을 사게 되었다.

그 당시 우리교회가 속한 오렌지카운티도 급속도로 변하고 있었다. 또한 사람들이 자꾸 남부 캘리포니아 쪽으로 내려오기 시작하면서 로스앤젤레스의 인구는 급증하기 시작했다. 그로 인해 한때 유명했던 오렌지카운티의 오렌지밭은 황무지화되기 시작했다.

우리는 땅을 사자마자 예측하지 않았던 대형 서커스 천막을 공터에 세웠는데 여기에 1,600명을 수용할 수가 있었다. 그러나 얼마 안 가서 또다시 2,400명이 들어설 수 있는 자리로 늘려야 했다. 그래서 할 수 없이 바로 옆에 거대한 예배당 건물을 짓기 시작했다.

이러한 일들이 모두 나에게는 놀라운 일이면서도, 한편으로는 불안스러웠다. 하루는 집에서 일찍 나와 황량한 공터를 우두커니 바라보고 있었는데, 걱정이 태산같이 몰려와 공포심에 사로잡히기까지 했다.

[이 넓은 땅을 개발하려면 엄청난 돈이 있어야 하는데, 어쩌다가 어리석게 이런 터무니없는 공사를 시작했단 말인가. 좁으면 좁은 대로 참고 견딜 것이지, 빚도 다 갚았고 은행에 저축한 돈도 있으니 이제 좀 쉬어 갈 일이지 왜 또 말려들었을까?]

스스로 자책감에 빠져 한숨을 쉬고 있었다. 그런데 갑자기 주님의 음성이 들려왔다.

- 누구의 교회냐?

이 말씀에 나는 놀라서 큰 소리로 대답했다.

- 주님! 물론 주님의 교회지요.
- 그럼, 무엇 때문에 걱정하느냐? 파산할까 걱정되냐?

그 순간 무거운 짐을 벗은 것 같이 마음이 홀가분해졌다. 미칠 것만 같았던 걱정거리가 일시에 말끔히 걷힌 것이다. 사실 재정 문제는 나의 책임이 아니었다. 주님의 교회니까 그것도 하나님의 책임이었다. 그 순간 나는 목회자로서 배워야 할 지극히 중요한 교훈을 깨닫게 된 것이다.

[그래, 교회도 내 것이 아니고 하나님의 교회다. 애초부터 일도 하나님이 시작하셨다. 우리가 수용할 수도 없는 그 많은 사람들을 교회로 끌어온 것도 하나님이셨거든 ……]

하나님은 날이 갈수록 더 많은 사람들을 모이게 하셨다. 드디어 1973년 2,200석의 거대한 신축 예배당에서 첫 예배를 드릴 수 있었는데, 이미 밀려드는 사람들을 다 수용하기에는 너무나 작았다. 하는 수 없이 3부 예배를 시작했고, 그때마다 각 부 예배는 4,000명 이상이 빽빽하게 채워졌다. 어떤 때는 좌석이 모자라 많은 사람들이 카펫 바닥에 앉아야 했다. 사실 우리는 이런 경우를 대비하여 빈 공간을 남겨 놓았었는데, 결국 가득 차버렸다.

나는 항상 친근한 집회 분위기를 조성하는 것이 매우 중요하다고 생각해왔다. 그래서 건축설계에 있어서도 썰렁하게 크기만 하고 법석이는 대형 체육관이 아니라, 다정한 모임에 찾아온 느낌을 주기 위해 200석에서 500석씩 나누어지도록 기둥과 대들보를 배열하였다. 바닥에 깐 카펫도 초원에 앉은 기분이 아니라 따뜻한 가정의 분위기를 느끼도록 신경을 썼다. 강단 전면도 단순하고 꾸밈이 없도록 설계했다.

모든 교회 좌석은 그 어떤 성도들이라도 서로 차별 없는 대화가 이루어지도록 타원형을 이루게 설계했다. 교회 안 전체가 탁 트여 개방적이고 신선한 분위기를 조성했다. 크지만 별다른 장식으로 꾸미지 않았다.

주일이면 저녁예배를 포함해서 4부 예배를 드리기 때문에, 모든 교인들이 한자리에 모인다는 것은 불가능했다. 그래서 할 수 없이 10,000명을 수용할 수 있는 근처의 '애너하임' 집회장을 빌려 격월로 합동예배를 보도록 했으나, 이 또한 자리가 부족하여 2부로 나누어 모임을 가져야만 했다.

나는 교회의 일과를 일일이 살펴보고서 누구라도 나를 만나고 싶어 하면 꼭 통지해 주도록 교회 스텝들에게 지시했으며, 비서실을 통해 빠짐없이 상담 요청을 할 수 있도록 준비했다. 주일 예배 후에도 시간이 허락하는 한, 그 누구라도 형식적인 악수만의 인사가 아닌 털어놓고 의논하며 같이 기도하는 만남의 시간을 유지했다. 또한 갈보리채플이 멀어서 교회로 찾아올 수 없는 신도들을 위해 라디오 방송을 통한 복음 선교를 하게 되었다.

'닐슨 조사서'(Nielsen Survey)의 공고에 의하면 우리 갈보리채플의 주일예배 실황 방송의 청취율이 전체 전파 구역 안에서 최고 수준을 차지하고 있다고 하였다. 1987년부터 갈보리채플은 라디오 복음방송을 위시하여 텔레비전 방송, 그리고 테이프 및 음반의 제작과 배포 등 전 분야에 걸쳐 봉사 활동을 전개하였다.

한편, 밖으로는 '위클리프 성경주석'(Wycliffe Bible Translators), '캠퍼스 크루세이드'(Campus Crusade), '항공선교회'(Mission Aviatison Fellowship) 그리고 기타 여러 선교 단체를 지원하였으며, 제3 세계에서 도움의 요청에 성심껏 응하였다.

주님의 지시임을 인식하고 산살바도르(San Salvador)에 라디오 방송국을 설립하여 지방 목사님들에게 넘겨주기도 했다. 또한 '오픈도어'(Open Door)라는 단체에 돈을 주어 배를 사게 하고 뗏목을 띄워 백만 권의 성경을 중국 본토에 밀수입시키는 일도 도왔다. 이렇게 우리는 교회 예산의 50% 이상을 대외 봉사 및 선교 활동비로 사용하였다.

갈보리채플은 주일마다 평균 200명의 새로운 신자를 맞고 있다. 그리고 이 새신자들은 14주간의 네비게이트 성경 공부반을 거치게 하였다. 동시에 이들은 주간에 여러 성경 공부반에 참석하여 성경 지식을 쌓았다. 나는 월요일 밤엔 청년들을 지도하고 주중 목요일 밤에는 심층 성경공부를 진행한다. 이밖에도 저녁마다 단체별로 성경 공부반과 기도와 친교를 위한 특수모임 등에 참가하여 수많은 교인들과 함께 바쁜 나날을 보낸다.

또한 갈보리채플은 일절 헌금을 강요하지 않는다. 우리 교회는 '신앙서약'(Faith Pledge)이나 '연례서약'을 통해 교인들에게 헌금을 강요하지 않는다. 마찬가지로 라디오나 텔레비전을 통해서도 기금에 대해 호소하지 않는다. 교회에서 돈을 구걸함은 하나님에 대한 모독이기 때문이다. 그래서 우리교회는 헌금에 대해 불문율로 삼아, 재정적인 결백성을 이루고 있다.

또 교직원의 봉급은 일반 기준을 하회한다. 나에게 지워진 우리 교회의 수천만 달러의 거액을 감사하는 동안, 오히려 우리 가정 생활비는 검소의 한계선을 넘지 않도록 절제하고 있다. 나는 하나님 앞에서 교회 재정에 대한 책임이 있는데, 이는 하나님의 돈이기 때문이다.

나는 단지 관리인에 불과하다. 그래서 이 일을 결코 소홀히 해서는 안 되는 중대한 일이라고 믿는다. 왜냐하면 사람들은 항상 우리를 주시하고 있으며 우리는 우리의 결백성을 증거할 책임이 있기 때문이다.

나는 언제나 크리스천의 간판을 내걸고 궁전 같은 저택에 살며 하나님 돈을 갖고 동에서 서로 이리저리 누비고 다니는, 그렇게 호탕을 일삼는 소위 선교관련 미디어 저명인사들을 볼 때마다 마음이 편하지가 않다.

강압적인 모금 공세에 호응하여 바쳐진 돈, 그러나 이 돈은 대체로 순전하여 성심어린 손길로 하나님 앞에 바쳐진 헌금이 아니던가? 개인숭배도 위험하지만, 재정의 낭비와 부정직함은 더욱 위험한 일이다. 이런 일로 인하여 대중 앞에 안 좋게 비치고 급기야는 크리스천도 별로 다를 게 없다고 하는 불신임으로 부각된 크리스천의 이미지, 이것은 커다란 비극이 아닐 수 없다.

나의 가까운 친구는 이런 일들을 가리켜 '미디어 전술'(Operation Media)이라 칭했다. 이런 '미디어'의 위선적 연극을 통하여 빚어진 대중적 크리스천의 이미지는 결국 세상 사람들에게 냉소적 불신을 안겨 주었으며 불성실하고 우매한 집단이란 올가미가 도매금으로 우리에게까지 씌워졌다. 우리의 순수한 믿음이 이렇게 왜곡당해 버렸다.

그러나 하나님은 우리 갈보리채플을 특별한 사랑과 개방된 유대로 축복해 주셨음을 믿는다. 예수 그리스도는 우리가 서로서로 사랑함으로써, 우리가 그리스도에게 속한 자라는 것을 세상이 다 알게 될 것이라고 말씀하셨다. 이것이 바로 우리 갈보리채플의 지배적인 목표다.

나는 우리 크리스천들이 이 기준을 세상에 보여줄 수 있게 해달라고 기도한다. 주님은 분명히 우리 크리스천의 신분으로 우선 사랑과 최고도의 결백성 그리고 완전성이 뒷받침되어야 한다고 말씀하고 계신다. 매스컴 상의 자선행위 그리고 자칭 기독교 지도자라고 외치는 자들의 백주에 드러난 추문과 망동으로 인해 선량한 크리스천들이 세상의 놀림이 되고 있는 것은 참으로 불행한 일이 아닐 수 없다.

그런 주인공들 자신이 세상의 조소와 불신을 면치 못함은 당연지사겠지만, 그러나 이제 우리는 세상 사람들에게 보다 나은 것을 보여주어야 할 의무와 책임감이 있다. 그러나 끝내 양심적으로 묵묵히 주님 앞에 공을 세운 일꾼들, 곧 죠지 뮬러, 허드슨 테일러, C.T. 스터드 등과 같이 어두움에 횃불이 되어 준 인물들은 매스컴에 외면당하고 일순간의 각광도 받아보지 못한 채 사라졌다. 이들은 모두 무명의 위인들이다. 참으로 슬픈 역사가 아닐 수 없다.

- 주님 세상의 불공평을 시정하시고 부름 받은 우리를 그리스도의 대사답게 사용해 주옵소서. 우리에게 일할 수 있는 힘과 능력을 주옵소서.

한 가지 더 하고 싶은 이야기가 있다. 나는 바다에 떠 있는 항공모함 같은 갈보리채플의 함장으로 걸어 들어가지 않았다. 많은 대형교회들이 대기업의 재벌들이 기업체를 무능한 자식에게 대를 물려주는 것처럼 세습을 하고 있지만, 우리 갈보리채플 교회는 내가 물려받은 것이 아니다. 이미 여러분들도 공감했겠지만, 나는 무에서 시작하여 그때그때 하나님의 새로운 부름에 순응했을 따름이다.

그 부름이 때로는 불합리하게 느껴지기도 했었지만, 그 뒤에는 여러 가지 은밀한 교훈과 피와 땀과 눈물로 어우러진 노력들이 숨어 있었다. 물론 이 일들이 성사되기까지 많은 준비 작업과 시간이 필요했었다.

그 기간이 나 나름대로는 광야생활이었고, 악전고투하던 긴 세월이었다. 이렇게 가혹하리만큼 극심한 시련을 통하여, 하나님은 앞으로 다가올 계획을 위해 나를 연단시키시고 단련시키셨던 것이다.

때때로 하나님은 표면상의 상황과 처지를 무시하신다. 그러나 우리가 하나님을 신뢰한다면 하나님에게 불가능이란 없다. 그런데도 때때로 내게 놓인 상황들은 전혀 불가능하게 보였다. 좌절과 고통은 일상의 상황이었다.

추수 앞의 가뭄

"나는 삯꾼이 아니다. 하나님은 나를 그의 교회의 목자로 부르셨다. 그러니 나를 대신할 사람을 구하라."

이런 생각은 나의 생애에서 중대한 전환점을 가져다주었다. 하나님은 내게 분명히 말씀하셨다. 17년간의 큰 가뭄 그리고 틀에 박힌, 말하자면 전통적인 교회봉사 형식의 답습에서 빚어진 17년간의 실패 후에 갇혀버린 갈급한 헌신의 끝이 다가왔음을 알았다.

다시 말해 나의 헌신을 구속해 버린 질식 상태에서 벗어날 때가 이제 온 것이다. 틀에 박히고 형식적인 분위기 속에서 어떻게 성령이 창의적인 활동을 할 수 있겠는가? 장로회의에서는 끝내 침묵을 지키면서도 내 마음속으로는 이미 사표 처리를 끝내 놓고 있었다.

바로 그날 밤 주일 저녁 예배는 처음으로 기쁨이 넘치고 생기를 띠었다. 나는 또 한 번의 모험을 한 셈이다. 전통적인 절차를 떠나 이제 모두가 한결같이 참여할 수 있는 무엇인가를 시도했다.

우리는 찬송, 광고, 기도 그리고 설교라는 전통적인 순서를 어기고 형식에 구애되지 않는 좀 색다른 모임으로 바꾸도록 했다. 그래서 그날은 근처에 있는 재향군인회관에서 예배 모임을 갖기로 했다.

평소보다 좀 일찍 나와서 아내와 함께 직렬로 놓여 있는 의자들을 옮겨 원형을 이루도록 고쳐 놓았다. 그리고 예배는 성가대 대신 전원 합동의 찬양으로 시작했고, 곧이어 통성기도로 들어갔는데, 갇혀 있던 심령들이 모두 해방된 듯 저마다 기도의 문이 열려 열렬히 기도했다. 참으로 새로운 경험이 아닐 수 없었다.

나는 또 나름대로 딱딱한 형식을 벗어나 자유로이 앉아서 하나님 말씀을 나누고 가르쳤는데, 이는 가까운 가족끼리 허물없이 드리는 다정한 가정예배의 분위기였다.

이는 실로 전격적이었다. 많은 사람들이 생기를 되찾은 것 같았다. 그러나 교회 운영위원들은 이러한 갑작스러운 변화 과정을 보고 심히 못마땅하게 여긴 나머지 예배가 끝나자마자 운영회의를 열었다. 그런데 아이러니하게도 교회를 주도한 사람은 나인데 내게는 발언권이 없었다.

이는 나를 단지 삯꾼의 한 사람으로 취급하고 있음이 분명했다. 그들은 한결같이 철저한 교파적 교회 배경을 가진 교회법과 규율을 따라야 한다고 생각했다. 그 결과 그처럼 열띤 예배가 있은 후, 그들은 나에게 더 이상 그런 식의 예배는 용납할 수 없다고 경고해 왔다.

우리 교회도 여타 교회와 마찬가지로 성경을 벗어난 인위적인 규율과 형식에 얽매이고, 더 나아가 그리스도의 사랑으로 뭉친 형제로서가 아니라 고용주의 행세를 하는 사람들에 의해 운영되었다. 사회에서 인정된 위세 있는 자들이 장로가 되고 또 교회 운영위원에 선발되었다. 또한 교회 성도들은 사회에서 인정받는 사람들이 교회의 운영을 맡는 것은 당연하다고 생각하였다.

그러나 권세와 재물과 사회적 성공이 세상에서는 으뜸일 수 있으나 하나님의 나라에 적용할 수 있다고 생각한다면 큰 오산이다. 실제로 그런 사람들이야말로 영적인 가치와 수행 면에서는 무능한 자들이기 때문이다. 그들의 생활철학은 무조건 성공에 뿌리박고 있기 때문이다.

그들에게 소유한 재물을 교회를 위해 헌납해 달라고 해 보라. 그러면 그들 중 십중팔구는 부자청년처럼 머리를 저으며 돌아설 것이다. 그럼에도 오늘날 교회 운영에서 '매디슨 에비뉴'(Madison Avenue_New York 미국 광고산업 중심지) 전술이 위세를 부리고 있음은 실로 한심한 일이다.

이런 장로급들이 교회 활동을 규율과 짜인 틀 속에 가두어 넣기를 일삼는 동안, 초대교회에서 보여준 폭발적인 믿음의 동력과 사랑의 불길은 차차 질식되어 쇠하여 갔다. 그로부터 20세기의 세월이 지나는 동안, 우리 교회들은 그 무엇인가를 놓치고 있다. 더 불행한 것은 이러한 원리들은 교리적인 면에서 보수라고 칭하는 교회에도 그대로 적용된다.

나는 그날 저녁 벌 받는 어린아이처럼 장로들 앞에 묵묵히 앉아서 내가 왜 그렇게 예배를 인도했는지에 대한 변론도 못하고 묵묵히 그들의 요구를 수긍해 주는 것으로 매듭을 지었다. 그러나 마음속에서는 하나님이 나를 목자로 불렀지 삯꾼이나 돈벌이 장사치의 월급쟁이 품팔이 목사로 버려두지는 않으리라는 확신을 갖고 돌아왔다.

운영회의를 마치고 나오면서 이곳은 내가 더이상 발붙일 곳이 못 된다고 스스로 위로하면서 아쉽지만 이 교회를 하루 속히 떠나 내가 평소에 마음에 둔 뉴포트 지역에서 성경 공부반을 만들어 조용히 새 출발을 해야겠다고 결심했다.

그때 마침 갈보리채플의 어느 한 작은 모임에서 나더러 하루속히 와달라는 요청이 있었다. 내가 이러한 요청에 마음이 끌린 것은 하나님의 부름을 받은 책임감 있는 목자답게 활동할 수 있도록 교회 운영의 부칙을 세울 수 있는 좋은 기회가 될 것이라는 기대가 있었다. 어쨌든 다시는 품팔이나 삯꾼 목회를 하지 않아야겠다고 다짐을 하는 계기가 되었다.

물론 한편으로는 불안감이 없는 것도 아니다. 나 혼자만의 생각이라면 무슨 대가를 치르더라도 걱정이 없겠지만 아내의 입장을 생각하지 않을 수가 없었다. 무려 17번이나 이곳저곳 전전하며 살아온 그녀였지만, 교회를 떠난다는 나의 결심은 아내에게 커다란 혼란을 일으킬 것이 분명했다.

아내는 그동안 17번에 걸쳐 옮겨 다니는 고달픈 생활 속에서 목사의 박봉으로 가정을 지켜왔었다. 하지만 그런 상황에서도 아내의 가슴에서 용기와 희망만은 사라지지 않았다. 그런데 어느정도 체면을 차릴만한 교회를 찾아온 것인데, 이제 조금씩 자리잡아 가고 있는 이 교회를 또다시 떠나야 한다고 하면 아내는 무엇이라 할 것인가?

더구나 얼마 전에 처음으로 작지만 아담한 집도 갖게 되어 그토록 좋아했었는데 ……. 비록 작지만 생활하기 크게 불편하지 않고 겨우 작은 꿈을 이루어 마음 놓고 살 수 있게 됐다고 생각하는 아내인데 말이다.

17년간이라는 긴 광야의 방랑 생활 끝에 가까스로 찾은 이 오아시스! 여기에 정을 붙일 사이도 없이 기약 없는 앞날을 향해 또 떠나야 한다는 말을 하려니 마음이 아팠다. 너무 잔인한 것 같았다. 그러나 나의 이러한 선택과 움직임이 곧 하나님의 명령임을 확신했을 때, 나에게는 이보다 더 중요한 일이 없다고 생각되었다. 아내에게 내 의견을 말하는 수밖에는 별다른 도리가 없었던 것이다.

아내 케이(Kay)는 내가 목회하는 교회마다 교회 사람들과 정을 나누며 잘 사귀었다. 그런데 꽃으로 비유하면 만발 직전에 있는 이런 좋은 교회를 떠나야만 하니 뭐라고 말을 해야할지 괴로웠다. 그것도 문을 닫기 직전에 마지막 안간힘을 다해 발버둥 치며 일해야 하는 이름도 없는 아주 작은 교회로 떠나야만 한다니 아내에게는 이러한 상황들이 도저히 이해할 수 없는 일이었다. 아내는 실망한 표정으로 내게 반문했다.

- 주님의 뜻임이 확실한가요?

한참 동안 고개를 숙이고 기도를 한 다음, 케이는 나를 쳐다보았다. 그때 나는 아내의 눈에서 "나는 당신이 가는 곳이라면 세상 끝까지라도 따를 것입니다"고백했던 아브라함의 아내 사라와 같은 결심을 보게 되었다. 이렇게 하나님은 아내를 통하여 내게 힘을 복 돋아 주셨다.

목회에서 하나님의 인도하심에 절대 순종해야 함은 철칙이다. 아내의 믿음의 순종에 감격한 나는 더 열심으로 기도했다. 어쩌면 겉으로 볼때 이러한 나의 결단은 광적인 모험일지도 모른다. 그러나 나의 믿음의 결단은 확신에 차 있었다.

믿음의 시련기

사실 앞에서 언급한 교회 운영위 회의 이전에, 내 앞에는 이미 17년이란 긴 광야생활이 가로놓여 있었다. 그 기간은 나에게 영적이고 재정적인 극심한 가뭄의 시간이었다. 그때 만일 하나님이 오늘날의 어마어마한 대수확을 내 앞에 마련하고 계신다는 터무니없는 생각을 떠올렸다면, 나는 이를 가상의 극치요 몽상가의 망상이라고 일축해 버렸을 것이다.

설혹 누군가 나의 이런 앞날을 예견하는 말을 했다해도, 아마 그냥 비웃으며 넘겼을 것이다. 이것은 나의 믿음이 부족해서가 아니라 인간은 자신이 가능한 범위만을 생각하기 때문이다. 그러나 온전한 믿음이란 항상 우리가 어떤 확실한 증거를 잡지 못했을 때라도 하나님께 영광을 돌릴 수 있음을 뜻한다.

하나님은 나를 이러한 신앙관 위에 세우셨다. 그래서 나는 2년 동안 열심히 기도하고 가가호호 방문 전도를 하며 교회 홍보문을 인쇄 배포하는 등, 교회 발전을 위한 지도서에 실린 모든 프로그램을 모두 시도했었다. 그러나 2년간 갖은 고생을 다해 노력하였음에도 돌아온 것은 25명의 성도들을 오히려 17명으로 줄여 놓고 말았다. 그것도 남은 17명 중에 다섯 명은 우리 가족이었다.

이 일은 코로나시의 어느 교회에서 목회할 때의 이야기이다. 나는 할 수 없이 가족을 먹여 살리기 위해 일자리를 구해야 했다. 하나님은 내게 알파와 베타(Alpha & Beta) 식료품상에 일자리를 마련해 주셨다.

그곳은 새벽 4시에 출근하여 오후 2시에 퇴근하는 생산 관리부로서 나에게 딱 맞는 자리였다. 오후 2시 이후는 마음대로 교회 일에 전념할 수가 있으니 그야말로 안성맞춤이었다.

그런데 얼마 지나지 않아 피닉스(Phoenix)에 살고 계신 장모의 사망 통지를 받게 되었다. 맏사위인 내가 가서 장례식을 치르고 와야 했기 때문에, 교회 일은 교회 성도에게 맡기고 2주 동안의 휴가 신청을 회사에 제출했다.

2주 후, 장례를 마치고 돌아와 회사에 출근했는데, 나는 이미 해고된 상태였다. 어이없는 상황이라 곧바로 관리 지배인을 찾아가 다시 일을 할 수 있게 해달라고 부탁했다. 그러나 그는 이렇게 말하였다.

- 당신에게 문제가 생겼으니 노조 사무실에 가 보시죠. 노조회비 미납으로 더 이상 일을 줄 수 없다고 하니 그것부터 해결하고 오세요.

할수 없이 노조 사무실을 찾아가 밀린 미납금을 내려고 하니까 노조측에서 다음과 같이 말했다.

- 제때 내지 않았으니 50불 벌금을 더 내시오.

나는 집안에 상을 당해서 그렇게 되었으니 한번 선처해 달라고 했지만 물러설 기색이 전혀 없었다. 그래서 하는 수 없이, 일을 해서 돈이 생기는 대로 곧 갚을 테니 일을 하게 해달라고 했다. 그러나 담당자는 벌금부터 내야 한다고 막무가내로 양보하지 않았다. 이렇게 한참 동안 말씨름이 오갔으나 결국 승자는 그쪽이었고 나는 패하고 말았다.

그때 나는 여러 가지를 생각하게 되었다. 일은 해도 빚은 자꾸 늘어 가고, 목회생활은 전혀 성과도 없고, 교회는 갈수록 기울어지고만 있으니 앞이 캄캄했다.

그때 갑자기 마음속에 하나님은 혹시 나에게 사업가가 되기를 원하시는 지도 모른다는 생각이 들었다. 그런 생각을 할수록 돌이킬 수 없는 미궁 속으로 빠져들었다. 이런 상황에서는 교회에서 완전히 손을 떼고 마케팅에 전념하는 것이 현명한 처사라고 생각되었다.

이번 기회에 빚을 다 청산하고 어린 자녀들도 돌본다면 내 인생에 새로운 출발의 문이 열리는 계기가 될 것 같았다. 그러나 그것이 비록 새 출발이 될지는 몰라도 불안한 마음은 멈추지 않았다. 밤이면 근심에 쌓여 잠을 이루지 못했다. 엎치락뒤치락하다가 아내가 잠을 깰까 봐 조용히 침대에서 내려와 거실에 앉았다.

한참을 궁리한 끝에 책상 서랍을 열고 여러 가지 미납 통지서를 꺼내 계산을 해보니 416불이나 되었다. 고지서를 보면서 나는 생각했다.

- 그래, 더이상 교회 일은 계속할 수가 없다. 다 잊어버리고 이제부터 새 출발이다. 날이 새면 회사에 가서 마케팅에 대해 의논해 보아야겠다.

거의 뜬눈으로 밤을 새웠지만 이렇게 결정을 내리고 나니 마음이 홀가분해지는 것 같았다. 아내 케이는 아침 식사를 차렸다. 식탁에 둘러앉은 귀여운 아이들의 얼굴을 보고 있는 순간 전화벨이 울렸다. 상대가 누구인지는 몰랐지만 그쪽에서 먼저 안부를 묻기에 나도 태연하게 대답했다.

- 네. 나와 우리 가족은 더 이상 좋을 수가 없습니다.

전화로 서로 인사가 끝나자 그는 부드러운 목소리로:
- 주님의 은혜 가운데 당신을 잊지 않고 있었는데, 어제 적은 금액을 속달로
  부쳤습니다. 오늘 중으로 송금되리라 생각되어 미리 알려드리는 것입니다

나는 감격하여:
- 아니 그게 정말입니까? 무어라 감사의 말씀을 드려야 할지요!

그는 여전한 목소리로 다음과 같이 말했다.
- 송금한 돈은 426불입니다.

이 얼마나 큰 축복인가! 뜻밖의 일에 너무 좋아서 가만히 있을 수가 없었
다. 나는 놀라서 수화기를 놓자마자 부엌으로 뛰어 들어가 영문도 모르
는 아내를 부둥켜 안고 덩실덩실 춤을 추었다.

- 오! 주님, 정말 감사합니다. 여보, 이제 걱정하지 않아도 돼. 밀린 빚을 다 갚
  을 수 있게 되었단 말이야. 거기다가 오늘 저녁엔 우리 식구 모두 나가서 스
  테이크까지 먹을 수 있게 되었어요.
- 오! 주님, 감사합니다. 정말 감사합니다. 주님은 정말로 멋쟁이십니다.

한 시간쯤 지났을 때, 흥분이 가라앉을 무렵, 하나님이 내게 물으셨다:
- 무엇 때문에 그리 흥분해 있느냐?

나는 할 말이 없어 반복해서:
- 오! 주님! 감사합니다.

그때 주님은 내게 물으셨다.

- 그가 426불을 꼭 보낼지 어찌 믿느냐?
- 주님, 놀리지 마세요. 그는 아주 좋은 사람임이 틀림없습니다. 분명 오랫동안 나를 아는 좋은 형제가 틀림없습니다. 나는 믿어요. 만약 그가 돈을 부치지 않았다면 그런 전화를 걸 수 있나요? 그러니 주님도 그의 말을 믿어도 좋아요. 주님!

이어서 하나님 말씀이 들려왔다.

- 너는 어젯밤 잠을 이루지 못하고 몸부림치며 괴로워했지. 그렇지만 이미 오래전에 나는 네가 필요한 것을 다 충족시켜 주겠다고 약속하지 않았느냐? 그러나 나는 네가 그렇게 기뻐 날뛰며 아내를 안고 춤추는 것을 나는 한 번도 못 보았다. 그리고 너는 지금까지 마음을 다해 기쁨으로 나를 찬양하지도 않았었는데, 오늘 아침에 알지도 못하는 어떤 사람의 전화를 받고 그렇게 좋아하며 날아갈 듯이 기뻐하는구나. 척아, 너는 누구의 말을 더 믿는 거냐?

이 무슨 청천벽력같은 질책이신가, 그때서야 정신이 번쩍 들어 회개의 기도를 드렸다.

- 주여, 내가 주님을 잊고 있었습니다. 제발 용서해 주세요. 진심으로 회개합니다.

사실 내가 목회를 시작할 때 하나님과 굳게 약속한 일이 있다. 그것은 그 어느 누구에게도 구걸하지 않는다는 것이었다. 또 사람들에게 교회 재정을 말하지 않고 다른 사람들에게 억지 헌금을 요구하지 않겠다고 서약을 했던 것이다.

나는 회개했다. 내가 진실로 주님만을 믿고 의지했다면, 새벽에 그 전화를 받았을 때에, 나는 아내에게 "나의 하나님이 그리스도 예수 안에서 영광 가운데 그 풍성한 대로 너희 모든 쓸 것을 채우시리라 하신 그 약속을 지켜 주셨으니 주님을 찬송하자"(빌 4:9)라고 말했어야만 했었다.

인자하신 하나님은 변함없는 사랑으로 나의 인생의 길을 바꾸어 놓는 귀중한 교훈을 깨닫게 하셨다. 만일 내게 하나님이 계시지 않는다면 나의 삶은 무의미해지고 소망은 한순간으로 깨어질 것이며, 내가 고아같이 되는 것은 한순간일 것이다. 그러므로 믿는다는 것은 어느 한 부분적일 수가 없다. 믿음은 전부 아니면 전무다. 믿음에 대한 그리스도의 교훈도 마찬가지다.

베드로는 물 위를 걸었다. 그때 베드로는 어린아이 같은 믿음을 갖고 있었고, 그의 믿음은 단순하고 직선적이었다. 이러한 베드로의 경우와 마찬가지로 내가 이번에 배운 교훈은 아주 작은 일에서도 신뢰할 수 있어야 한다는 것이었으며, 이것은 하나님이 내 앞에 마련하신 계획에 대한 나의 준비 작업이었다. 그러므로 아브라함에게 그리하셨듯이, 우리 하나님은 약속하신 일은 꼭 이루시는 하나님이심을 배워야 했다.

나의 눈이 하나님을 떠나 내 자신의 걱정거리만을 보고 있는 동안, 그 문제의 걱정거리는 날마다 눈덩이처럼 더 커져만 갔다. 그러나 내 눈이 하나님께로 옮겨지는 순간부터 걱정은 날마다 줄어들었다. 아브라함의 믿음은 그가 확실한 증거를 보지 않을 때도 온전한 믿음으로 하나님께 영광을 돌렸다는 데 있었다. 이것을 깨닫게 된 것은 나에게 중요하고 커다란 교훈이었다.

내가 아직 교단 교회의 회원으로 일하고 있을 때 어느 날, 몇 사람이 모여 기도회를 가졌다. 그때 모인 사람 중 누가 의자에 앉으면 모두가 그의 머리 위에 손을 얹고 기도했다. 그날은 내가 앉았고 모두가 나를 위해 기도를 하고 있는데 느닷없이 예언이 들려왔다.

그 예언은 주께서 내 이름을 '목자'(shepherd)로 바꾸신다는 것이었다. 주님은 나를 많은 양을 치는 목자로 만들어 하나님의 말씀을 들으려고 구름떼처럼 몰려드는 많은 사람들을 다 수용할 수 없으리만큼 큰 교회당을 내게 맡길 계획을 세우셨다는 것이었다. 그리고 몇 해가 지난 후에 또 다른 예언이 있었다.

그것은 목사가 떠난 갈보리채플 교회의 실망에 잠긴 교인들이 과연 나를 초대할 것인가 아니면 교회를 해체할 것인가를 결정하기 위해 모임을 가졌을 때 일이다.

그들이 기도하고 있을 때 예언이 주어졌는데, 이 교회는 척 스미스가 올 것이며 그는 오자마자 교회당을 개조한다는 것이다. 특별히 그는 강단을 뜯어고칠 것이며 후일 교회당은 찾아오는 사람을 다 수용할 수 없으리라는 것이다. 그 후 갈보리채플 교회는 바다가 내려다보이는 절벽 위로 옮기고 또 라디오 선교를 위한 방송국이 발족되어 전세계에 소문이 날 것이라는 것이었다.

목회의 실패를 자인하고 목사는 떠나 버리고 이제 교회 문을 닫아야 하는 순간에 마지막 기도회를 가졌던 실의에 빠진 16명의 성도들에게 내려진 이런 예언은 참으로 의외가 아닐 수 없었다.

나는 그들의 예언을 들으며 하나님이 미리 계획하여 이런 일들을 준비하시고 진행시키고 계셨음을 깨달았다. 내가 주님의 인도하심을 좇아 주님만을 바라볼 때 주님은 내 삶의 일거수일투족을 살피시고 바로잡아 주심을 알았다. 그래서 이따금씩 이해할 수 없는 어려운 문제에 부딪혔을 때마다 나는 모든 상황을 믿음의 눈으로 보게 되었다. 이와 같이 우리는 믿음을 통해서 모든 것이 합력하여 선을 이룬다 함을 깨달아야 한다.

돌이켜 보면 하나님은 나를 여러 면에서 인도하고 지도해 주셨다. 나의 과거를 돌이켜 나를 향하신 하나님의 손길을 더듬어 보면 얼마나 아름답고 감격스러운 일이 많았었는지 헤아릴 수 없다. 때때로 하나님은 나를 어렵고 불편한 환경에 처하게도 허락하셨지만, 이 모든 일은 나를 단련시키기 위한 교훈적인 일이었다.

때때로 내 마음대로 움직이려 하면 하나님은 당신의 지시 없이는 나를 조금도 움직이지 못하게 하셨다. 물론 내 마음대로 움직이도록 내버려 두실 때도 있었는데, 그때마다 주님의 인도없이 행하는 것이 얼마나 위험한지를 경험하게 하셨다. 그러나 그런 때에도 나를 통하여 완전하신 계획을 진행시키고 있는 하나님의 그 따뜻한 손길을 느낄 수 있었다.

하나님은 내가 하나님께 완전하게 헌신할 수 있게 하는 조건이 무엇인지를 감안하시고 길을 열어주셨다. 하나님은 내가 자신을 도저히 의지할 수 없는 지경까지 왔을 때 자포자기하게 하시어 그때마다 나의 자아는 깨어지고 새로운 마음을 갖게 하셨다. 그때마다 나의 생애에서 이러한 전환이 무엇을 의미하는가를 깨우쳐 주셨다.

하나님은 이제 옛날의 내가 아닌 새로운 나를 통해 다른 사람에게 손길을 펼 수 있도록 의도하시고, 하나님께 영광 돌리는 사명을 내게 감당케 하심으로 세계 방방곡곡에 그 영광의 물결이 파급되게 하신 것이다. 나를 쓰시기 위하여 주님의 형상에 합당한 그릇으로 빚어주시고 그리스도를 닮은 인격으로 키우신 후, 내 안에서 하나님의 뜻이 이루어지게 하사 나를 통해 원하시는 일을 이루어 가시는 것이다. 그러나 나는 하나님이 나에게 맡기신 일에 대하여 완전히 터득했다고 믿지 않으며 또 내 안에서 하나님이 하신 일이 완성됐다고도 생각하지도 않는다.

내가 그리스도의 형상을 충분히 반영할 수 있기까지는 아직도 갈 길이 요원하기 때문이다. 그래도 하나님은 나를 영광에서 영광으로 변형시키는 작업을 쉴 새 없이 계속하시니 감사함을 금할 길 없다.

성경에는 작은 일을 불평하는 자의 예화가 있다. 마찬가지로 지난날 나는 준비 중인 일이 제대로 진행되지 않고 부진하면 곧 실의에 빠져 투덜투덜 하나님을 탓하며 조급해했다. 그럼에도 하나님은 앞으로 다가올 일들을 이루기 위해 나를 성장시켜 주셨다.

이와 같이 하나님은 그것이 무엇이든 간에, 우리 앞에 놓인 다음 단계의 일에 적응할 수 있도록 어제도 오늘도 꾸준히 일하고 계신다. 왜냐하면 우리는 하나님의 한 편의 시요, 작품이요, 예술품이기 때문이다. 하나님은 우리를 통하여 하나님 자신을 표현하고 나타내기를 원하신다.

결국 우리는 세상에 하나님의 성품과 인격을 표현해 주는 존재인 것이다. 즉 우리는 예술가이신 하나님의 작품이다. 하나님은 나를 통하여, 또 모든 신실한 성도들을 통하여 하나님의 실상을 보여주고자 하신다. 그러므로 하나님의 은혜 속에 있을 때 우리는 이루지 못할 것이 없다.

눈부시게 아름다운

갈릴리 광야에서 멀리 산과 평야가 맞닿은 곳을 바라보면 짧지만 지극히 눈부시도록 아름다운 현상이 눈앞에 펼쳐진다. 그 광경은 해마다 일어나는 며칠 간의 현상으로 어느 이른 봄날 아침에 피기 시작한 양귀비, 라일락, 마타리 등 온갖 색깔의 꽃들이 온 초원을 뒤덮고 춤을 추듯 바람결에 나부낀다. 이토록 눈부시고 아름다운 모습은 말 그대로 하룻밤 사이에 생겨나는 광경이었다.

어느 날 아침 아내 케이와 나는 캘리포니아 해변을 바라보다가 눈부시도록 다채로운 광경에 마주했다. 그것은 눈앞에 늘어선 수많은 사람들의 물결이었다. 60년대에 들어서면서 미국에는 '반문화혁명'(couecultural revolution)이 일어났는데, 이때 히피족들이 생겨났다. 그들은 더덕더덕 헝겊을 오려 붙인 너절한 옷을 입었는데, 그들의 이러한 행위적 반란은 국가와 사회에 항거를 표하는 방편이었다.

우리가 서서 그들의 이색적인 모습을 바라보고 있을 때, 하나님은 우리에게 무엇인가를 느끼게 하셨다. 그것은 우리세대와 자녀세대 사이에 벌어진 문화적, 사상적 차이에서 비롯되는 배타적 문제의 해결이 시급한 과제라는 것이다. 왜냐하면 히피족의 급진적인 반항 기질과는 대조적으로, 우리 세대는 구시대적 경건을 바탕으로 자라났기 때문이다.

그들의 행렬을 멍하니 바라보면서 우리 부부는 이 시대에 불어 닥친 세대의 장벽을 어찌 넘을 것인지 눈앞이 캄캄해졌다. 그때 주님은 분명하게 우리 부부의 마음에 명령하셨다.

- 저들을 사랑으로 맞이하라!

그러나 다가갈 수 없을 만큼 날카롭고 예민한 히피족에게 어떻게 사랑의 손길을 내밀 수 있을 것인지 엄두가 나지 않았다. 그때 아내 케이가 예상치 못한 말을 쏟아 냈다.

- 우리가 이 공간을 기도로 가득 채웁시다!

아내 케이는 곧바로 철야 기도회와 새벽 기도회를 조직하여 사랑의 손길을 위한 기도를 멈추지 않았다. 또한 나는 나대로 교회 장로들과 재직을 모아 합동 기도회를 가졌다. 얼마 후 우리 부부는 우리 눈앞에서 동요가 일어나 주변의 분위기가 변하고 있음을 현저하게 느낄 수 있었다.

케이와 나는 우리의 노력과는 상관없이 우리 가운데서 강하게 일어나는 커다란 힘을 느꼈는데, 이는 이색지대의 젊은이들을 향한 하나님의 사랑과 관심에 대한 우리의 책임감을 말해 주는 것이었다. 우리의 사랑이 충만하다면 서로 간의 상호 이해는 이루어진다는 사실을 믿게 되었다.

사랑이 충만하면 길 잃은 젊은이들을 선도할 힘이 우리에게 주어질 것이라는 믿음을 갖게 되었다. 그리고 우리는 사랑의 마음을 지키기를 힘썼다. 바로 이 사명을 이루기 위해 하나님이 우리를 단련시켜 왔던 것을 깨닫게 되었다.

바야흐로 부처건 그리스도건, 그 누구에게라도 자신의 영혼을 내맡기려는 길 잃은 양들의 무르익은 영혼을 걷어 들일 거대한 추수 밭을 우리가 지금 바라보고 있는 것이다.

그 당시는 우리와 그들 세대 사이에서 문화적인 변천은 급속도로 진행되었다. 그러므로 갈릴리 벌판에 어느 날 느닷없이 야생화가 피었듯이, 이제 우리가 그들 사이로 어떻게 뚫고 들어갈 것인가가 관건이었다.

그 이후 아내 케이와 나는 자주 헌팅턴 비치에 있는 커피숍으로 나가 차를 세우고, 차 안에 앉은 채 그들을 바라보며 열심히 기도하였다. 많은 사람들이 추잡한 긴 머리의 기형아들을 보는 것조차 꺼리고 미워했지만, 우리는 예수만이 충족시켜 줄 수 있는 인생의 답을 구하고 있기에 하나같이 모두 마약에 빠져 있는 그들 마음의 커다란 공백 상태를 볼 수 있을 것 같았다. 그러나 우리가 어떻게 해야 이들에게 접근할 수 있을지, 답을 찾을 수 없었다.

그러던 어느 날이었다. 우리는 몇몇의 히피를 만날 수 있었는데 그들의 표정은 남달리 밝아 보였다. 그들은 다름 아닌 샌프란시스코의 어느 구역 안에 있는 '사도의 집'(House of Acts)이라는 작은 교회에서 예수를 영접한 크리스천들이었다.

그들이야말로 골든게이트(Golden Gate) 공원에서 상시 개최되는 '베트남전몰자추모콘서트'(Grateful Dead Concerts), '지구의 축제'(Whole Earth Festivals), Human Being, LSD파티 등 많은 공동체 생활을 실제로 해왔던 신세대 주자들이었다.

그들은 그들 세대의 히피들이 행한 그 모든 일들을 체험해 본 사람들이었다. 그러던 어느 날 그들 자신의 영혼이 추락하는 통로의 맨 밑바닥을 보게 되었다. 그들이 모든 것을 버리고 좇고 있던 미래에서 그지없이 암담한 공허를 보는 순간 영혼의 고통을 느끼고 그리스도를 발견하여 예수를 자신의 생명의 주로 섬기게 되었다.

우리는 이들 중 두어 명에게 뉴포트비치(new port beach)에 있는 우리 집에 와서 같이 살지 않겠느냐고 물었다. 그러자 이들은 친구들까지 데리고 와서 한동안 우리 집은 합숙소가 되었다.

흥미롭게도 우리 아이들 넷 모두도 그들과 잘 어울리며 그들과 생활하는 동안 그들이 '경건사회'(straight society)라고 부르는 기성세대에 대한 환멸감을 이해하게 되었다. 사실 그들은 기성세대에 대한 환멸감 속에서 기성세대에 주장하는 진리들을 무조건 불신하는 오만한 태도를 갖고 있었다. 그들은 보다 새롭고, 보다 높은 영적 진리를 스스로 탐구하기로 결심하고 혁명을 일으켰던 것이다.

그러나 그들은 어떤 진리의 철학적 바탕도 뿌리도 없다 보니 많은 문제점과 취약성을 동반할 수밖에 없었다. 그들은 길지 않은 자신들의 혁명의 역사 속에서 솟구치는 허무감과 싸워야 했다. 사실 그 소박한 히피의 무리들은 중세시대의 순전한 농부들이 닳고 닳은 야바위꾼이 몰려 사는 런던 거리 한복판에 내던져진 것과 마찬가지로 교활한 거리의 장사치, 도박꾼, 야바위꾼들의 놀림이 되고 말았다.

그들이 '신비문화'(occult)에 빠져 있을 때, 정작 세상을 지배하는 흑암의 세력들은 그들을 배척했다. 이를 두고 루이스(C. S. Lewis)는 날카롭게 지적했다.

- 마귀를 부정하는 신비문화 신봉자를 마귀가 사랑한다.

갈수록 회심자의 수가 늘어남에 따라 우리는 히피들을 수용할 숙박시설을 마련해야만 했다. 왜냐하면 찾아온 이들을 다시 거리를 떠도는 부랑 사회로 되돌려 보내고 싶지 않았고, 이들 또한 음란과 마약이 들끓는 그들 사회의 유혹을 물리칠 수 있을 만큼 아직 믿음이 강하지 못했기 때문이다.

그래서 우리는 이들을 맞이하기 위해 크리스천 숙소를 짓기 시작했다. 이 일을 돕기 위해 나선 장로들은 바로 케이와 내가 싸우며 이겨내야 했던 교회 운영위원들이었다. 새로 찾은 믿음의 풍만한 진리를 서로 나누고 싶어 하는 그들의 열정이 드디어 감화력을 발휘하기 시작했다. 부랑자들을 상대로 한 예수에 대한 복음 전도열은 바닷가를 위시하여 공원으로, 거리로, 구석구석 미치지 않는 곳 없이 그리스도의 복음으로 채워지기 시작했다.

이제 앞으로 그렉 로리(Greg Laurie), 스티브 메이(Steve Mays), 제프 존슨(Jeff Johnson), 마이크 매킨토쉬(Mike Macintosh) 그 외 몇몇의 생애와 목회활동을 설명할 때 상세하게 알게 되겠지만 이 절박한 적시의 복음운동은 마치 로켓처럼 이륙하여 멈출 수가 없는 일이 되어버렸다. 하나님께서 사회의 악몽의 대상이었던 이 사람들을 들어 쓰시기 시작하셨다. 우리 부부는 이러한 기적을 여러 차례 목격하게 되었다.

차별의 장벽을 넘어

아이러니하게도 우리가 부딪힌 유일한 반발은 바로 우리 교회 안에서 나타났다. 이는 정통 교회의 배경, 소위 경건사회 엘리트들이 훼방이 된 것이다. 이미 예측한 것이지만 반사회적인 부랑아들을 교회 안에 받아들이는 것은 적지 않은 파문을 불러일으켰다.

우리의 도전은 보편적인 교회가 갖고 있지 않은 그 무엇, 곧 어떤 보편적 기준의 이탈을 이해와 존중과 넓은 아량으로 이겨나가는 것이었다. 우리의 노력으로 많은 교인들이 새로운 도전에 합세하여 히피생활에서 전향하는 젊은이들을 따뜻하게 맞이했다.

그러나 일부에서는 교회의 새 멤버가 된 이 장발족들, 곧 미국 본토 원주민(American Indian)과 아시아 어느 부족의 옷차림을 흉내 내고 울긋불긋한 야생화를 여기저기 치장한 히피족들이 방울 소리를 내며 맨발로 교회를 드나드는 모습을 보고 멸시하며 적지 않게 반발했다. 혹시 자식들이 이런 옷차림이 부러워 혹시 흉내 내지나 않을까 염려하는 부모들에게는 더욱 위협적이 아닐 수 없었다.

여기서 흥미로운 것은 사랑은 하나님을 증명해 주는 훌륭한 장치라는 것이다. 우리 교회의 장로 중 한 사람인 듀안 하트(Duane Hart)는 히피 배척파 중의 한 사람이었다. 그는 히피출신 전향자들을 전적으로 신뢰하지 않았다. 히피족이란 개선의 길을 잃은 불성실하고 무위도식하는 자요, 사기 협잡꾼들로서 일해서 자립하는 것을 전혀 기대할 수 없다고 생각했다.

그런데 어느 날 듀안이 히피들과 함께 일을 하고 있었다. 당시 우리는 규격에 맞지 않는 학교 건물을 헐고 있었다. 그때 그의 가슴을 찌르는 무엇인가를 보게 되었다. 깡마르고 억센 젊은이들이 뜨거운 여름의 햇살도 아랑곳없이 지붕의 기왓장을 하나하나 뜯어내고 있었다. 그들은 날이 저물기까지 쉬지 않고 일을 했다.

그들은 다시 쓸 수 있는 기와들을 모아 한쪽으로 쌓아 올리는데 깨진 기왓장에 베어 손바닥이 갈라져 피가 흘렀다. 그런데도 이들은 작업을 멈추지 않고 예수 사랑 찬양을 부르며 저녁 늦도록 일을 했다. 그날 작업이 끝날 무렵, 하나님께서 듀안의 잘못된 비판적 습성을 책망하시어 죄를 깨닫게 하셨다. 이날부터 듀안은 그 젊은 형제들 편에 서서 이들의 방패가 되었고 격려를 아끼지 않았다.

앞의 경우와 사정은 다르겠지만 한 가지 예를 더 들겠다. 유명한 외과의사 앤더슨이 장래 사윗감인 돈 맥클루어(Don McClure)의 권유로 갈보리채플을 처음으로 찾아왔었다.

후일 앤더슨 의사(Dr. Anderson)가 나에게 한 이야기지만, 그는 애초에 히피운동에 대해서는 전적으로 경멸했었다. 주일 아침 그가 갈보리채플에 첫발을 디뎠을 때, 교회당 안을 가득 메운 히피들을 보는 순간 커다란 공포를 느꼈다고 한다.

의사 앤더슨은 그들 속에 서서 목석인 양 무표정하게 찬송을 부르기 시작했다. 찬송 후 성경구절을 합동으로 낭독하는 시간이 되었을 때 막상 앤더슨 의사의 손에는 성경책이 없었다. 그때 옆에 서 있던 키가 크고 흐트러진 긴 머리에 덥수룩한 수염을 한 히피 청년이 그에게 성경을 건네주었다. 예배 중이므로 거절할 수도 없어 성경을 받아 들었는데, 이는 마치 바리새인이 부정한 자로부터 받지 말아야 할 것을 받아 쥔 형국과 같았다.

그리고 그 히피가 준 성경책을 펼쳤다. 그런데 성경 장마다 구절마다 줄이 그어져 있고, 별표가 달리고, 색연필로 하이라이트가 쳐 있고, 작은 종이에 주석을 달아 붙여 놓았는데, 성경 종이가 낡아서 너덜대고 있었다.

그 순간 도대체 몇 번을 읽고 탐독을 되풀이하면 이토록 종이가 낡을 수 있을까 하는 부끄러움과 죄책감이 일시에 엄습해 왔다. 예배가 끝날 무렵, 그의 마음 어딘가가 커다란 수술을 받은 것 같았다.

그때 나는 앞서 언급한 듀안을 위시해서 소위 경건한 교회의 신앙 배경을 가진 장로급 교회원들에게 다짐을 받지 않을 수 없었다. 지금 기를 꺾어 놓지 않으면 우리의 노력이 수포로 돌아갈 위험이 있었기 때문이었다. 그래서 나는 이렇게 말했다.

- 여러분들, 나는 우리 갈보리채플에서 안일하게 크리스천들을 위한 전도를 일삼는다는 말을 듣고 싶지 않습니다. 또한 나는 30년 전에 Holiness Church(성결교회)가 저지른 과오를 이 시점에서 답습하고 싶지도 않습니다. 그들은 그저 아무 생각 없이, 영화 구경을 가면 안 되고, 춤을 추어도 안 되고, 담배를 피워도 안 된다는 식의 부정적인 전도방식을 취했기 때문에 한참 자라나는 우리 자녀들을 모두 몰아내어 잃어버리고 말았습니다. 이제 우리 갈보리채플은 다시 그런 과오를 범하는 일이 없어야 하겠습니다.

- 자, 이제 우리는 하나님을 믿고 우리 안에서 일하는 성령의 능력을 증명할 때

가 왔습니다. 모든 변화를 성령께서 주관하시도록 맡기는 태도가 그 얼마나 즐겁고 실질적이며 자연스러운 일입니까? 더 이상 우리는 단정한 머리, 깨끗한 옷차림이라는 고전문화를 그 누구에게도 강요하면 안 됩니다.

- 나는 변화가 속에서 밖으로 나오기를 원합니다. 마약쟁이 인생이건, 백만장자의 꿈을 좇는 노력이건, 또는 인생을 조롱하는 그 무엇이건 간에, 이것들이 참다운 인생의 완성과 궁극적인 의의를 가져다주지는 못한다는 것을 고백합니다. 왜냐하면 이 모든 목표의 결말은 허무요 실망이기 때문입니다.

맨발 출입금지

우리 교회가 개혁의 상징적인 의미를 내포하고 있는 것 같지만 사실 우리 교회당 안으로 들어가는 데 있어 한 가지 커다란 장벽이 있었다. 그것은 바로 맨발의 장벽이었다. 이 맨발의 장벽은 바로 넓은 교회당 바닥을 덮은 새 카펫 때문이었다.

마음 속에 히피들을 미워하던 사람들이 불만을 털어놓을 좋은 구실을 찾은 것이다. 더러운 맨발의 히피족들이 많은 돈을 들여 깐 새 카펫을 더럽힌다는 것은 있을 수 없었다. 새 카펫에 얼룩진 더러운 발자국을 좋아할 사람들은 없을 테니 말이다. 그들은 히피 출입을 막을 명쾌한 방안으로 주일 아침 일찍 교회 현관문 손잡이에 '맨발 출입금지'(No barefeet allowed)란 팻말을 매달았다.

나는 그날따라 교회에 일찍 가고 싶은 마음이 들어 누구보다도 먼저 교회에 갔기 때문에 그 팻말을 제거할 수가 있었다. 이런 사소한 일로 신자가 서로 갈리다니 슬픈 일이 아닐 수가 없었다. 이처럼 저희를 받아들일 사랑 대신에 "우리와 저들"이라는 경계선 속에 숨어 있던 상반된 마음이 있음을 보았을 때 실로 가슴이 아팠다.

더 이상 불편한 마음을 참을 수 없어 곧바로 운영위원회를 소집했다. 전과는 달리 이번 회의에서는 그 누구도 나를 제압하지는 못할 것임을 확신하고 있었다. 그 이유는 내가 그 회의의 회원이고 또 대표였기 때문이다. 이것은 내가 독재자가 아니라, 어디까지나 삯꾼이 아닌 양심을 가진 하나님의 목자의 행사를 할 수 있음을 뜻한다. 나는 회의석상의 운영회원들에게 단호히 말했다.

- 어떤 면으로 보면 젊은 사람들 앞에서 심판을 받을 사람들은 우리와 같은 노 장인 기성 크리스천들이라고 생각합니다. 저들에게 야고보서 2장과 요한1서 4장 7절을 인용하여 말한 것은 바로 우리가 아닙니까? 그런데 오늘 아침에 있었던 처사는 야고보가 말했듯이 우리의 믿음 전체를 의심받게 합니다. 이 런 일이 있을 때 우리는 그러한 동기를 조종 또는 선동하는 자가 누구이며, 그가 무엇을 원하는 지를 자문해 봄이 마땅하다고 봅니다.

- 만약 호화로운 카펫으로 인해 맨발로 찾아오는 단 한 명의 젊은이라도 받아 들일 수가 없게 되는 그런 카펫이라면 나는 이 자리에서 그것을 말끔히 걷어 내고, 콘크리트 바닥 그대로를 쓰자고 건의하고 싶습니다. 옷차림이 남루하 다는 이유로 찾아온 단 한 명의 젊은이에게 '미안하지만 오늘 당신은 교회에 들어오지 못합니다. 당신의 옷이 너무 더럽지 않소!' 말한다면 나는 교회 의 자의 천을 모조리 뜯어내도록 건의하겠습니다. 언제라도 씻을 수 있는 나무 의자나 철제 의자도 많이 있으니까요. 여하튼 누구라도 옷이나 겉모양을 보 고 교회 문을 닫는 일이 결단코 있어선 안 됩니다.

갈보리채플은 이렇게 그 마지막 장애물을 무사히 뛰어넘었다. 실로 그 맨발의 장벽을 넘으니 곧 자유의 집이 있었다. 이제, 앞으로 나가기만 하 면 되는 것이다.

추수의 마당

그후 얼마 안 되어 나는 캘리포니아주를 위시하여 미국 각처에 다른 갈보리채플을 세우기 위해 일꾼들을 보내기 시작했다. 파견된 이들의 대다수는 한결같이 '맨발'(barefeet)의 장벽이 내리는 금족령으로 진리의 빛을 보지 못하게 되었을지도 모를 '반문화'(counter culture) 그룹에서 선발된 젊은이들, 곧 히피 출신들이었다. 만일 그때 우리가 카펫 때문에 교회당 문을 닫아버렸다면 그 얼마나 큰 비극이 되었을까? 만일 그때 우리의 생각이 옹색했었다면, 하나님 은총의 강물은 실개천에서 그쳤을 것이 분명하다.

하나님이 내게 주신 갖은 시련과 오랜 세월 동안의 악전고투 끝에 인간의 길 또는 교회 전통의 길 대신에 하나님의 길을 배우지 않았다면, 그리고 맹목적인 율법의 신봉을 벗고 그리스도의 사랑을 제공하지 않았다면 나는 하나님의 시야에서 소금이 지니는 값을 잃었기에 길가에 버림받고 발에 밟히는 존재가 되었을지도 모른다. 그래서 나는 늘 이렇게 기도한다.

- 하나님 앞에 하나님의 종으로서 끝내 소금의 가치를 잃지 않게 하옵소서.

갈보리채플의 성장은 갈수록 상상을 초월했다. 코스타메사 갈보리채플은 많은 지교회를 설립했는데, 대부분이 수천을 헤아리는 교인이 출석하고 있다. 또 코스타메사에서 멀지 않은 곳에 위치한 몇몇 교회만 해도 7,000명 이상의 교인들이 모였다. 여기에서 보여주는 하나님의 놀라우신 일들은 인간사회의 기준에서 볼 때는 도저히 불가능할 정도로 버림

받은 인간을 붙들어 목자로 삼으셨다는 것이다.

어느 날 아들 척 주니어(Chuck Jr.)가 카포 비치(Capo Beach)에 있는 볼링장으로 교회를 옮긴 후 나에게 이렇게 말하였다.

- 우리 교회는 사람들이 많은 곳으로 옮겼는데, 결국 사람들의 집합소가 되었지요. 지금은 아름답게 수축한 교회당으로 변했지만, 주말 저녁마다 볼링공을 갖고 가던 곳으로 사람들이 이제는 성경책을 들고 찾아옵니다.

우리 교회들이 사서 들어간 건축물은 어떤 것이었던가? 라울 리스(Raul Ries)는 웨스트 코비나에 있는 세이프 웨이 백화점으로, 돈 맥클루어(Don McClure)는 레들랜드에 있는 오렌지 포장 창고를, 마이크 매킨토쉬(Mike Macintosh)는 샌디에고에 있는 대형 극장 건물을 샀다가 좁아서 어느 초등학교 건물로 옮겼고, 제프 존슨(Jeff Johnson)은 미국에서 제일 큰 체인 스토어의 한 시설을 사서 목회했다.

스티브 메이(Steve Mays)도 남 못지않은 대형 시설을 샀고, 그렉 로리(Greg Laurie)는 예외로 사천 명 이상 수용할 수 있는 초대형 건물을 지었는데 얼마 안 되어서 몰려드는 교인들을 겨우 수용할 수 있는 정도가 되었다. 또한 우리 갈보리채플은 필라델피아와 뉴욕에서도 개척되었는데, 정기 예배만 해도 각각 1,000여 명이 넘는 교인들이 참석하였다.

하나님은 이제 수문들을 활짝 열어놓고 잇따른 추수 광경을 보여주셨다. 여기서 우리는 또 한 가지 배운 것이 있다. 그것은 우리가 장벽을 쌓지만 않는다면, 그리고 그리스도의 목적을 위해 우리의 삶을 맡기기만 하면 주님의 은혜는 한없이 넘친다는 사실이다.

나는 이 일을 목격하며 그저 경탄할 뿐이다. 하루하루가 기쁘기만 하고 진심으로 하나님께 감사할 뿐이다. 지나간 광야 생활이 이렇게 시시각각으로 귀한 주옥같이 되었으니 이제 나도 사도 바울과 같이 말할 수가 있다.

- 현재의 고난은 장차 우리에게 나타날 영광과 족히 비교할 수 없도다.

아브라함과 같은 큰 인물도 더 큰 하나님의 약속을 믿고 살았으나 생전에 그 완성을 다 보지 못했는데, 나는 나의 생전에 이토록 큰 결실을 보게 해주셨으니 이 얼마나 하나님의 큰 축복인지 모르겠다. 다시 말하지만 하나님은 내가 거의 절망에 빠져 몸부림치던, 지나간 광야 생활에서 그렇게 괴롭던 시간마다 얼마나 고귀한 결실의 기초를 이루어 주셨던가?

하나님은 하나님 자신의 시간표와 논리에 따른 풍족한 추수를 위해 꾸준히 나를 가르치시고 준비시켜 주셨다. 진실로 하나님의 길은 우리 인간의 길이 아니요, 하나님의 생각은 우리의 생각과 다름을 나는 감사한다. 하나님은 우리가 우리의 꿈을 이루는 것 이상으로 우리를 통하여 큰 일을 이루신다.

"그가 내게 일러 가로되 여호와께서 스룹바벨에게 하신 말씀이 이러하니라 만군의 여호와께서 말씀하시되 이는 힘으로 되지 아니하며 능으로 되지 아니하고 오직 나의 신으로 되느니라"
(스가랴 4:6)

3부

하나님이 택하신 사람들

그렉 로리(Greg Laurie)
스티브 메이(Steve Mays)
존 콜슨(Jon Courson)
라울 리스(Raul Ries)
제프 존슨(Jeff Johnson)
스킵 하이직(Skip Heitzig)
빌 갈라틴(Bil Gallatin)
죠 포쉬(Joe Focht)
마이크 매킨토쉬(Mike Macintosh)

그렉 로리(Greg Laurie)
Harvest Christian Fellowship

Opening the Wrong Door

뉴 포트 비치에 자리한 우리 집 현관문의 벨이 울려 나가보니 긴 머리에
활짝 핀 웃음에 빛나는 눈동자와 눈에 익은 모습을 한 맨발의 청년이 서
있었다. 그가 나를 보며 "안녕하십니까? 나는 그렉 로리(Greg Laurie)입
니다"하며 손을 내밀었다. 그는 우리 집에서 멀리 바라보이는 건너편의
모퉁이 쪽에 있는 하버 고등학교(Harbor High School)의 학생이었다.

그렉은 미술시간에 그린 그림이라면서 한 뭉치의 그림을 내게 내밀었
다. 그것은 지난주일 예배에서 내가 한 설교 요한복음 "누구든지 목마른
자 주님을 찾아오면 넘쳐흐르는 생명수를 주신다"(요7:37)의 내용을 담

은 22개의 만화였다.

사실 그날 나는 여기서 예수님이 말씀하신 목마름이란 우리 인간이 하나님을 찾는 영적인 갈증을 말하며, 이 갈증은 물질적 또는 감정적 경험으로는 풀 수가 없다고 설교했었다. 그리고 하나님은 우리의 갈증을 풀어주실 뿐만 아니라 우리 믿는 자의 마음을 성령으로 채워주시고 우리의 삶에서 생명수의 큰 강물이 넘쳐흐르게 해주신다고 끝냈었다.

그의 만화 그림의 첫 장은 한 히피족의 어린아이가 마음속에서 샘물이 뿜어 나오는 것을 보고 좋아서 펄쩍펄쩍 뛰는 모습이었다. 나는 이 학생의 감수성과 설교 내용을 그토록 빠짐없이 흡수하여 이 작은 만화 속에 성경의 진리를 체계적으로 정리한 솜씨에 감탄했다.

그렉은 자기 그림을 흥미롭게 보고 있는 나의 표정을 살피다가 서슴지 않고 "목사님 마음에 드세요?"라고 물었다. 그래서 나는 솔직하게 "와우 너무 훌륭하다. 이거 인쇄해서 나눠주면 좋겠다."제안 했다.

그 후 우리는 거리의 애들이 받자마자 구겨 내버리지 않도록 보기 좋은 소책자로 만들기로 결정한 후 근처의 인쇄소로 가서 초판 10,000부를 찍었다. 그리고 여러 명의 지원자들이 달라붙어 가위로 오리고 소책자로 철한 후, 그날 오후에 거리로 나가 모두 나눠 주었다. 그런데 가는 곳마다 손 내미는 애들이 너무 많아 연이어 500,000부 이상을 추가 인쇄하여 배포하기에 이르렀다.

그러던 그렉 로리가 오늘날 캘리포니아에서는 제일 큰 교회, 아니 미국 전역에서 제일 큰 교회를 목회하고 있다. 최소한 9,000명 이상의 신도가 주마다 그의 교회 '하베스트 펠로우쉽'(Harvest Fellowship)을 찾아 든다. 캘리포니아주 안에 있는 리버사이드(Riverside) 외곽을 지나다 보면, 케네디 우주센터(Kennedy Space Center) 근처에 하늘 높이 치솟아 고층 건물들을 내려다보고 서 있는 우주 탑을 방불케 하는 원대한 빌딩이 눈에 띈다.

그렉의 말에 의하면, 이 빌딩은 너무 커서 아무도 원치 않기에 자기한테 돌아왔다고 하였다. 오직 하나님 은총에 힘입어 오늘의 교회가 이루어진 것이다. 그러므로 그렉은 겸손한 마음으로 이것은 하나님 교회이지 나의 것이 아니라고 말하였다.

그렉의 개인의 삶을 보면, 오늘날 우리 사회의 가장 저주스러운 이슈 중의 하나인 부모의 이혼 문제로 인해 성격이 반 이상은 삐뚤어졌던 것을 하나님이 다시 바로잡아 주심으로써 새로운 삶을 살게 된 것을 알 수 있다. 이렇게 하나님은 당신의 커다란 사명을 이루시기 위하여 깨어진 인생들을 사용하심으로써 많은 종교학자들을 당황케 하셨다.

이혼이란 문자 그대로 하나님이 정해 주신 결혼 체제를 조각냄으로써 단란해야 할 가정의 생활을 무자비하게 파괴하는 사회악이다. 이혼을 목격한 사람이라면 그것이 초래하는 고독감을 이해할 수 있을 것이다.

그들은 일찍부터 자기 자신은 물론 친부모와 의붓부모 그리고 친구들로부터 소외된다. 수차례에 걸친 부모의 이별과 재혼을 보며 지내야 했고 한 어머니와 함께 다섯 의붓아버지를 맞으며 살아야 했던 어린 소년의 심정을 우리가 어떻게 다 이해할 수 있을까?

어느 누구라도 이런 자를 보고 이혼에 대해 무감각하다거나 고독과 고통의 분야에서 무지하다고 탓할 사람은 없을 것이다. 이런 자들이 이 세대의 대표자로 일어서서 "그것이 어떤 것인지 나는 안다. 나는 다섯 번이나 겪어야 했다"고 말할 수 있어야 한다. 하나님의 은혜로써 그러한 치욕을 이겨낼 수 있다는 것은 바로 세상을 휩쓰는 죄악의 병폐를 이겨낼 수 있음을 말한다.

예수님이 사마리아에 들어가셨을 때 우물가에서 한 여인을 만나셨다. 예수님은 유대의 '랍비'(Rabbi)이시지만 사마리아 여인에게 먼저 말씀을 하셔서 놀라게 하셨는데, 그 여인은 예수께서 자신은 영생을 주시는 자라고 소개하자 더욱 놀란다. 또한 예수님은 그녀의 사생활을 꿰뚫어 보셨는데 그녀는 예전에 남편 다섯이 있었고 지금 있는 자는 남편이 아님을 지적하셨다. 아무리 추구해도 이루지를 못하고 만족을 못 찾는 그녀의 생활이었는데 그녀에게 관용과 은총을 베풀어 주셨다.

이 메시지는 오늘날 우리에게 무엇을 뜻하는가? 또 여러 가지 집안일로 마음의 고통을 면할 수 없었던 그렉 같은 사람에게 이 일은 무엇을 뜻하는가? 만약에 그 사마리아 여인에게도 아들이 있었다면 그들 사이에 놓인 20세기의 시간을 뛰어넘어 그의 짝인 그렉 로리와 눈이 마주쳤을 것이다. 문명의 바탕만 제거 한다면 그들 각자의 경험은 전혀 다를 바가 없을 것이다. 이런 것이 바로 시간을 초월하는 죄악의 결말인 것이다.

시간도 관습도 죄악의 결말을 변경시킬 수는 없지만 하나님의 은총으로는 안 될 것이 없다. 이것이 바로 그렉 로리가 배운 진리의 교훈이었다. 비록 쉽지는 않았지만 이제 그는 생명을 구하는 영원한 진리를 다른 사람에게 나누어 주고 있다.

충격

아홉 살이던 어느 날, 그렉에게는 그날도 다른 날과 별다를 바가 없었다. 이제 몇 분 후면 벨이 울리고, 그는 밖으로 뛰어나가 뉴 저지 하늘의 가을 공기를 마음껏 마시며 뛰놀 것이다. 그리고 수업을 마치고 집으로 돌아가는 길이면 바람에 날려 구르는 낙엽을 쫓아다니기를 좋아했다. 1952년 그가 태어난 고장인 언제나 맑은 남가주(Southern California)에서는 이런 낙엽을 구경할 수 없었는데, 이곳 뉴저지는 달랐다. 남가주에는 사계절이 거의 없기 때문이다.

동부로 이사를 온다는 것이 어린 그렉에게는 큰 변화를 뜻했지만, 행복하고 만족스러운 생활양식에 곧 마음의 안정을 찾을 수 있었다. 그가 그처럼 바랐던 생활 안정과 생활 보장이 이제 찾아와 하루하루가 대단히 즐거웠다. 그렉은 최근의 계부인 오스카 로리(Oscar Laurie)를 참으로 좋아했다. 그렉은 이 새 아버지를 항상 바라고 찾던 친아버지로 생각했다.

뉴욕의 총명하고 성공적인 변호사였던 오스카는 정성껏 그렉을 친절과 사랑으로 맞이했다. 한결같이 건실하고 완벽한 이 어른은 그렉에게 필요할 때는 적절한 훈계도 아끼지 않았다. 연이어 세 명의 계부를 맞이한 후에야 드디어 그렉은 마음의 평안을 찾은 것이었다.

휴식 시간을 알리는 벨소리가 났다. 그렉은 다른 애들 틈에 끼어 쏜살같이 교문을 나와 넓은 거리로 달려갔다. 그러나 부풀었던 흥분과 기대의 시간들은 삽시간에 정지되었다.

그렉은 미끈한 검은 캐딜락 리무진이 교문 앞으로 다가와 서는 것을 보았다. 마치 자기 인생의 영화 한 장면이라도 보는 듯, 무엇인가 두려운 불안감이 느껴지고 많은 영상이 재빨리 눈앞을 스쳐 지나갔다. 그는 서서히 그 차에 접근했다. 그리고 차에 타고 있는 어머니를 보고서는 아연실색했다. 차 안에 있는 옷 가방들이 보인 것이다.

불길한 생각이 번개처럼 스쳐갔다;
- 또 다시 과거 생활로 돌아가야 하는 것일까? 또 어디로 가는 것일가?

그렉은 무겁게 입을 열었다:
 - 웬일이세요?

 그의 어머니가 담담하게 말했다:
 - 우린 지금 떠나는 거야.
 - 떠나다니요, 어디로요?
 - 하와이로 간다.

이제 무서운 파도라도 지나가듯 영화 스크린의 영상들이 재빨리 스쳐지나갔다. 그리고 반 울먹이던 음성은 차차 체념 속에 질식되는 듯했다:
 - 그럼 아버지는?
 - 그는 다시 오지 않는다.

어머니의 단호하고 짧은 한마디였다. 결국, 짧으나마 그의 즐겁던 생활을 그린 한 편의 영화는 이렇게 끝난 셈이다. 이제 그에게 다가올 앞날의 생활이 어떤 것일지 예측할 수가 없었다.

케네디 비행장에 도착할 때까지 그렉은 계속 눈물을 흘렸다. 길고 괴로운 하와이행 비행 도중에는 여러 계부들의 얼굴이 쉴 새 없이 줄을 지어 나타나며 자기 삶을 조롱하는 듯했다.

그러나 여기서 그치지 않고 그렉에게 또 다른 계부 역을 맡은 새로운 얼굴을 보았을 때 그의 실망감은 제어할 수 없었다. 마구 깎아 세운 듯한 덩치 큰 한 사나이가 하와이 비행장 출구에서 기다리고 있었는데, 그의 얼굴에서는 예전의 계부 오스카와 같은 부드럽고 믿음직하며 편안한 성품을 찾아볼 수가 없었다.

그는 순한 것 같으면서도 매우 억세게 보였다. 아주 유명한 여자 영화배우를 무색하게 할 만큼 매혹적인 어머니와 계부를 바라보는 그렉의 눈에 그들은 추잡하게만 보였다. 그는 진심으로 오스카에게 돌아가고 싶은 마음밖에 없었다. 그러나 그들은 번쩍이는 새 차를 타고 화려한 저택 앞에 도착했다. 어머니와 새 살림을 꾸민 계부 앨(Al)은 부자였다. 집에는 넓은 수영장도 있었다. 앨은 자랑하듯이 긴 복도 끝에 있는 그렉 로리의 방을 소개했다.

그렉은 안내된 자기 방에 발을 들여놓는 순간 거기 펼쳐진 가구를 보고 아연실색했다. 어쩌면 방 구석구석에 놓여 있는 장난감부터 시작하여 벽지 색깔과 무늬며, 책상, 전등 그리고 침대 시트까지도 떠나온 뉴저지의 오스카 집의 자기 방 그대로가 아닌가! 그렉은 심한 배신감을 느꼈다. 그리고 마음속으로 기성세대를 믿지 않겠다고 다짐했다. 그에게 있어 이 세상은 항상 그들의 죄악을 숨기기 위해 거짓 웃음으로 속이고 속아야 하는 사기성이 가득 찬 곳으로 느껴졌다.

그렉은 이러한 거친 세파를 거슬러 살아남기 위해서는 그런 악덕에 적응할 수 있어야 한다고 다짐했다. 삶이 그토록 무자비한 게임이라면 그도 남달리 교활할 수밖에 없다고 생각했다. 그가 새로 마련된 방의 문턱을 넘는 순간 그는 자기 일생의 전환점을 통과하게 된 것이다.

그때부터 반항이 그의 삶을 지배하기 시작했다. 그가 그처럼 바라던 진실 되고 선한 세계는 마치 조롱하듯이 항상 그가 바라지 않던 요지경 세계로 전락하고 있었다. 한번 떠올랐다가 사라지는 엷은 구름처럼 가까이 가면 사라지는 신기루였다. 그렉은 정말 참다운 신을 믿고 싶었지만, 하나님은 너무나 먼 곳에 계셨다.

앨은 그렉에게 무엇이라도 하게 했다. 앨이 그의 어머니와 함께 호화로운 호텔 바에서 시간을 보내는 동안, 그는 와이키키(waikiki) 해변을 뛰어다니며 소일하기가 일쑤였다. 어머니와 앨은 거의 술로 세월을 보냈다. 전의 의붓아버지였던 오스카는 일정한 용돈 이외에는 그렉이 스스로 벌어서 쓰게 했지만, 지금의 앨은 그렉이 말만 하면 돈을 얼마든지 척척 내주었다.

겉으로 보이는 물질 면에서는 더할 수 없이 풍부했지만, 갈수록 그렉의 마음은 점점 텅 비어갔다. 무엇이든지 돈으로 살 수 있었지만, 그에게 가장 필요했던 사랑은 돈으로 살 수가 없었다.

시간이 흐름에 따라 앨과 어머니의 재혼은 하늘의 뜻으로 이루어진 것이 아님이 드러났다. 그들 사이에 싸움이 잦아졌고, 그렉은 밤중에 싸우는 소리 때문에 잠을 깨기가 일쑤였다. 그들이 싸우는 음성은 날로 커가고 거칠어졌다.

어느 날 오후 그렉이 친구 두어 명을 데리고 왔을 때, 고함소리와 함께 유리창 깨지는 소리로 집안이 소란스러웠고 곧 경찰이 왔다가 갔을 때 그렉이 본 어머니의 얼굴과 몸에는 상처와 멍으로 뒤덮여 있었다.

그러던 어느 날 밤, 그렉은 고함과 비명에 놀라 잠을 깼다. 요란한 소리가 나서 쫓아가 보니 어머니가 마룻바닥에 넘어진 채 머리에서는 피가 흐르고 있었다. 뛰쳐나가서 이웃을 깨우며 어머니가 죽어간다고 소리쳤다. 그때 앰뷸런스가 곧 와서 싣고 가 다행히도 생명만은 구할 수 있었다. 나중에 안 것이지만 앨이 거실의 목각상을 들어 어머니를 내리친 것이었다. 결국 이것으로 그들의 결혼생활은 끝났고, 그렉과 어머니는 비행기를 타고 고향 남가주로 되돌아왔다.

변질된 성품

그렉이 10학년생(고교 1학년)이 되면서 '쿨 그룹'(Cool Group)에 들어갈 길을 찾게 되었다. 우선은 상급생들과 어울리는 것이 목표였다. 그렉은 남달리 재치가 있고 잘 생겼고 성숙하여 누구와 사귀면 마음을 사로잡는 타고난 매력을 갖고 있었다.

그 당시 부유층의 아이들이 다니는 코로나 델마 고등학교(Corona Del Mar High School)에서 멋진 상급생들과 어울릴 수 있게 된다는 것은 보통 수완과 자질로써는 불가능한 일이었다. 그러나 천성적으로 익살스럽고 냉소적인 그렉의 매력은 그들의 주의를 끌고도 남았다. 그래서 얼마 되지 않아 '상급생 광장'에 모이는 상급생 엘리트 그룹의 일원이 되었다.

그렉은 엄격한 감시를 받지 않는 가정 상황이라서, 밤을 새우고 다녀도 상관하는 사람이 없었다. 그렉과 엘리트 그룹은 팜 스프링(Palm Springs)에서 밤샘 파티를 자주 가졌다. 그당시 코로나 델마 고등학교는 60년대에 전국적으로 퍼졌던 비행 청년들과는 무관하여 교내에서 '마리화나'와 관한 얘기는 들을 수 없었다. 그들은 밤샘파티 때에 맥주나 위스키를 마시는 '여피족'(Yuppie _2차 대전 후 10여 년 간 미국에서 태어난 젊은 엘리트층)에 속해 있었다.

그러나 얼마 안 가서 이런 도전도 끝나게 되었다. 그렉은 그가 애써 뚫고 가담했던 그 엘리트 여피족들의 정신생활에서 얻은 것은 허무함과 권태밖에 없다는 사실을 깨닫게 되었고, 또 이들의 우정이란 것도 편의상 서로 이용하는 허술한 형식에 불과함을 깨닫게 되었다.

그래서 그렉은 이 엘리트 그룹도 그가 불신하고 증오하던 기성세대와 본질적으로 다를 바가 없다는 생각을 하게 되었다. 그들의 오락이나 술 파티에서 아무런 신비로움을 찾지 못하고 흥미를 잃었다. 사실 그렉에게 있어 술은 정말 넌절머리가 났다. 어린시절 어머니를 찾아 밤마다 술집이란 술집을 헤매던 일은 평생 있을 수 없는 악몽이었다.

그는 11학년(고교 2학년)을 맞으면서 새로운 정체성을 찾아야겠다고 결심했다. 그래서 기존 생활방법에서 벗어나 새로운 정신을 찾고자 헤드(Head _환각제, 마리화나 상용자)가 되기로 작정했다. 그리고 친구의 권유를 받아 뉴포트 하버 고등학교로 전학했다.

뉴포트 비치는 마약의 우범지로 널리 알려져 있었고, 그 학교는 반문화운동의 선봉으로 소문나 있었다. 그때부터 그렉은 단정한 옷차림에서 청바지로, 그리고 긴 머리에 맨발의 청춘으로 거듭나기로 결정하고 등교 첫날부터 마리화나를 시도했다. 코카인을 위시하여 이 학교에서는 구하지 못하는 마약이 없을 정도였다.

그렉은 새로 사귄 학우들과 더불어 마리화나 세계로 깊이 끌려 들어가기 시작했다. 보통 하루에 세 번씩이나 취하곤 했다. 바로 이 무렵, 나와 아내 케이는 누군지도 모르면서 처음으로 그렉과 접촉하게 되었다.

학교 점심시간이 되면 그렉과 그의 친구 몇 명은 우리 집에서 별로 멀리 떨어져 있지 않은 곳에 있는 어떤 집으로 드나들었다. 그리고 시간이 되면 다시 학교로 돌아가는데, 히죽히죽 웃으며 떠드는 모양이 마약에 취해 있음이 분명했다.

이들을 지켜보면서 난잡한 집단의 젊은이들에 대한 우리 마음의 짐은 더이상 참을 수가 없을 만큼 무거워져 갔다. 그 무렵 나와 아내 케이는 하나님께 이 소외된 이방인 세대에게 우리의 손길이 미칠 수 있도록 문을 열어 달라고 열심히 기도하기 시작했다.

어느 날 어떤 친구가 그렉에게 환각제(LSD)를 권했다. 그때 그렉은 코스타메사에서 일당을 받고 고용되어 일꾼들 속에서 함께 축제행사 건물을 뜯는 일을 하고 있었다. 그렉은 일을 하면서 일상처럼 환각제를 꿀꺽 삼켰다. 그러자 그렉은 깊이 숨겨진 어떤 새로운 혼적 경지로 들어가는 느낌이 왔다. 지금까지 보이지 않았던 것들이 번쩍번쩍 눈앞에 그리고 마음속으로 비쳐왔다. 그 순간 기중기에 깔려 죽을 뻔한 아슬아슬한 스릴도 맛보았다. 그렉은 값싼 약을 통하여 영원의 시간들을 냄새 맡는 듯했다.

이렇게 그렉은 또 다른 삶의 목적을 찾았다. 그것은 환각제를 통한 진리의 추구였다. 그는 개성이 강한 개인주의자답게 히피운동에서 맹목적인 타협은 반대했다. 외견상 다른 히피들과 다를 바 없었지만, 자기 고유의 사상과 철학은 고수해야 한다고 주장했다. 그렇기 때문에 동양적인 종교의식이나 자연종교 또는 히피들 간의 연대의식이나 공원에서 열리는 히피족의 모임에는 가담하지 않았다. 그럼에도 그렉은 환각제를 좋아하여 주말이면 친구들의 집이나 은밀한 곳에 가서 환각 파티를 열었다.

그렉은 이따금씩 학교 내의 언쿨그룹(uncool)에 관심을 갖기 시작했다. 그들은 사회적 용인을 무시할 수 있을 만큼 자신들의 견해가 확고해 보였다. 그들은 사회에 만연하는 '신세대혁명'과의 타협을 불허했다. 그래서 모든 도덕성과 기준, 그리고 기성 체제에 반기를 들고 일어난 가장 극단적 반란집단인 쿨(cool)보다도 사실상 더 대담했다.

서로 엇갈린 교내 풍조 속에서 두 파간의 갈등은 가열되어 갔다. 언쿨그룹(uncool)은 점심시간을 이용하여 찬송가를 부르고 책자를 나눠 주며 교정을 행진하곤 했다. 그렉은 되도록 그들을 피했다. 그들은 사회에서 낙오된 크리스천이었다. 더욱 흥미로운 것은 그 행렬에 낀 몇 명은 그렉보다도 더 깊이 마약세계에 빠졌던 선배들인 것이다. 그런 사람들이 어쩌다가 스스로 크리스천인 것처럼 책자를 들고 다니며 나눠 주고 웃고 떠들며 다니는지 알다가도 모를 일이었다.

어쩌다 그들이 던져 준 책자를 받아야 할 때 그렉은 그 책자를 뒷주머니에 넣으며 그의 눈을 뚫어지게 쳐다보곤 했다. 그러는 동안 책상 서랍은 책자들로 가득 차버렸다. 이유야 어떻든 그 책자를 내어 버리지 않았기 때문이다. 이따금 환각제로 황홀해지는 시간이면 책상 서랍을 열고 그 책자를 끄집어내어 마구잡이로 더듬더듬 읽다가 크게 조롱하며 웃기도 하였다.

그러나 한때 환각제를 과음하여 머리가 돌기 시작하자 그 컸던 웃음소리도 작아지면서 스스로 미지의 세계로 빠져 있음을 발견했다. 바닥이 안 보이는 흑암의 무저갱에 빠져든 자신을 보고, 부질없는 조롱은 광기일 뿐이라고 생각하기에 이르렀다.

잘못된 문

그렉과 또 한 친구가 오렌지 선샤인(orange sunshine)이라는 환각제를 대량 투여했을 때의 일이다. 그는 누워서 어떤 미지의 영역으로 날아 올라가기를 기다렸다. 그렉은 마치 모든 자물쇠를 열 수 있는 열쇠를 한 주머니 가진 사람과도 같았다. 문을 열 때마다 무엇이 나올지는 아무도 모른다고 생각하며 그 무엇인가를 마주칠 순간을 기다렸다.

그 순간 갑자기 공기가 물결처럼 파도쳤다. 광기의 물결이 밀려와 그를 휩쓸었다. 그는 분명히 어떤 실체에 붙잡혀 있음을 느꼈다. 무언가 불길한 느낌 가운데 악마에게 사로잡힌 것 같았다. 전에는 환각제의 안전 스위치를 알고 있어서 언제라도 헤어날 수가 있을 것이라 확신하고 있었다. 마치 위험한 상황에서 날 뛰어도 아무런 변을 당하지 않는 것 같이 대형극장에서 영화의 한 장면을 보듯이 말이다. 그래서 자신은 어떤 행동에 휩쓸려 가다가도 영화와 같이 꺼버릴 수 있다고 생각했다.

시속 1,000마일의 F-15 전투기에 몸을 싣고, 간담이 싸늘하게 녹아내리도록 고공에서 돌산 절벽과 계곡을 향하여 급강하할 때, 제트기 조종사는 죽음의 문턱에 다다르는 스릴을 경험하되 죽지는 않는 것과 같이 말이다.

그러나 환각제(LSD)에는 상시 사용할 수 있는 안전핀은 없다. 그렉은 많은 사람들이 그러한 착각 때문에 죽거나 미쳤다는 말을 많이 들었다. 그 순간 이번에도 여기서 헤어날 수가 있을까, 광기가 사라지지 않으면 어떻게 할 것인가 하는 공포심이 물밀듯이 밀려왔다.

이미 미쳐버린 것만 같기도 했다. 간신히 기어서 거울 앞에 와 섰다. 자신의 얼굴을 기억하면서 모습을 확인해 보려는 의도였다. 그러나 거울에 비치는 자신의 얼굴은 이글거리다가 녹아 없어지고, 다시 나타났다가는 코와 입이 제멋대로 자리를 바꾸고, 한쪽 눈과 입이 하나가 되기도 했다. 귀는 제멋대로 커졌다가 작아지고 하나의 얼굴이 둘 혹은 셋이 되기도 하여 거울은 온통 도깨비의 무도장처럼 바뀌고 있었다. 또 저것이 무슨 소리인가? 그렉의 머릿속은 뒤죽박죽 귀청을 째는 소리, 낄낄대다가 울부짖는 소리, 비명 소리들 ……

- 너는 이제 죽는다. 너는 이제 죽는다. 히히히...

더 이상 견딜 수 없어 그렉은 밖으로 뛰어나가서 자신의 옷을 마구 찢기 시작했다. 이웃 사람들이 모두 창틈으로 내다보고 있었다. 이웃 사람들이 따라 나와서 붙들고 달랬다. 그러나 그렉은 소리치며 가슴을 쥐어짜고 계속 흐느꼈다.

- 나는 이제 끝장났다. 도움이 필요해. 이제 나는 옛날로 돌아가지 못해!

그렇게 몇 달이 지난 후, 그렉은 자기 두뇌에 이상이 있는 것같이 느껴졌다. 이미 위험지수가 넘은 상태였다. 그래서 다시는 환각제를 손대지 않기로 다짐했다.

주님 앞에서

학교 카페에 앉아 있을 때 어떤 모임이 그렉의 관심을 끌었다. 스무 살 안팎으로 보이는 청년들이 희색이 만연한 당당한 얼굴로 복음의 소망을 전파했다. 그의 옅은 갈색 머리는 어깨까지 늘어져 있었고, 외모로 보아 어딘가 깊이 빠졌다가 나온 것 같았다. 그런데 사실 그도 그러했었다고 실토하는 것이었다.

그 친구는 세상의 끝에 이르렀을 때 주님을 찾았다고 말했다. 그가 뉴포트 고교를 찾아온 이유는 예수 그리스도에 관해서 얘기하고 싶었고, 우리가 찾고 있는 인생의 답은 코카인이나 마리화나에서가 아니라, 오직 그리스도 안에서만 가능하다고 알려주고 싶어서였다고 한다.

예수 그리스도를 갓 맞이한 새 생명의 밀월에서 새 희망에 찬 그의 모습은 그렉의 메마른 마음을 자극하고 잠에서 깨워주는 것 같았다. 그의 자신만만한 기상과 전도의 열정은 드디어 그렉의 마음을 사로잡았다.

그렉은 그동안 대중들의 배후에 숨어 살아왔다. 어렴풋이나마 언젠가는 '예수의 사람'이 되기를 바랐으나, 본의 아니게 사회의 폐물이 되고 만 것이었다. 그런 속에서도 마음 한구석에 보이지 않는 하나님의 존재를 믿어왔다. 어릴 때도 하나님께 무언가를 얘기하고 기도도 했었다. 특히 힘들고 괴로울 때면 언제나 하나님을 찾았다.

얼마 전 기이한 일이 일어났다. 그렉은 몇 명의 친구와 함께 차를 타고 비가 내리는 어느 날 밤늦게 라구나 비치(Laguna Beach)를 지나 해변을 끼고 계속 내려가고 있었다. 자동차 트렁크 안에는 마리화나 1kg이 들어 있었다. 그런데 갑자기 차가 걷잡을 수 없이 휙 돌기 시작했다. 어딘가에 부딪혀 박살나고 모두 즉사해 버릴 것만 같았다.

이제 내일 아침이면 신문기자들이 몰려와 차의 트렁크에 실린 대량의 마리화나에 대하여 대서 특필할 것이다. 신문 앞면 헤드라인에 "마약 밀매자 일당 사망"이라는 기사가 제호로 뜰 것이다. 자신은 정작 마약을 판 일도 없는데, 그런 누명을 쓰고 죽다니 어이가 없었다. 그래서 급히 하나님께 기도를 했다.

- 하나님! 이번 한 번만 여기서 빠져나가게 해주시면 내 평생 하나님을 섬기겠습니다.

사실 예전에도 이런 기도를 몇 번 했었는데, 그때마다 하나님은 그런 기도를 모두 들어주셨다. 그러나 그때만 넘기면 그렉은 그 약속을 뒤로 미루거나 잊어버렸다. 그런데 예수님은 오늘 스무 살 안팎으로 보이던 청년의 입을 통하여 다음과 같은 말로 그렉의 마음을 움직이셨다.

- 나와 함께 아니하는 자는 나를 반대하는 자이다!

그러나 그렉은 이 말씀을 이해하지 못하였고 "나를 위하거나 나를 반대하는 자"의 선택권이 자신에게 주어졌음을 깨닫지 못하고 있었다.

그러면 그렉은 어느 편이었던가? "주님과 함께"하지 않았다 함은 사실상 그가 그리스도를 반대하는 대중들 속에 있었다는 것이 된다. 그렉은 우리 인간이 무의식중에 그리스도를 반대하는 우를 범할 수가 있다는 진리를 이해하지 못한 것이다. 그런데 이제 분명히 어떤 적극적인 응답을 해야 할 때가 온 것이다. 처음에는 부드럽고 온유했던 그 청년의 눈빛이 그리스도의 말씀을 선포하는 순간 불꽃을 튕기도록 날카로워졌다.

청년은 무언의 청중을 향하여 "주님 편에" 설 것을 호소했다. 그렉은 또 오랫동안 멀리서 연모했던 여학생도 그들 크리스천 속에 있음을 알게 되었다. 또 한편으로는 그들에게 가담할 때 받게 되는 대가가 무엇인지도 계산해 보았다. 현재의 상황과 최근에 정든 친구들을 모두 떼어버려야 한다고 생각하니 마음 한구석이 무거워지는 것 같기도 했다. 한편으로는 지금까지 자유분방하던 생활도 그냥 유지하고 싶은 생각도 들었다.

지금까지는 자기 자신을 위해서, 만족을 위해서만 살아왔다. 그렇다고 이제 와서 학교 교정에서 놀림감이 되어온 그런 크리스천이 되고 싶지는 않았다. 그러나 또 다른 생각이 그렉의 마음을 흔들었다. 어릴 때부터 배신당해 온 탓인지는 몰라도 그의 궁극적인 바람은 어떤 대가를 치르더라도 진리를 발견하고야 말겠다는 의지가 있었다.

하지만 이러한 사실이 그가 빠졌던 생활과 무슨 관계가 있다는 말인가? 그리고 그토록 어둡고 무서웠던 환각제 악몽의 경험, 또 언젠가 정신착란과 죽음과 파멸을 가져오는 마약의 안전핀을 영영 닫아버리는 시간이 오면, 그때 그가 찾게 되는 것은 과연 무엇일까? 모든 것이 그것으로 끝나는 것이 아닌가? 그렇다면 그의 인생은 어떤 의미가 있는 것일까? 아무것도 아니다. 지푸라기나 검불도 아니다.

그렉은 더 지체할 것 없이, 인생의 권리에 대한 결단을 내릴 때가 왔음을 자각했다. 그는 서슴지 않고 앞으로 나와 머리를 숙였다. 오직 그것뿐이었다. 그는 이제 하나님께 죄의 용서를 빌고, 예수 그리스도가 자기 삶에 들어와 앞으로 주님이 되고 구세주가 되어주실 것을 간구했다. 그리고 자기의 모든 것을 그리스도에게 맡겼다. 드디어 그렉은 그리스도와 "함께 하는 편"에 섰다. 그렉은 자기 자신이 찾을 것의 끝에 왔음을 깨달았다.

- 바로, 오직 하나 진리 뿐!

그렉은 고개를 들고 일어나는 순간 언제 옆에 와 있었는지, 혼자서 연모하던 아름다운 여학생이 기다리고 있었다는 듯이 그를 껴안아 주었다. 그리고 사람들이 그 주위를 둘러서서 등을 두들겨 주었다. 이 얼마나 아름다운 모습인가! 이제 한 가지, 옛 친구들과의 싸움이 남았다. 오늘의 일을 언제까지 그들에게 숨길 수 있을 것인가? 여하튼 오래가지는 않았다.

그날은 금요일로 수업시간도 일찍 끝났다. 으레 그 친구들은 한데 모여 시골로 내려가 주말을 마약으로 소일할 참이었다. 예상대로 그 무리는 오르테가 고속도로를 따라 산간에 있는 국립공원 안의 깊숙한 곳으로 들어가 자리를 잡았다. 누군가 그렉에게 환각제 환약을 권했으나 그렉은 그것만은 싫다고 하며 그 자리를 떠나 혼자서 바위 위에 앉았다. 그리고는 주머니에 들어있던 마리화나를 꺼내 성냥불을 붙이려는 순간, 그는 자기 영혼에게 타이르는 성령의 음성을 들었다. 그리고 다시는 절대로 그 연기를 마시면 안 된다고 다짐했다.

그렉 로리는 1970년 어느 봄날, 주머니의 마약 풀잎을 말끔히 털어서 파이프와 함께 내던져 버렸다. 그것은 그가 회개한 바로 다음 날이었다. 제프 벡(Jeff Beck)이 노래한 가사 그대로를 그렉도 소리 높여 외칠 수가 있었다.

- 내 이제 살 길을 찾았네. 우리 주님 앞에서!

충실한 증인

그렉은 동료들과 모여서 헤아릴 수 없을 만치 여러 번 환각에 빠지곤 했던 한 집을 찾아갔다. 그들에게 되도록이면 조용하게 자기의 입장을 밝히고 싶어서였다. 그들이 미리 짐작하지 못하도록 갖고 있던 성경책을 마당 울타리 밑에 숨겨놓고 들어갔다. 그런데 조금 있으니, 어떤 친구의 어머니가 이상한 웃음소리를 내며 한 손에 성경책을 들고는 현관문으로 들어 와 물었다.

- 이 성경책은 누구 것이지?

그때 그렉은 자신의 최근 동향을 설명하였다. 그렉의 말을 들은 친구들은 킥킥거리며 한바탕 웃고 나서는 놀리기 시작했다. 모두가 실망하는 기색이었다. 좋은 친구 하나가 예수 미치광이가 되었으니 말이다.
그렉은 이런저런 여러 색다른 그룹이나 친구들과 사귀다가 거절 또는 배척당할 때마다 그들의 우정이란 것이 얼마나 얄팍하고 무의미한 것이었는가를 깨달았으며, 이번에 새로 찾은 믿음이야말로 일생의 확고부동한 지침이 될 것을 확신했다.

그는 열정적인 신앙을 갖게 되어, 곧 거리로 뛰어나가 예수 그리스도를 증거하기 시작했다. 그렉은 전부를 바치는 신앙이 못될 때 그것은 전무의 불신을 뜻한다고 생각하고 있었다. 난생 처음으로 참다운 생의 목적을 찾았음을 깨달았다. 자기 자신을 위한 삶이 아니라 주님의 종이 되고 주님의 올바른 증인이 되는 것이었다. 그래서 회개한 지 2주 만에 옛 친구들과는 완전히 절연하고 구습에서 재빨리 탈피했다. 그러는 동안 자연히 갈보리채플에 나오게 되었다.

그렉이 처음으로 우리 교회에 찾아온 것은 어느 날 저녁 예배였다. 우리가 천막을 치고 이동하기 바로 전의 작은 교회당 건물에서였다. 교회당에 첫발을 디디면서 그는 잠시 동안, 어떤 낯설음에 대한 두려움 탓이었는지 발걸음을 멈추고 머뭇거렸다.

어쩌면 다섯 명의 계부 밑에서 눈치 보며 자란 탓으로 친밀한 대인 관계에서 자신을 잃고 있었고, 메마른 사랑 앞에서 상처받은 두려움 때문이었는지도 모른다. 문턱에 선 그렉의 몸이 떨렸다. 드디어 그는 친구가 맡아 놓았던 앞줄 좌석으로 가서 앉았다. 그렉은 후일 내게 말하였다.

- 척 목사님! 내게는 오직 당신만이 믿음직스러운 어른이었습니다!!

내가 그날 밤 성경을 가르칠 때 그의 마음은 불신과 의심에서 믿음으로 변했다고 했다. 그는 그때부터 교회의 일이라면 가르치는 것에서 테이프 녹음까지 무엇이든지 서슴지 않고 몸을 담아 열심히 공부하고 일하기 시작했다. 그의 열성은 정말 놀랠만했다.

새로운 형상

그렉은 예수를 믿기 전에 고질적인 어두운 면을 많이 가진 청년이었는데, 그것은 어떤 공포심이라든가 세상에 대한 불안감 같은 것이었다. 그러나 예수를 믿기 시작한 후로는 갈수록 열정적인 봉사와 성경공부에 빠지기 시작했다.

어느 날 저녁 성경공부반에 나왔을 때 그날 성경을 가르칠 팀장이 나오지 않았다. 모두 조용히 앉아 아무도 말없이 몇 분이 흘렀다. 이때 그렉은 비록 특별한 지식은 없었지만 용기를 내어 일어나 앞으로 나갔고, 속에 있는 마음을 털어놓았다. 그랬더니 모두들 좋아하며 다음 주부터 성경공부 지도를 담당해 달라고 부탁했다. 이로부터 그렉은 갈보리채플에서 수년간 단련 받으며 훈련하였다.

어느날 그렉은 하나님이 자기의 앞날을 위해 마련해 놓으신 한 계획을 발견하게 되었다. 그날은 갈보리채플에서 베푸는 침례식 현장을 보기 위해 코로나 델마비치(corona delmar beach)의 파이어리트 코브(pirates cove) 해안가를 찾아갔던 때였다.

1972년에 들어서면서 우리 교회는 월 평균 900여 명에게 침례를 베풀었다. 그런데 그렉이 그곳에 도착했을 때는 아무도 없었다. 그는 너무 늦게 왔다는 생각에 낙심하여 발걸음을 돌리려다가 해변 한쪽 모퉁이를 돌아 안 보이는 곳에서 2, 30명의 크리스천이 모여 앉아 찬송가 부르는 것을 발견했다. 가서 보니 이들도 누구를 기다리는 것 같았다.

성경공부에서 익힌 바도 있어 그렉은 그들 사이에 뛰어들어 마음에 떠

오르는 하나님의 말씀을 나누었다. 그때 젊은 두 자매가 와서 그렉에게 이렇게 말하는 것이었다.

- 목사님, 우리는 침례 받으러 왔습니다. 저희들에게 침례를 베풀어 주세요..

그렉은 놀라서 자기는 목사가 아니니 그럴 수가 없다고 했다. 그러나 그 말이 안 들렸는지 두 자매는 떼를 쓰며 막무가내였다. 이들은 그때 그 자리에서 침례를 받아야만 살 수 있다는 태도로 그리고 그날 갈보리채플의 침례를 받지 못하면 무슨 큰 변이라도 당할 것처럼 그렉에게 간청했다. 그러나 그렉은 나는 목사가 아니라고 몇 번을 거듭 반복해서 거절했다. 그런데 그 순간 주님의 음성이 들려왔다.

- 그렇게 해주어라.

그렉은 모여 앉은 사람들을 둘러보며 다음과 같이 말했다.

- 이 자매들이 침례가 필요한 것 같습니다. 우리 다 같이 물가로 내려가 침례를 베풉시다!

돌아보니 30여 명의 신자들이 줄을 지어 뒤를 따르고 있었다. 경사진 바위틈의 길을 걸어 내려가는 두 다리는 떨리다 못해 휘청거렸고, 생각할수록 가슴은 방망이질했다.

- 주님, 나더러 어쩌라는 것입니까?

그렉의 입술은 떨렸다. 사람들을 독려하여 큰소리치며 물가까지 내려왔으니 이제 와서 돌아설 수도 없게 되었다. 정말 난감해졌다. 더 지체할 수도 없고 무슨 말을 해야 하는지도 확실치 않았지만, 정신없이 적당히 기도하며 물 침례를 끝냈다.

그때 옆에서 보고 있던 다른 청년도 불쑥 앞으로 나오더니 자기들도 침례를 받겠다고 했다. 할수없이 그렉은 그들에게도 침례를 주었다. 이렇게 일이 무사히 끝난 것만으로도 고마워서 "주님 감사합니다!"기도하며 위를 올려다보니 해변가 높은 바위 위에서 수많은 군중들이 모여 그들을 내려다보고 있는 것이 아닌가! 그때 주님의 음성이 들려왔다.

- 저들을 가르치라!

그렉은 밑에 선 채 위를 올려다보며 말하였다.

- 여러분들, 우리가 지금 무엇을 하고 있는지 아십니까?

이 말이 끝나자 여러 사람들이 예수를 믿겠다고 나섰다. 그때 하나님은 그렉에게 봉사할 수 있는 또 한 가지 직무, 곧 설교자 겸 전도자의 임무를 부여하셨다. 알고 보니 그날 갈보리채플의 침례식은 그렉의 일이 끝난 후에 시행된 것이었다.

그렉은 고등학교를 졸업하면서 대학으로 진학하는 대신 갈보리채플에서 사역을 돕기로 작정했다. 그동안 그는 그래픽을 취미로 하며 교회의 봉사활동과 성경공부 지도에 전념했다. 여가 시간에는 교회 사무실로 나와서 온갖 심부름 등의 잡일을 도맡아 하여 두더지란 별명을 얻기도 했다. 그렉은 또 내가 출타 중이면 으레 사무실 책상을 지키고 앉아, 비서가 돌려주는 전화 문의에 정성껏 답변해 주었다.

나는 이따금 자문해 본다. 전화 문의를 해 온 사람들이 그들에게 신앙적 권면과 지도를 해준 사람이 히피출신으로 19살의 마약쟁이였다는 사실을 알았다면 과연 그들은 어떻게 반응했을까 하고 …….

또 다른 획기적인 사건은 그가 크리스천이 되고 난 지 3년이 지나 겨우 그의 나이 20세가 되던 해에 일어났다. 처음에 300여 명으로 시작된 리버사이드(Riverside)시의 성경공부반의 인원수가 80명으로 줄어버렸다. 코스타메사에서 그 먼 곳에 있는 리버사이드까지 왕래하며 성경공부를 지도할 사람을 찾아야 했다.

그동안 척 주니어가 성경반을 시작하여 한동안 키워왔으나, 다른 교회를 개척할 사명감을 느끼고 그곳을 떠난 후 여러 사람이 부분적으로 맡아 지도해 왔다. 그러던 어느 날 아무도 성경을 가르칠 사람이 없게 되어 결국 그렉에게 요청했다. 그리고 그는 이를 즉시 수락했다.

그렉은 그 당시, 테이블에서 떨어지는 어떠한 부스러기라도 잡으려고 기다리고 있던 때이기에 서슴지 않고 이 기회를 붙잡았다. 그렉 로리가 성경 공부반을 물려받자, 여기로 찾아드는 교인들이 하루 저녁에 300여 명에 달했다. 결국 다른 교회를 빌려 써야 하는 지경이 되었고, 특히 젊은이들이 떼를 지어 모여들었다. 쇠퇴 일로에 있던 리버사이드의 성경공부반이 바로 오늘날 초대형 교회 중의 하나인 "하베스트 펠로우쉽"(Harvest Fellowship)의 전신이 된 것이다.

그렉은 또 크리스천 밴드를 조직하여 하베스트 집회장 개막식 사상 최초로 '주 찬양'성가를 온 하늘과 땅에 울려 퍼지게 했다. 이를 지켜보던 지방 신문들은 젊은 그렉의 다이나믹한 리더쉽으로 반문화 단체의 히피 족들이 그리스도를 받아들이는 기현상을 연일 대서특필하기에 이르렀다. 그는 또 틈을 내어 미국 전역을 여행하면서 전도집회를 자주 가졌다.

그렉 로리는 하베스트 집회 참석자가 급증함에 따라 집회에 합당한 빌딩으로 옮겨가야겠다고 생각했다. 하베스트 집회를 맡은 지 일 년도 채 못 되어 그렉은 빈 교회당 건물을 찾았고, 나는 그렉 로리와 함께 부동산 사무실을 찾아가 계약을 했다. 해당 지불금의 수표를 써서 넘겨준 후 나는 그렉을 포옹하며 감격의 악수를 나누었다.

- 그렉! 이제 너의 교회가 생겼구나!

첫날 예배에서 교인수가 300에서 500으로 늘어났고 1년도 채 못 되어서 교인은 배로 늘어났다. 예배시간도 2부, 3부로 늘려갔다. 1974년 리버사이드 갈보리채플은 교회당 확장 공사를 하게 되어 할 수 없이 주일 저녁 예배를 시 중심지에 있는 광장에서 가졌는데 1,500석이 가득찼다.

그 후 5년간 꾸준히 성장하여 1980년에 이르러서, 그렉은 또다시 새 빌딩을 지어야겠다고 생각했다. 그 빌딩이 바로 오늘날 "하베스트 크리스천 펠로우쉽"(Harvest Christian Fellowship)으로 리버사이드 온 도시가 굽어 내려다볼 수 있을 만큼 거대한 초대형 빌딩이다. 당시 주일이면 3부 예배마다 입추의 여지없이 초만원을 이루어 9,000명 이상의 인파가 드나들고 있다.

그렉은 또 그에게 주어진 복음 전도의 은사를 교회 밖으로 나가 활용하도록 주님으로부터 부름을 받았다. 최근에 그는 다음에 소개되는 라울 리스(Raul Ries)와 함께 필리핀에서 10,000명의 군중에게 설교했다. 그렉은 미국을 비롯하여 일본 유럽 및 아프리카에서 열린 목사 세미나에 초청되어 하나님이 그에게 보여주신 리더쉽에 대하여 증거했다. 1년 동안의 라디오 복음전파를 했으며 또 그는 뉴욕에서 1,000석의 체육관을 빌려 부흥회를 개최하였다.

그 후 많은 사람들이 그렉에게 뉴욕에도 갈보리채플을 세워 달라고 요청해 왔다. 그 결과, 제프리 발레단의 무용 연구소였던 건물에서 집회하는 맨해튼 소재의 갈보리채플이 탄생하였다. 이 교회는 개척하자마자 300명으로 늘어났고, 알래스카(Alaska) 갈보리채플의 목사였던 그렉 로리의 옛 친구 마이크 피니지오(Mike Finizio)가 목회를 하게 되었다. 또한 그렉 로리는 미국의 12개 대도시에 기독교 방송국을 설립하여 라디오 복음전파 방송을 하고 있다.

하나님은 그렉 로리의 뉴욕 여정에서 더 흥미로운 계획을 갖고 계셨다. 그렉 로리가 마음속에 간직하고 있었고 항상 잊지 못하고 있던 사람, 오직 마음속에 그리던 좋은 아버지로 여기던 오스카 로리(Oscar Laurie)가 뉴욕에서 멀지 않은 뉴저지에서 살고 있었는데, 그렉이 오스카를 찾아가서 아름다운 자기 아내 캐시(Cache)를 소개하며, 양아버지였던 오스카 로리에게 무엇이 자신의 깨진 삶을 바꾸어 놓았는가를 들려주었다. 곧 예수 그리스도의 은혜와 능력의 위대함을!

그 당시 오스카 로리는 심한 심장마비를 앓은 후부터 삶의 가치를 찾지 못하고 인생의 덧없음에 괴로워하고 있었다. 그렉이 찾아가 복음을 전한 다음날 오스카 로리는 이렇게 말했다.

- 그렉. 네가 어제 저녁 내게 해준 말을 깊이 생각해 보았어. 나도 어떻게 하면 예수 그리스도를 영접하고 구원을 받을 수 있을까?

이에 그렉은 성경을 펴들고 복음의 진리를 오스카와 함께 깊이 나누었다. 그때 오스카 로리는 대답했다.

- 그렉! 나는 지금 예수님을 믿을 준비가 되었어!

이에 두 사람은 두 손을 잡고 무릎을 꿇고 하나님께 기도를 했다. 그때 오스카 로리는 눈물을 흘리며 그렉에게 물었다.

- 하나님이 나의 심장을 고칠 수가 있을까?
- 그럼요! 하나님은 위대한 치료자이십니다.

그 순간 오스카 로리는 어린아이와 같은 믿음을 갖고 주님께 자기 병을 고쳐 달라고 기도했다. 그리고 기도를 한 후, 오스카는 믿음으로 주치의를 찾아갔다. 예수 그리스도께서 자신의 몸을 치유하셨음을 증명하기 위해서였다. 오스카는 주의 치유하심을 의심치 않았다. 그런데 참으로 오스카의 몸에 기이한 변화가 일어났다. 치료를 받은 것이다.

오늘날 로리는 그렉의 교회의 장로로서 일하고 있고, 그의 처와 두 아들 가족 모두가 크리스천이 되었다. 그렉은 자기 평생에 주님이 보여준 수많은 이적과 더불어 이 사건은 영원히 기억할 믿음의 동기가 되었다.

지금 그렉 로리는 자신의 생애를 돌이켜볼 때, 세상을 살면서 다섯 명의 계부를 섬겨야 했던 괴로운 삶을 사는 동안에도 하늘에 영원한 아버지가 항상 계셨던 것이었다. 그렉은 하나님께서 자기의 약점과 결점을 송두리째 뒤집어서 이를 역이용하셨음을 깨달았다.

그는 성경을 통해서 목자는 사람들의 환심을 사고자 할 것이 아니라 오직 하나님의 마음에 합당해야 한다는 진리도 배웠다. 그렉의 손길이 닿는 곳마다 그리스도께서 배로 갚아 주신다던 성경의 약속이 이루어지는 것을 체험했다.

또 그에게 특별한 기쁨의 축복은 아내 캐시를 만나게 된 일이다. 이는 우리가 하나님의 뜻을 찾을 때 우리가 원하는 바를 보살펴 주시며, 그 모든 것을 하나님 뜻 안에서 이루어 주신다는 약속을 보여주는 것이었다. 캐시는 그렉이 항상 바라고 찾던 사람으로, 하나님은 건실하고 사랑에 넘치는 안정된 가정을 마련해 주셨다.

그렉 로리와 캐시의 오늘날의 생활을 통해서 우리는 심리학자들의 말과는 달리 하나님이 도우실 때, 그 아무리 불안정한 가정의 배경을 가진 자라 할지라도 축복된 결혼과 가정을 이룰 수 있다는 사실을 배우게 된다.

결론적으로 그렉에게 있어 그가 교회 헌신과 봉사에서 얻은 위대한 수확과 캐시와의 결혼과 두 아들은 얼마나 커다란 축복인지 이루 말하기가 어렵다. 하나님은 그렉를 통해서 보잘것없는 몇 개의 떡으로 수천의 군중을 먹이시는 오병이어의 기적의 원리를 친히 보여주셨다.

스티브 메이(Steve Mays) (1950~2014)
Calvary Chapel South Bay

A Heartbeat From Hell

모진 바람이 세차게 몰아치던 어느 날 애너하임(Anaheim) 출신의 험상 궂은 한 사나이가 턱받이 달린 때 묻은 가죽옷을 걸치고 9mm의 베레타 (Beretta) 권총을 뒷주머니에 꽂은 채 우리 크리스천 공동체 안으로 느닷 없이 나타났다. 경찰에 쫓기는 도망자의 꼴로 6개월 동안 목욕 한번 못 하고 하수구를 전전하며 기거한 터인지라 대낮에 거리를 활보할 수 없는 처지임을 역력히 보여주었다. 이를 닦은 지 2년이나 되었고 근세 야만인 과 같은 머리 모양은 차마 눈 뜨고 볼 수 없는 몰골이었다.

그의 이름은 스티브 메이(Steve Mays)였다. 부모한테서 쫓겨난 지 벌써 여러 해가 지났으며 세상에서 가까이할 사람 하나 없이 버림받은 이 사나이가, 그때 찾아갈 수 있었던 곳은 오직 한 군데, 거세기로 유명한 무법자 단체인 모터사이클 갱단이었다. 그는 살인미수와 징병 기피 혐의로 FBI(미연방 범죄수사국)의 추적에 쫓기고 있었으며, 그의 이름에 현상금까지 걸려 있었다.

스티브의 파괴적인 삶의 행로와 그 말로는 날 때부터 이미 정해져 있는 것 같았다. 그는 자라면서부터 난폭하였고 부모들도 어쩔 수 없이 경찰을 불러야만 할 정도였다. 그의 집은 거의 매일같이 경찰을 불러야 할 정도였다.

어느 날 오후 스티브는 혼자 집에 있었다. 그런데 그날 스티브에게 참으로 기괴한 사건이 일어났다. 그의 부모가 집에 돌아오니 문이 열리지 않는 것이었다. 억지로 밀고 들어가 보니 문틈마다 수건으로 밀봉하여 온 집안은 물바다가 되어 있었다. 마치 대형 목욕탕을 방불케 했다. 수도꼭지마다 모두 열어놓아 물소리가 요란했으며, 스티브는 응접실 한가운데서 마치 목욕탕 안에라도 들어온 양 기대앉아 집이야 떠내려가건 말건 전혀 아랑곳하지 않고 중얼거리고 있었다. 입에는 마약을 피워 물고, 텔레비전은 꺼져 있었는데도 텔레비전이 재미있다며 헛소리를 하고 있었다.

그는 또 너무도 기가 막혀 아연실색하여 서 있는 자기 부모에게 손짓, 발짓 다하며 앉아서 함께 보자고 성화였다. 그는 장시간에 걸쳐 여러 마약을 시험해 보다가 나중에는 아트마도(Asthmador)란 환각제마저 복용했던 것이다. 그는 갖가지 마약을 제멋대로 배합하여 복용하는 위험한 마약 중독자였다.

경찰이 도착하기 전에 스티브의 부모는 그를 가까스로 방으로 끌고 가서 문을 잠가버렸다. 방안의 모든 장식이나 문의 손잡이가 그의 눈앞에서 모두 두꺼비로 변하여 말을 걸며 놀려대는 것처럼 스티브는 키득키득 웃고 있었다. 경찰이 왔으나 스티브가 애너하임 고등학교의 풋볼 선수였음을 알고는 몇 마디 주의만 주고 체포하지 않았다.

다음 날 점심때 스티브의 아버지는 불효막심한 아들이지만 불쌍하고 걱정도 되어 일찍 집으로 돌아왔다. 그런데 이번에는 스티브가 부엌으로 나가 샌드위치 2인분을 그럴듯하게 만들어 식탁 위에 놓더니 우유도 두 잔을 따르는 것이었다.

속이 상해 조반도 안 먹고 나갔던 아버지에게는 서투른 아들의 솜씨지만 때가 때니만큼 제법 구미를 당기었다. 시키지도 않았는데 아버지 몫까지 점심을 장만하는 아들의 그 모습이 기특하고, 늘 말썽만 부려 사랑이란 주지도 못하고 받아보지도 못한 사이였지만 오랜만에 둘이 앉아 점심을 먹는다고 생각하니 감개무량했다. 말없이 혼자 먹기 시작하는 스티브를 보고 맞은편에 놓인 샌드위치 앞에 앉으면서 아버지가 물었다.

- 이건, 누구 것이지?

스티브는 고개를 치켜들더니 벽시계를 쳐다보며 대답했다.

- 브래드 것이야 아빠!

브래드란 친구가 벽시계 안에 있다는 뜻이었다. 그 말을 듣는 순간 아버지는 울음이 목까지 차올랐다.

이 일이 있고 나서 얼마 후, 스티브는 습관처럼 매일 환각 세계에 빠져들었다. 이번에는 LSD와 하쉬쉬, 그 외 또 다른 마약을 혼용한 뒤, 커다란 칼을 들고는 부모를 겁에 질리게 했다. 어머니는 질겁하여 서 있었고, 스티브는 히히거리며 칼을 휘두르면서 어머니를 놀려댔다.

스티브가 잠이 들자 겁에 질린 부모는 칼을 숨겼다. 이런 생활 속에서 스티브와 부모 사이는 천리만리 멀어져만 갔다. 그 당시 스티브 아버지는 실험실 기사였고, 그전에는 당당하고 애국적인 육군 장교였다. 그러니 60년대의 젊은 마약 중독자인 아들과 마음이 통할 리가 없었다. 아들과 사이에 대화가 끊긴 것은 벌써 오래전의 일이었다.

그의 삶이 파괴의 길로 방향 전환이 된 것이 중학교 1학년 때라고 스티브는 회고했다. 어느 날 그는 아주 다른 사람이 되어 학교에서 돌아왔다. 왜 그런지 알 수 없었으나, 누가 봐도 전혀 딴사람이 되어 있었다. 알고 보니 그날 스티브가 좋아하던 학교 선생님이 느닷없이 스티브를 성적으로 희롱했던 것이다. 하도 뜻밖의 사건이었기에 그는 자기 기억에서 지워버리려고 안간힘을 썼다. 그러나 그때부터 그의 행동은 변하기 시작했다.

그 일이 있은 해에, 스티브는 마리화나에 손을 대기 시작했고 물건을 훔치기 시작했다. 갈수록 학습 의욕이 떨어져 학교 성적은 A에서 D, F까지 떨어졌다. 그때부터 스티브의 삶은 학교 수업 빼먹기, 마리화나와 환각제의 복용, 오토바이 질주 그리고 비치 파티로 이어졌다. 갈수록 방탕의 비탈로 치닫기 시작했다. 스티브가 고등학생이 될 무렵에는 그의 절도 행위가 심각한 지경까지 이르렀다. 어떤 때는 일주일에 네 번이나 경찰에 수배되었다.

스티브가 앞서 얘기한 마췌티 사건의 에피소드 당시, 그의 마약 증세에 따른 괴상한 발작으로 인해 운동 경기를 더 이상 감당해 내기조차 어렵게 되자 풋볼팀을 탈퇴해야 했고, 그 후부터 본격적으로 학교의 마약 밀매자로 전락하게 되었다. 스티브와 옛 풋볼팀 친구들은 모이기만 하면 30ml의 마리화나를 단숨에 해치웠다. 그들이 마음만 먹으면 그 어떤 마약이든 구하지 못하는 것이 없었고, 따라서 손을 대보지 않은 마약이 없었다.

어느 주말인가 학교 풋볼선수 일행이 산속의 휴양소를 찾아갔었는데, 그날은 스티브가 일이 있어서 가담하지 못했다. 그런데 거기 참가한 선수들이 깊은 숲속 오두막 안에서 Red(세코바비탈_붉은 캡슐 마약)와 바비츄레이트(Barbiturates)를 너무 흡입하여 모두 의식을 잃고 말았다. 그때 산불이 났고 이들이 있던 오두막에 불길이 번졌으며, 모두가 깊은 환각에 빠져 깨어나지 못하고 모두 불에 타 죽고 말았다. 한창 피어나던 젊은이들이 당한 이런 참사의 비보는 학교 전체를 뒤흔들고도 남았다.

이 무렵 스티브는 부모와 돌이킬 수 없을 만큼 멀어져 있었다. 스티브는 그의 부모를 몹시 멸시했다. 그의 이러한 정신적인 변화는 여러 종류의 마약의 혼용으로 빚어진 육체적인 화학작용 변화를 따라갈수록 악화되었다. 이때 복용한 환각제는 주로 압파(Uppers)라고 불리는 메탐피타민(일명 스피드), 덱세드린 그리고 앰피타민 등의 화학약품으로 된 흥분제였다.

이 압파(Uppers) 환각제는 스티브를 3,4일 동안 계속해서 잠들지 못하게 했다. 그는 잠을 못 자기 때문에 더욱더 심한 편집광이 되어갔다. 그때만 해도 의학계에서는 이러한 특수 마약의 대사 주기를 잘 모르고 있었다. 여하튼 스티브는 마약 기운으로 인한 에너지를 폭발할 수 있는 곳을 찾아야 했다.

결국 그는 견딜 수 없는 에너지를 자기의 헌 스포츠카를 완전 분해하는 데 쏟았다. 그의 아버지가 직장에서 돌아와 보니 아침에 멀쩡했던 중고차가 주인 잘못 만난 탓으로 뼈대는 온데간데없고 박살이 나 있었다. 그러나 자동차를 분해한다는 일이란 고작 큰 망치로 밤낮없이 차를 두들겨 부수는 일이었다. 결국 하루 종일 두들겨 대는 고물차의 비명소리에 지칠 대로 지친 것은 이웃 사람들이었다. 이와 같이 스티브는 사실상 이 세상에서 점점 멀어져 가고 있었던 것이다.

이제 스티브에게 있어 새로운 꿈이란 폭력배가 되는 것이었다. 그의 거칠고 폭발적인 성격은 그를 학교에서 걸핏하면 싸움을 벌이는 깡패로 몰아갔다. 한번은 한 친구의 얼굴을 서른한 번이나 때렸고, 또 한 번은 어떤 친구의 팔을 부러뜨렸다. 그리고 그가 입대 징집 영장을 받았을 때는 그 영장을 불에 태우고 집을 떠났다. 앞문으로 나가서 도망친 스티브가 갈 곳은 끝이 안 보이는 어두운 절망의 뒷거리, 변화의 여지라곤 조금도 없는 곳이었다. 이 세상의 반항자들이 그곳에서 그를 기다리고 있었다.

지옥의 숨결

스티브가 찾아간 새 거주지는 오렌지카운티에 속한 가든 그로브에 있는 모터사이클 갱단 소굴이었다. 스티브가 그의 모터사이클 수리 기술을 발휘할 수 있는 동안은 언제까지나 그들과 같이 어울려 살 수가 있었다. 그러나 이들은 흉포한 대선배들이었다. 집에서는 사랑을 상실한 부모의 차

가운 시선을 보고 살았지만, 이 새 거처의 동거자들은 한결같이 악마적이었다. 그는 거기서 지금까지 상상도 못 해본 공포의 세계를 발견했다. 그곳 사람들은 알지도 못하고 알고 싶어 하지도 않는 어떤 영적인 세계로의 문이 활짝 열린 것으로 보였다.

모터사이클 갱단의 연령층은 30대 중반으로 스티브 나이의 배였다. 그들은 모두 권총을 갖고 있었으며 갖가지 범죄와 마약 밀매를 일삼고 있었다. 사납다고 이름난 스티브였지만 그들 앞에서는 그래도 애송이요 순박한 편이었다. 또한 스티브는 아주 작은 일 같으면서도 그들 세계와는 판이하게 다른 점이 있었는데, 이는 그들이 다운너 그룹(진정작용 마약_바비트 레이트류)이었다면 스티브는 압파그룹(흥분작용 마약_ 앰피타민류)에 속해 있었다.

그러던 어느 날 스티브의 들뜨고 과장된 행동들이 그들의 신경을 건드리게 되었다. 이로 인해 이들과 한패가 된 지 2년쯤 되는 해에, 스티브를 못마땅하게 여기던 한 다운너 갱단원이 난데없이 권총을 빼들고 위협을 가했다. 밤중에 깊이 잠들었을 때 갑자기 험한 구둣발로 목을 눌러 잠을 깨우는가 하면, 권총 끝이 스티브의 코앞에 와 있기도 했다. 날이 갈수록 심해지는 이런 가학 행위는 스티브를 공포의 도가니로 몰아넣었다.

스티브가 그의 간증에서 말하곤 했듯이, 여기서 나는 스티브 본인으로 하여금 그때의 일을 설명하도록 하겠다.

어느 날 밤 일찍 잠이 들었는데, 누군가가 발길로 차서 눈을 떠보니 모터사이클 한 대가 땅에 뒤집혀 있었다. 그 사람은 내가 장난쳐서 이렇게 됐다며 빨리 고쳐 놓으라고 위협했다. 그때부터 나는 밤을 새워가며 그 모터사이클을 완전 분해하고 볼트와 너트를 질서 정연하게 정돈했다. 그런 후에 또다시 방바닥에 몽땅 쏟아놓고, 다시 또 정리했다. 이렇게 몇 번을 거듭하는 동안 날이 샌 것이다. 그만큼 나는 마약에 마취되어 있었던 것이다.

한번은 20알의 덱세드린(Dexedrine/각성제 및 식욕 억제제)을 열 잔의 커피와 함께 먹어 버렸다. 또 언젠가는 스무 알의 덱세드린을 빻아서 그 위에다 엑세드린 비타민을 섞어 큰 알로 빚어 커피와 함께 삼켰다. 그 결과 속은 헐대로 헐고 마음은 걷잡을 수가 없게 되어 정신을 잃고 말았다.

아침에 일어났더니 한 친구가 화를 내며 내가 자기 오토바이를 망쳐놨다고 야단이었다. 나는 손댄 일이 없다고 주장했다. 전혀 기억에 없었기 때문이었다. 그랬더니 이 친구가 번개처럼 달려가서는 무엇인가를 집어 들고 왔다. 12구경 쌍발 사냥총이었다.

그는 당장에 입을 벌리라고 소리쳤고, 함께 온 다른 두 사람은 꼼짝 못하게 나를 붙들었다. 엉겁결에 나는 "총알이 장전된 것은 아니지?"라고 물었다. 그랬더니 내 말이 떨어지기가 무섭게 옆에 있던 베개를 향하여 방아쇠를 당겼다. 그 순간 베개에 들어있던 닭털이 폭발하듯이 온 방을 뒤덮었다. 그리고는 그 뜨거운 쌍발 총구를 들어 내 입에 다시 넣었는데, 아직도 연기가 뽀얗게 일어나고 있었다.

이젠 마지막이라고 생각했다. 그리고 이때부터 공포 망상증은 심해졌다. 바로 그 무렵이었다. 한 친구가 호신용으로 쓰라고 자기 권총 하나를 내게 주었다. 그래서 그때부터 권총을 항상 휴대했다. 나를 죽이고 싶어 하는 녀석과 한집에서 살다 보니 어떤 날 밤은 위험하여 뜬눈으로 새울 때도 있었다.

그 일이 있었던 후 며칠이 지난 어느 날 뒷마당으로 나는 휘발유가 가득 찬 양철통 위에 앉아서 오토바이를 수리하고 있었다. 그때 날 미워하던 녀석이 38구경 권총을 들고 나왔다. 다시 뒤돌아볼 겨를도 없이 그가 3발을 쏴 내가 앉아 있던 휘발유 통에 구멍을 냈는데, 다행히 나는 다치지 않았다. 또한 휘발유 통이 터지면서도 불이 일어나지 않아 천만다행이었다.

그래도 스티브는 그곳을 떠나지 않았다. 갈수록 자기보다 연장인 선배 악당들의 생활양식이 차차 몸에 익었고 또 권총도 자유자재로 다룰 수 있게 되었다. 그동안 마약의 수요량이 늘자 스티브의 마약 장사도 경기가 좋아졌다. 하루는 자기의 단골이었던 한 젊은 여인이 와서 다른 친구에게 마약을 사 갔다. 이에 화가 난 스티브는 권총으로 그녀를 쏘기 시작했다.

다행히 마약 기운으로 정신이 몽롱했던 탓인지 총알은 모두 머리 위로 빗나가 그녀는 무사히 도망칠 수가 있었다. 이에 화가 더 치밀은 스티브는 밖으로 쫓아 나갔으나, 그 여인은 이미 온데간데없고 무엇이라도 죽여야만 직성이 풀릴 것 같았는데, 마침 스티브 앞에 고양이 한 마리가 나타났다. 이제 표적은 죄 없는 고양이가 되었다.

나는 그 고양이를 38구경으로 쏘았다. 한 발에 맞아 쓰러졌는데도 여전히 나를 보며 웃고 있었다. 그때 나는 그 고양이의 웃는 꼴이 끔찍하도록 미워서 옆에 있던 쇠스랑을 집어 들어 머리를 힘차게 내리쳤다. 그래도 계속해서 웃기에 이번에는 망치로 때렸다. 그런데도 계속 웃고 있었다. 그래서 더 이상 주체할 수 없는 분노에 휩싸여 38구경 권총을 다시 꺼내 마구 쏘기 시작했더니 고양이의 사체는 산산조각이 나서 도랑으로 굴러 떨어졌다. 그런데도 고양이는 여전히 나를 보고 웃고 있는 것 같았다. 그때부터는 어디를 가나, 눈을 뜨나 감으나 고양이가 눈앞에서 떠나가지 않았다. 나는 이것이 마귀 손아귀에 붙들려 귀신들린 것은 아닌가 하고 생각했다.

그 후 오토바이 갱단의 한 친구가 스티브에게, 어떤 사람이 돈을 받고 당신의 목숨을 노리고 있다고 귀띔해 주었다. 그 당시 스티브는 할리 데이비슨 1,200cc를 포함하여 오토바이 세 대를 갖고 있었다. 그의 말을 듣는 순간 그것들을 바라보았다.

어디로 도망갈까. 그러나 내 목숨을 노리는 청부살인업자가 누구인지, 어디 있는지도 모르면서 어디로 도망을 간단 말인가? 할 수 없이 스티브는 도망가는 대신에 있는 자리에서 기다리기로 했다. 그리고 12인치 총신에 권총 손잡이가 달린 엽총을 사서는 매일 30~40발의 사격 연습을 뒷마당에서 했다.

그러던 어느 날 저녁, 그 사실을 까맣게 잊어버리고 아무런 의심도 하지 않고 있을 때 한집에 살던 옛 적수가 38구경 권총을 갖고 불쑥 나타나서는 스티브를 향하여 총을 겨누었다.

- 야, 이놈아! 난 네가 밉다. 네 목숨에 돈이 걸려 있으니 그 돈을 내가 타야겠다.

말이 끝나자마자 총소리가 났다. 스티브는 말할 수 없는 아픔에 몸을 비틀었다. 붉게 달아오른 쇠붙이라도 갖다 댄 것 같은 과격한 통증을 느꼈다. 다리에 총을 맞은 것이었다. 그 순간 스티브는 정신을 잃고 말았다. 그리고 그다음 날 깨어보니 자신은 인적 없는 허허벌판에 버려져 있었다. 그가 내게 마약을 먹인 후 들로 끌고 와서는 죽으라고 내던져 놓은 것 같았다. 총을 맞은 다리는 피와 살과 천이 어우러져 피투성이가 된 채 달라붙어 있었는데, 천을 떼어내니 아픔은 이루 말할 수가 없었다.

치료를 받아야겠지만 FBI의 체포령이 내려져 있는 터라 병원에는 갈 수도 없고, 집으로 돌아가자니 항상 죽인다고 위협했던 터라 부모도 당장 경찰을 부를 것 같아 집에도 갈 형편이 아니었다. 스티브는 생각할수록 아득하기만 했다. 이런저런 생각 끝에 갈 곳은 오직 한 군데뿐이었다. 어제 총에 맞아 죽을 뻔한, 바로 그 갱단 소굴로 다시 갈 수밖에 없다고 생각한 것이다. 엉금엉금 기어 가까스로 기어들어갔다.

몇 명의 친구가 나와서 나를 부축해 주었다. 그리고 스티브가 잘 아는 어떤 간호사가 자기 부모가 사는 집 근처에 있다고 했더니, 거기로 데리고 가 치료를 받게 해주었다. 스티브는 간호사에게 고맙다고 하고는 비밀을 지키지 않으면 죽이겠다고 위협했다.

그 간호사는 상처를 깨끗이 소독하는 등 자신이 할 수 있는 데까지 최선을 다해 치료해 주었다. 그리고 스티브가 차에 실리어 세 번째 찾아왔을 때, 그 간호사는 용기를 내어 스티브의 부모에게 사실을 알렸다. 그날도 치료를 받고 세 친구의 부축을 받으며 밖으로 나왔는데 이상하게도 주위의 공기가 심상치 않은 것 같았다. 폭풍전야의 정적이 주위의 분위기를 압도하고 있었던 것이다. 놀라운 소식을 전해들은 그의 어머니는 곧 FBI에 연락한 것이다.

그때의 절망적이던 상황을 스티브는 이렇게 설명한다.

내가 집을 떠난 지는 이미 수년이 지났는데도 FBI는 우리 집을 감시초소로 사용하고 있었다. 내가 간호사 집을 나와 차를 돌리자마자 기다리고 있던 붉은 무스탕(Mustang) 차가 요란하게 우리를 향해 돌진해 왔다. 총기를 사용하기 시작한 이후 처음으로 나는 총을 갖고 있지 않았고 마약도 갖고 있지 않았다.

나와 함께 간 세 명의 갱이 앞자리를 차지하고, 초스피드로 달리기 시작하자 예상했던 대로 숨 가쁜 추격전이 벌어졌다. 그러나 교차로 적신호 때문에 스피드를 늦추는 순간, 뒤따르던 붉은 무스탕이 우리 차를 들이받았고 폭음소리와 함께 우리는 한가운데로 밀렸다.

어느 사이에 밀어닥쳤는지, 교차로는 하늘을 진동하는 사이렌 소리와 번쩍이는 경찰차로 길이 막혀 있었다. 그때 사면으로 봉쇄된 우리를 향하고 있는 길고 짧은 총들의 총구들이 보였다. 확성기에서 요란하게 "움직이면 쏜다"라는 경고가 들렸다. 그들은 뒷자리에 기대앉아 있던 나를 끌어내어 땅에 주저앉게 하고는 상처 입은 내 다리를 세차게 걷어찼다.

그 아픔은 말할 것도 없었거니와 가까스로 지혈되었던 상처에서는 피가 마구 쏟아졌다. 그리고 양팔이 붙들려 결박되는 순간 그들은 여름에, 그것도 38도가 넘는 우리 차의 앞 후드에 내 머리를 힘껏 누르고 비틀어진 한쪽 뺨을 철판에 문질렀다. 살이 다 익어버리는 것 같은 아픔은 참으로 견디기가 힘들었다. 그들은 두 손목에 수갑을 채우고 두 발목도 결박했는데, 그래도 모자랐는지 발목과 팔 수갑을 연결하는 고랑까지 채웠다. 그리고는 어느 경찰차 뒷자리로 짐짝처럼 던져 넣어버렸다.

그때 한 FBI 요원이 다가와서 내 다리의 상처를 조사하였다. 그 결과, 그 날 살인미수혐의와는 달리 징병기피 혐의로만 체포되었다. 나중에 알고 보니, 그 얼마 전에 살인미수 사건이 발생했었는데, 그 피해자는 나이가 많은 부인이었다고 한다. 노부인은 총 사격을 당하자 갖고 있던 자신의 22구경 권총으로 용의자를 쏴 맞혔는데 용의자가 도망쳤다는 것이다. 그런데 내가 입은 총상은 22구경이 아니라 38구경으로 판명이 난 것이다.

여기서 나는 처음으로 하나님의 손길이 역사하고 있음을 보는 것 같았다. 그래서 FBI는 결국 나를 놓아주었다. 그들이 나를 석방한 이유를 아직도 모르겠다. 차에 같이 타고 있던 세 명은 그때 석방되지 못하고 갇혀 버렸기 때문이다. 그래서 내 거처인 갱단 소굴로 무사히 돌아왔다. 그런데, 이들은 또 엉뚱하게도 나를 의심했다. 그들은 내가 경찰에 무슨 고자질을 한 대가로 일찍 석방됐다는 것이었다. 그래서 아무래도 이곳은 내가 더 있을 곳이 아니라고 생각되고 더 이상 배겨낼 수도 없어 그곳에서 나왔다.

그러나 내가 갈 수 있는 곳은 도랑과 하수구뿐이었다. 하수구를 전전하며 잠자는 노숙자 생활이 시작된 것이다. 어떻게 된 영문인지 모르게 풀려 나왔지만, FBI가 또 나타나 영영 헤어 나올 수 없는 철창 안에 가두어 버릴 것만 같은 불안감과 아직 누군지도 모르는 청부살인업자 그림자가 항상 내 주변을 맴돌며 마음을 괴롭혔기 때문에 그야말로 편할 날이 없었다. 이렇게 쫓기는 무법자 생활은 계속되었다.

'메시아의 집' 괜찮소?

비가 오나 바람이 부나 가릴 것 없이 스티브가 거주하는 집은, 이제 뒷도랑 아니면 하수구 터널이었다. 다시 그의 이야기를 들어보자.

그날따라 바람도 불고해서 그냥 쭈그리고 앉아 있었다. 그런데 그 근처에 주차하던 셜리(Shirley)와 헨리(Henry) 부부가 내게 와서 말을 건넸다. 셜리는 나의 눈에서 예수를 보았노라고 하며 가서 살만한 곳이 세 군데 있다고 소개했는데, 그중 갈보리채플의 '메시아의 집'(House of Messiah)이 포함되어 있었다. 그녀는 나에게 어느 곳이 마음에 드냐고 물었다. 나는 잘 모르겠지만 왠지 '메시아의 집'이 괜찮은 것 같다고 말했다.

그들은 나를 차에 태워 '메시아의 집'으로 데려갔다. 나는 권총을 뒷주머니에 꽂은 채 메시아 하우스로 걸어 들어갔다. 그곳에는 한 작달막한 청년 오빌(Orville)이 오더니 다짜고짜 말을 걸어 왔다.

- 당신은 예수를 압니까?
- 아니오.
- 그러면 머리를 숙이오. 예수께서 당신 마음속으로 들어오시도록 기도합시다.

그의 기도가 끝난 다음 나는 그가 하라는 대로 죄인의 기도를 했다. 복음서가 무엇이고 무엇에 관한 책이라는 아무런 설명도 없이 종교적인 일은 진행되었다.

그 순간부터 모든 일이 갑작스레 척척 맞아 들어가는 것 같았다. 하나님이 내 마음을 붙잡고 안으로 들어와서 불태우는 것 같았다. 그것은 또한 내 생애에 처음 경험하는 이해할 수 없는 힘이었다. 그것은 속에서 뜨겁게 타오르는 엄청난 증거로써 경이로운 하나님의 무한한 사랑의 표현이었다. 이루 다 설명할 수가 없는 일이었다.

그 순간 하나님은 나를 마약에서 완전히 해방해 주셨다. 그날 10,000불 어치 이상의 마약을 쓰레기통에 넣었다. 그리고 그 시간부터는 마약으로부터 깨끗이 손을 씻을 수가 있었다. 드디어 나는 바다로 나가서 권총을 멀리 던져 버렸다. 오랜만에 목욕도 깨끗하게 하고 새 옷도 얻어 입었다. 고약한 냄새가 풍기는 내 옷은 '메시아의 집' 형제들이 땅속에 묻어 주었다. 그날 그 시간부터는 거리를 활보할 때 찬송가가 저절로 불려지고 흐르는 눈물이 앞을 가리었다.

어느 날 몇 해 만에 처음으로 어머니에게 전화를 걸어, 예수 그리스도를 영접했다고 말했다. 내가 이러한 일들을 설명하는 동안 어머니는 무릎을 꿇으며 "너를 구원하신 분이라면 지금 나도 그분이 필요하단다." 이렇게 어머니는 전화상으로 주님을 영접하셨다. 다음 차례는 아버지였다. 나는 아버지에게 전화를 걸어 예수님을 증거했다. 그러나 말을 다 듣고 난 아버지는 단번에 거절하였다.

- 난 그런 소린 듣고 싶지도 않다. 내가 그것을 직접 봐야 하겠다.

그로부터 17년 동안 나는 아버지에게 복음을 증거하지 못하고 혼자서만 묵묵히 변화된 삶에 감사하며 살아왔다.

그러던 어느 날 아버지가 암으로 병원에서 돌아가시게 되었다. 나는 급하게 아버지를 찾아가서 복음을 전하였다.

- 아빠! 나는 더 이상 예수에 관하여 말을 하지 않을 수가 없어!

그야말로 영원한 생명이냐, 영원한 사망이냐가 달린 순간이었다. 그 순간 아버지가 빙그레 웃으시면서 마음을 열고 주님을 받아들이셨다. 그리고 난 후 희한하게 아버지의 건강은 좋아졌고, 크리스천으로서 새 삶을 살게 되셨다.

나와 부모 사이에 그토록 오랫동안 벌어졌던 공간이, 새사람이 된 오늘에 와서 무한하신 하나님의 사랑으로 가득 채워지게 되었다. 내 삶을 둘러싼 이 많은 변화 가운데 어느 편이 더 큰 기적인지는 잘 모르겠다. 나를 끔찍이 미워하던 동생 게리(Gary)가 그의 아내 쥬디(Judy)를 동반하여 주님을 찾게 되었으니 말이다.

스티브는 자신의 인생에 대하여 다음과 같이 증언하였다.

내가 고등학교 다니던 시절, 최악의 길을 걷고 있을 때 크리스천이던 숙모께서 비탄과 실의에 찬 우리 부모를 다음과 같은 말로 위로하셨다고 한다.

- 너무 걱정하지 마세요! 스티브는 커서 목사가 될 것입니다!

그런데 그 말대로 불가능한 일이 이루어진 것이다. 내가 악마의 종으로 무서운 함정에 빠져 있을 때, 어느 누가 감히 상상이나 했겠는가? 매일 슬픔에 빠져 계시던 부모님이 이제는 기쁨으로 찬양하며, 나를 비웃던 동생이 가족을 데리고 찾아오는 교회의 의젓한 목사가 되었으니 말이다.

사막에서 오아시스로

스티브의 목회 성공이 하루아침에 이루어진 것은 아니다. 사실, 스티브가 목사가 되고 또 교회를 갖게 되리라는 가망이 안 보일 때가 한두 번이 아니었다.

그가 '메시아의 집'에 처음 찾아온 것은 1971년이었다. 1년을 그곳에서 살다가 다른 공동 사옥으로 옮긴 후 또 1년을 지냈다. 그리고 2년이 되면서 스티브는 장차 목회자가 되어야 한다는 하나님의 음성이 들렸다고 느꼈다.

그러나 앞으로도 그에게는 마약으로 입었던 얽히고설킨 상처가 다 아물고, 그에 따르는 잡념들을 모두 걷어내어 말끔히 쓸어내야 하는 과제가 남아 있었다. 크리스천의 인격이 스티브 안에서는 아주 더디고 힘들게 형성되고 있었는데, 이를 위한 지름길은 없었던 것이다. 스티브는 그때로부터 2년여에 걸쳐 코스타메사에 있는 크리스천 공동체 생활을 한 후 영적 지도자 역을 담당해야 한다는 의식과 책임을 느꼈다.

어느 날 나는 캘리포니아의 사막지대인 빅터빌(Victorville)에도 크리스천 모임을 만들어야겠다고 생각했다. 그래서 스티브가 사는 지역에 살고 있는 나의 동생 폴(Paul)에게 전화했더니 그렇지 않아도 그들은 누가 와서 크리스천 모임을 인도해 줄 것을 기도하고 있던 중이라고 말했다.

결국 스티브의 소원이 이루어진 셈이다. 그리고 얼마 안 되어서 빅터빌에서 개척 기도회가 발족되었는데, 처음 회원은 삼십 명이었으나 후일 이 모임에서 네 명의 목사가 나오게 되었다.

처음에 스티브는 그곳에서 생계를 위해 커피숍을 열기도 했다. 이 무렵그는 매주 나에게 전화를 걸어 교회를 시작하게 해달라고 졸라댔다. 그러나 내가 볼 때, 그는 아직 준비가 되어 있지 않았다.

어느 날 나는 스티브를 코스타메사로 불렀다. 그는 이제 꿈이 이루어지는가 보다고 희망에 차서 싱글벙글 웃으며 내 앞에 앉았는데, 그때 나는스티브에게 우리 교회의 정원 일을 맡아 돌봐달라고 했더니 그는 실망하여 대답도 하지 않고 빅터빌로 돌아갔다.

사실 스티브가 후일 회고했듯이, 빅터빌에서는 지난날 그토록 무모한자포자기 생활과 죄악으로 얼룩진 긴 세월 끝에 하나님이 준비하신 광야생활을 살아야 했다. 실제로 그는 그때 그곳에서 자신의 정신적인 광야생활을 체험하고 있었다. 그러나 이런 광야생활은 하나님이 의도하신것이었고 또한 스티브의 앞에 있을 목회생활을 위한 준비 작업으로 매우 중요한 과정이었다.

그 후 스티브는 그 기간 동안 나의 성경 강해 테이프를 있는 대로 구입하여 하루에 몇 개씩 닥치는 대로 듣기 시작했다. 그 강해 테이프들은 그에게 성경에 대하여 눈을 뜨게 해주었고 성경 이해에 대한 의욕을 북돋아 주었다. 그러나 말씀을 들을수록 하나님 말씀에 대한 갈증은 채울수록 더욱 심해졌다.

그로부터 그가 탐독한 성경 주석과 기타 기독교 관계 서적으로 이루어진 그의 서재는 오늘날 내가 아는 어느 목사들도 비교할 수 없이 컸다. 이 사막의 세월을 통하여 스티브는 그의 내면의 영적 생활이 생명수를 찾았음을 깨닫게 되었다. 그렇게 빅터빌로 돌아간 얼마 후 재미있는 일이 생겼다.

어느 날 그가 주도하는 모임에 금발의 아름다운 한 처녀가 와서 앉았다가 조용히 집으로 돌아가는 것이었다. 그 자매의 이름은 게일 롤이었다. 스티브는 그녀가 바로 하나님이 자기의 짝으로 마련한 여인이라는 확신이 들었다. 그리고 그것을 확인하기 위해 성경을 펴니 "아내를 얻은 자는 복을 얻고 ……" 라는 잠언의 말씀이 눈에 들어왔다. 그래도 확신이 생기지 않아 스티브는 하나님께 기도했다.

- 하나님! 들어보세요. 제가 지금 그녀에게 전화를 걸려고 하는데 오늘이 마침 그녀의 생일이라면, 그리고 또 마침 생일 축하를 해줄 남자 친구가 없어서 혼자 울고 있다면 제가 이를 믿겠습니다.

그리고 스티브가 전화를 걸었더니, 어쩌면 그렇게도 원했던 대로인가? 용기를 얻은 스티브는 당장 빅터빌로 오라고 거의 반 명령조로 그녀를 초대했다.

- 자매의 생일을 축하하기 위해 오늘 저녁은 제가 저녁을 사겠습니다.

스티브의 전화를 받고 게일은 곧바로 빅터빌로 갔다. 저녁 식사를 나누는 동안 스티브는 너무 좋아서 별로 먹지도 못했다. 그때 게일은 스티브가 성경반에서 필요한 어떤 직책을 부탁하려는가 기대하고 있었다. 그러나 뜻밖에도 스티브가 결혼을 신청해 온 것이다. 그런데 더욱 놀라웠던 것은 게일이 즉석에서 청혼을 수락해 준 것이었다. 결국 일주일 후에 그들은 결혼식을 올렸고 내 동생 폴이 주례를 섰다.

그 후 얼마 지나지 않아 나는 스티브를 불러 사막에서 시무할 수 있도록 그에게 교회 담임 목사직을 부여하고 발령을 냈다. 내 아들 척 주니어가 '29 Palms'에 교회를 개척해 놓고, 유바시티(Yuba City)에 또 새 교회를 개척하기 위해 떠났기 때문에 목사가 필요했다.

스티브로서는 제일가기 싫은 고장이었겠지만 미군 해병대 기지에 인접한 작은 사막 도시에, 그는 이제 막 목회를 시작하는 신출내기 목회자의 모습으로 나타났다. 그리고 그로부터 2년 후에 게일을 동반한 채 완전히 빈털터리가 되어 코스타메사 갈보리채플로 찾아와 주차장에서 나를 만났는데, 그는 두말하지 않고 내 손바닥에 교회 열쇠를 쥐어주었다. 교회는 갈라졌고 그 뒤에 문을 닫고 만 것이다. 그 일로 스티브는 담임 목사직이 쉽지가 않음을 깨닫고 목회는 이제 끝이라고 생각했다.

나는 곧바로 스티브를 코스타메사 공동 가옥의 일부를 관리하는 책임자로 임명했다. 스티브와 게일은 여기서 7년을 지냈다. 세 개의 침실이 있는 의젓한 집을 떠나 이곳에 온 후로는 40여 명의 낯선 사람들과 공동생활을 해야 하니 게일은 크게 실망을 하였다. 더욱이 이 집의 부엌은 집회소 안에 있어 게일이 그릇을 씻을 때는 목욕탕을 사용해야만 했다. 수시로 바뀌는 얼굴들, 정 붙일 사이도 없이 지나가는 수많은 얼굴들, 그야말로 영원한 보수가 뒤따르지 않으면 할 수 없는 희생이었다.

이렇게 7년 동안의 공동생활과 봉사를 끝내면서, 스티브는 오늘날 사이프러스 갈보리채플로 알려진 한 교회를 부에나 파크에서 개척했다. 그리고 2년이 지난 후, 주님은 그 교회를 떠나 다른 교회의 부목이 되도록 명령하셨다.

이번에는 벨 플라워(Bell flower)에 있는 호산나 갈보리채플에서 2년을 부목으로 시무하게 되었는데, 많은 권한은 갖고 있지 않았지만 그는 이 기회를 '주님과의 재결합의 기회'라고 표현했다. 그러나 사실 다시 생각해 볼 때, 자신이 담임 목사직을 담당하기에는 아직 부족하다는 것도 깨달았던 것이다.

이번이 두 번째 일이었지만 결국, 두 번 다 실패한 셈이다. 그러나 하나님은 스티브를 아직 포기하시지 않았다. 주님은 이런 뜻을 아름답고 독특한 방법으로 스티브에게 알려주셨고, 때에 따라서는 이를 뒷받침해 주셨다.

스티브는 한때, 독립된 교회를 갖고 목회해 보겠다던 희망을 전적으로 포기하려는 극단적인 절망에 빠진 때도 있었다. 그는 마지막으로 주님께 호소했다.

- 일이 있으면 척 스미스가 날 부를 것입니다.

그리고는 낚싯대를 메고 장기 휴가에 들어갔다. 스티브는 낚시질하면서 주님께 기도했다.

- 주여! 내가 앞으로 목회자가 될 수 있다면 물에 던진 저 낚시가 물 위로 나오기 전에 고기가 물리게 해주십시오.

날이 점점 저물어가니 고기 물릴 시간은 아니었다. 그래서 낚싯줄을 감아 들이기 시작했지만 고기가 문 기색이 없었다. 낚시 추가 보이기 시작할 때까지도 아무 것도 없었다. 그런데 그것을 물 밖으로 뜨려는 순간 피라미 한 마리가 무는 것이 아닌가. 이 얼마나 감격스런 순간인가? 하나님이 응답하신 것이다. 비록 새끼 손가락만한 피라미가 달려 나왔지만 스티브는 하나님께 주님이 부르신 표식을 부탁했지 큰 물고기를 달라고 하지는 않았으니, 작은 피라미가 2.5kg짜리 잉어만 못지 않았다. 그는 자신도 모르게 눈시울이 뜨거워졌다. 왜냐하면 표식을 보여 달라는 자기 기도에 응답해 주셨을 뿐만 아니라 하나님께서 세미한 음성을 들려주셨기 때문이다.

- 곧 네게 다시 할 말이 있다.

스티브가 휴가를 끝내고 집으로 돌아오니 돈 맥클루어에게 즉시 연락하라는 메시지가 기다리고 있었다. 스티브는 전화상으로, 현재 공석중인 사우스베이 갈보리채플(South Bay Calvary)의 목사 선택을 위해 소집된 주임목사 회의에서 스티브가 만장일치로 선정되었다는 소식을 듣게 되었다. 그는 너무 좋아서 어린애처럼 발을 동동 굴렀다.

스티브는 드디어 자기 교회를 가진 것이다. 그렇게 하여 그는 1980년 전체 갈보리채플의 주임목사들과 내가 추천한 교회에 첫발을 디뎠다. 그리고 그는 마침내 주님으로부터 그보다 더 확고한 확인을 받았다. 때마침 하늘에서는 '굿이어'(풍년)라고 쓴 비행선이 푸른 하늘을 유유히 지나가고 있었다. 그것을 보는 순간 스티브에게 주님의 음성이 들려왔다.

- 올해는 풍년이 올것이다.

스티브는 처음부터 새롭게 출발하기 위해, 교회의 장로위원 전원이 총사직하기로 주님께 고했다. 스티브의 교회는 철저하게 그때부터 새 출발하며 성장했다. 1980년에 사우스베이 갈보리채플은 42평 대지에 백 명의 교인을 갖고 있었다. 그리고 3년이 채 되지 않아, 그들은 420평 대지에 큰 건물을 사서 이사하였고 30만 불을 들여 교회를 증축했다.

스티브는 그 교회 취임 첫날 하늘에 뜬 '굿이어' 비행선이 인상적이어서, 설교 때마다 '굿이어'(풍년) 이야기를 자주 꺼내곤 했는데, '굿이어' 회사에서는 스티브가 은연 중에 '굿이어' 회사 선전을 해 주었다는 사례로써 비행선에 태워 유람시켜 주었다고 한다.

그해만 '굿이어'가 아니고 해마다 '굿이어'가 찾아왔다. 드디어 영예로운 대풍작이 스티브 메이 교회를 찾아와 주일 출석 불과 100명의 교회가 1,500명이 넘는 의젓한 교회로 성장하게 되었다.

한편 그 무서운 지옥의 마수에게 빼앗겼던 수많은 시간들이 이제 놀라운 모습으로 되찾은 것이다. 학교 중퇴자, 이탈자, 낙오자로 불리었던 그가 애너하임 종합운동장 대집회에서 개막 연설을 했을 뿐만 아니라 지금도 미국 전국적인 종합운동장 대집회의 초청강사로서 활약하고 있다.

스티브와 게일 사이엔 두 딸이 있는데 모두 건실하고 푸른 눈동자에 금발의 아름다운 모습을 하고 있다. 이제 어느 모로 보나 스티브에게서는 옛 상처의 흔적을 찾아볼 수가 없다. 딸들은 운동도 잘하고 학교 성적도 우수하며 한없이 온순하여 귀엽기만 하다. 게일은 옛날에 살던 집을 떠나 아쉬워하던 사막의 집보다 몇 배나 더 좋은 집을 갖게 되어 아름답게 꾸며 어느 모로 보나 흠잡을 데 없는 단란한 가정을 이루고 있다.

스티브는 하나님이 자기에게 은혜 위에 은혜를 쏟아 부어주고 계심을 안다. 그는 주님의 은혜에 대하여 이렇게 증거했다.

- 지난날 사탄에게 빼앗겼던 육신을 하나님의 넘치는 은혜로써 다시 찾았을 뿐만 아니라 과거에 쌓아 올렸던 악덕의 양 그 이상으로 큰 미덕을 차지하게 되었다

우리는 여기서 한 사람의 삶이 하수구에서 은혜로운 삶으로 옮겨졌음을 보았다. 이제 스티브에게 과거의 오점을 상기시켜 주는 것이 하나 있다면 그것은 바로 다리의 상처뿐이다. 그는 그것을 볼 때마다 마음이 아프다고 한다. 그러나 그 상처는 끝내 남아서 스티브에게 항상 주님께 감사해야 함과 그가 빠져나온 저 암흑의 함정을 잊어서는 안 된다는 것을, 또 그 크신 하나님의 은총으로 말미암아 죄악의 함정에서 헤어날 수가 있었다는 것을 상기시켜 줄 것이다.

스가랴는 스룹바벨이 새 성전을 재건하기 위해 지대를 놓는 날과 작은 일의 날이라고 멸시한 자에 대해서 얘기한다. 이와 같이 스티브는 지난날에는 지대를 놓기 전에 담부터 쌓고 싶은 욕망에 사로잡혀 있었다. 그러나 후일 그는 정해진 순서대로 땅을 깊이 파고서 반석 위에 지대를 놓는 일이 중요하다는 사실을 깨달았다.

존 콜슨(Jon Courson)
Applegate Christian Fellowship 담임목사

Fire & Rain

오리건주 애플게이트(Apple gate) 골짜기의 예일 크리크(Yale Creek)
물가에 서 있는 존 콜슨의 모습은 믿음직스러웠다. 그의 건장한 체격은
주위에서 나부끼는 푸른 풀잎 위에 그림자를 드리웠고, 저녁노을에 반사
되는 그의 붉은 머리는 한결 더 불타는 것 같았다. 그의 앞에는 여러 명
의 젊은이들이 줄을 서 있었다.

이들은 애플게이트 언덕 위에 목조주택을 짓고 살고 있으며, 그곳에서
정기적으로 모임을 갖는 청년회의 회원들이다. 그들은 모두 나체로 물
한가운데 서 있었다. 바람에 긴 머리카락이 날리고 햇빛에 반사되는 모

습이 이제는 사라진 원시인들 같기도 했다.

존은 그들의 나체를 문제 삼아야 할지 어떨지 몰라서 한참 동안 망설이기도 했다. 그러다가 결국 모르는 체하기로 했다. 존 앞에 서 있는 이 무리는 한때 그들 소유의 넓은 땅에 마리화나를 비밀리에 재배하여 온 무법 단체였다.

그들은 마리화나 재배로 큰 돈벌이를 하였으며 윤택한 생활 가운데서 소위 열반회를 조직하여 동양의 요가법과 미국 본토의 샤머니즘을 통하여 어떤 새로운 세계를 찾으려고 했다. 그러나 그들의 꿈은 물거품처럼 사라지고 말았다. 실로 그들이 열반회를 구성하고 난 후 발견한 세계는 다름 아닌 텅 빈 흑암의 동굴이었다. 이상적 열망 끝에 얻은 것이란 단지 허무와 실망밖에 없었다.

1970년 후반, 존 콜슨(Jon Courson)이 그의 아내 테리(Terry)를 동반하여 황막한 생활 촌에 나타났다. 그리고 건장하고 넓은 어깨를 가진 콜슨은 곧 그들 속으로 들어가 좋은 이웃으로서 표가 나지 않게 복음을 전도하기 시작했다. 주민들과 함께 강물에 휩쓸려 수영도 하며, 수개월에 걸쳐 끈질기게 그리스도의 사랑을 전해 주었다. 또 손을 저어가며 물에 떠 있는 주변 사람에게 다가가 성경의 이야기를 끊임없이 해주었다.

그들은 그런 말을 하는 존의 얼굴에서, 또 그의 눈에서 힘과 소망이 넘치고 기쁨을 주체하지 못하는 새 세계를 보았다. 자기네들과는 달리 존은 마약이나 그 외 별다른 어떤 자극제를 필요로 하지 않는 것 같았다. 그들 눈에 존은 거창한 캘리포니아 레드우드(California Redwood)처럼 강하게 보였다. 그러나 존의 그런 힘은 그 자신에게서 나오는 것이 아니라, 그가 그들에게 수시로 얘기했듯이 오직 하늘에 계신 분에게서 오는 것이었다.

이제 거센 파도처럼 용솟음치는 기쁨을 안고, 존은 한 사람 한 사람에게 그리스도의 이름으로 침례를 베풀었다. 그들은 물 위에 올라올 때 한결같이 희색이 만면했다. 그리고 그날 저녁 그들이 재배한 마리화나를 한데 모아 횃불로 태워버렸다.

존이 그토록 대담하게 발을 디녀 맨주먹으로 교회를 시작한 오리건주 인적이 드문 애플게이트는 인구 분포를 감안하는 계획성 있는 사람이라면 교회를 세우려고 꿈에도 생각하지 못할 터무니없이 작은 고을이다. 사실 애플게이트 지역은 울창한 산과 숲 그리고 그사이를 누비는 강물로 이루어져 있는데 그곳에 있는 인구는 다 합쳐도 1,000명이 안 되었다.

그곳은 캘리포니아 북부와 인접한 곳이고 조금 남쪽으로 내려가면 유레카(Eureka) 구역이 있다. 이 일대는 마리화나 재배자들이 기관총과 총기로 정복한 사실상 무법천지였다. 그런데 한때 악명 높던 이 고장의 지역장이 그의 화려한 생활방식을 청산하고 그리스도를 따르기로 결심하였다.

이 일을 시작으로 애플게이트 골짜기에는 그리스도에게 향하는 자들이 급속히 증가했고, 이 특수 그룹은 곧 오리건주의 같은 구역에서 마약을 재배하는 대신에 이제 유용한 식물을 심는 사람들로 변했다. 그들 중 한 사람은 워싱턴주에 있는 갈보리채플의 목사가 되었고, 또 한 사람은 존을 돕는 부목사가 되었다.

얼마 전 나는 오리건주 애쉬랜드(Ashland)에 있는 교인 600명인 존의 지교회로부터 편지를 받았다. 이는 어느 마리화나 재배 구역 사람들 모두가 크리스천으로 전향했다는 놀라운 사연이었다. 그 마약 재배 구역의 몇 명이 어쩌다가 애쉬랜드 갈보리채플에 나갔다가 내 성경강해 테이프를 몇 개 얻어서 돌아갔는데 그들은 마리화나 밭에서 일을 하며 그 테이프를 종일토록 들었다고 한다.

그 후에 그들은 "우리들이 하는 일이 옳은 일인가?"하고 자문하게 되었으며, 그로부터 얼마 지나지 않아 마을 전체가 예수 그리스도를 영접했다고 한다. 동시에 그들은 재배한 마약 더미를 불사르고, 모두 교회를 찾아 모여들었다고 한다. 그리고 마리화나를 재배하기 위해 개간하였던 땅과 거기에 쏟아 부었던 노력을 마라나타 견과 회사를 설립하여 각종 나무 열매로 만든 버터와 여러 가지 영양식품 제조업으로 전환하는데 헌신했다. 그리하여 그 회사는 오늘날 그 지역에서 가장 성공적인 사업체가 되었다. 코스타메사에 있는 우리 교회에서 내가 그 편지를 낭독하자 교인들의 우레와 같은 박수 소리가 그칠 줄을 몰랐다.

존 콜슨은 애초에 산호세(San Jose)에서 갈보리채플을 개척하였다. 그런데 계속적으로 성장하던 그 교회를 떠나가야만 했다. 하나님의 손길이 그로 하여금 움직이도록 명하셨던 것이다.

존 콜슨이 오리건주로 옮기기 전에 몇 가정의 부부와 성경 공부를 하고 있을 때, 두 가지의 예언적인 환상을 보았다. 하나는 애플게이트 골짜기에 불이 쏟아지고 그 불길이 사방으로 퍼지는 환상이었고, 다른 하나는 오리건주의 긴 가뭄이 끝날 것을 예시하는 폭우가 쏟아지는 큰 먹구름의 환상이었다. 이것은 처음 비가 쏟아지기 시작하면 하나님의 은총이 부어진다는 소식이기도 했다.

사실 존은 이러한 환상을 예언으로 받아들이고 싶지 않았을 뿐만 아니라 산호세를 떠나 오리건주로 옮길 생각도 전혀 없었다. 그러나 신기한 일은, 존이 오리건으로 와서 첫 주일예배를 드린 날에 전례 없는 폭우가 쏟아진 것이다. 그날 존은 마음속 깊은 곳에서 주님의 한량없는 은총의 부어짐을 실감했다.

오늘날 오리건주의 애플게이트는 아직도 총인구 1,000명을 넘지 못하는 벽지에 속한다. 그러나 갈보리채플 교단인 '애플게이트 크리스천 펠로우쉽'(Applegate Christian Fellowship)은 그 일대 전 구역에 널리 알려져 있었다. 이 교회의 교인은 그 지역 총인구의 세 배가 넘는 3,000명을 초과하였는데, 그 이유는 그곳을 둘러싸고 있는 인근 지역 사람들이 찾아오기 때문이다.

그들은 현재 그들이 힘을 모아 설립한 1,125평의 대지를 가진 대형교회에서 집회를 열고 있다. 육중한 대들보는 천정을 가로지르고 거대한 판유리의 창문들은 그 아름다운 골짜기를 내려다보고 있다.

그들은 여름이면 교회 본당 건물 옆에 있는, 곱게 다듬은 푸른 풀로 덮인 야외 경기장에서 모이기도 한다. 이 두 시설과 엄청나게 큰 주차장이 자그마치 약 1,225평의 땅을 차지하고 있다. 야외 경기장은 꽃밭으로 둘러싸여 있고, 음향 시설을 갖추고 있으며 2,000석의 좌석을 갖고 있다. 나는 최근에 그 신축 교회당의 헌당식에서 사회를 보는 기쁨을 가졌는데, 지방 신문들은 이 행사에 관한 큰 사진과 더불어 그 사건을 대대적으로 다루었다.

존은 이 거대한 추수의 불과 비를 경험했다. 그는 그것을 전적으로 기적이라고 말한다. 그 후 14개의 지교회가 이 거대한 교회에서 파생되었다. 존 피터슨(John Peterson)은 그랜트 패스(Grants Pass)로 가서 교회 개척의 선두에 섰다. 그리고 가이 그레이(Guy Gray)는 메드포드(Medford)로 갔다. 또 다른 사람들이 곧 그 뒤를 이었다.

이들은 1978년, 1979년의 여름과 가을에 캔트럴 버클리(Cantrall Buckley) 공원으로 존의 설교를 듣기 위해 몰려든 엄청난 군중을 목격할 수 있었다. 존은 일찍이 애플게이트 골짜기에 불이 쏟아지고 밖으로 번져나가던 환상을 이따금 상기한다.

존은 또 불이란 하나님을 위한 우리의 노력이 불로 시험을 받는다는 성경의 교훈을 참작할 때 정화하는 역할을 한다는 것을 깨달았다. 온갖 마른 풀과 잡동사니는 불에 타버리고 그 후에 정금이 남는다는 교훈도 깨달았다. 존은 시험이 있을 때마다 세찬 불길이 몰려옴을 경험했고, 그럴 때마다 단련을 받은 그의 교회가 더욱 더 굳건한 반석 위에 재건되는 것을 볼 수 있었다.

새 개척지

10여 년 전 갈보리채플 소속의 여러 친교 단체와 교회들은 캘리포니아 주를 벗어나 미국 각처에 새 교회를 개척하기 시작했다. 존 콜슨을 포함한 여러 교회 개척자들은 거의 장기간에 걸쳐 코스타메사 본 교회에서 교육을 받고 또 친교를 가졌다. 그리고 적절한 때가 왔을 때, 하나님의 손길을 따라 한 사람씩 개척을 떠났다. 있을 수 있는 일이긴 하지만 어떤 이들은 자기네 사리사욕을 채우기 위해 우리 갈보리채플의 이름을 도용한 사례도 있었고, 또 우리 갈보리채플의 믿음의 궤도를 벗어나 행하는 자들이 있어 이에 대한 불평을 호소해 오는 일도 있었다. 교회 개척은 모름지기 겸손과 그리스도의 사랑에 입각해야지 기발해 보이는 유행을 빙자하여 광태적인 집회나 후원금 전술에 의지해서는 안 된다고 믿는다.

존 콜슨이 갈보리채플에 다니기 시작했을 때는 로스앤젤레스 근방에 있는 라 미라다(La Mirada)의 바이올라(Biola) 신학교 학생이었다. 우리 교회의 어떤 특이하고 기괴한 배경을 가진 몇몇 목사들과는 달리 존은 어디까지나 정상적이고 협동적이며 정신적 품위를 갖춘 젠틀맨이다.

우리 중의 몇 명이 반항적 기질을 가진 것과는 달리 그는 도덕적인 미국 가정 출신의 이상적인 일꾼이라 할 수 있었다. 그동안 갈보리채플 목회를 창안하신 하나님의 모자이크에서 존 콜슨의 목회는 또 다른 퍼즐과 같았다. 갈보리채플의 다양한 목회를 제시한 것이다.

아마 존 콜슨이 아니었다면 갈보리채플의 퍼즐은 미완성품으로 끝났을지도 모른다. 왜냐하면 하나님은 지금까지 택하신 사람들과는 전혀 대조적인 성품을 가진 존을 부르셨기 때문이다. 즉 난폭한 성품의 스티브 메이나 마이크 매킨토쉬(Mike Macintosh) 같은 사람들과는 달리, 존 콜슨은 죠지 마키(George Markey)와 더불어 순수하고 흠잡을 데 없는 전형적 보수성향의 인격을 소유하였기 때문이다.

자기 고향인 농촌 지역에 갈보리채플을 개척한 키 크고 건전한 중서부의 젊은 농부 출신인 죠지 마키와 같이, 존 콜슨은 미국 역사 초기에 볼 수 있던 위풍당당한 모습을 지닌 일꾼이다. 이들은 오늘날 사회적으로 오염되고 타락한 사람들과는 대조적으로 지난날의 순수한 도덕과 성실성을 그대로 물려받은 정통적인 사람들이다.

그리스도의 은혜로 희색이 만연한 이들의 잘생긴 얼굴에서 단련되고 씩씩한 힘을 엿볼 수가 있다. 그러나 이들이 지닌 이러한 경건한 기풍이 오늘날 사람들에게서 점차로 사라져가고 있어 참으로 가슴 아픈 일이 아닐 수 없다. 오히려 경건한 남자들을 대신하여 소위 이쁜 남자들을 칭하는 '새 사람'이다. 이런 현상은 실로 마음을 무겁게 짓누르는 문제다. 그리고 이것은 오늘날 실로 심각한 문제라 아니할 수 없다. 이 세상과 미디어는 남자와 여자, 그 본연의 전통적인 자세로부터 등을 돌리고 남녀 양성적인 새 풍조에 갈채를 보내고 있으니 말이다.

이들이 말하는 소위 신세대란, 경건한 남성다움을 버리고 남성에 여성적인 특성을 혼합한 '해방족'(Liberated)을 택한 젊은이들이다. 물론 이것은 전혀 새로운 것은 아니다. 그러나 내 마음을 괴롭히는 것은 바로 그러한 전환의 규모다. 어느 누가 말했듯이, 그들은 '여성적 사고의 남자' 또는 '까다롭고 섬세한 남자'로 변모하여 가족을 돌보거나 건실한 가정을 이끌어 나간다는 책임감이나 기백을 상실하였다.

그들은 이러한 새로운 자유분방한 생활을 추구함으로써 이혼과 가출로 인한 편부모 가정이 속출 하였고 가족생활의 혼돈을 초래하게 되었다. 그들은 한쪽 귀에 귀걸이를 하고 머리와 복장도 유니섹스 모드를 추구하다 보니 백화점의 여성 상품부는 남자들로 성황을 이루었다. 이 신세대들은 건실한 남자의 생활을 비웃고, 여자들도 스스로 무디고 억센 남성적인 태도를 추구하는 풍조에 힘입어 자신들의 생활에 자부심까지 갖고 행동하였다.

그리하여 '까다롭고 세심한 남자'들은 옛날의 굳세고 전통적인 남성형이 나타나면 일제히 괴상한 여성의 목소리로 조롱했다. 이런 괴성은 처음에는 어느 대학가에서나 들을 수 있는 것으로 이들은 동성애 집단, 반전단체 혹은 반체제 집단의 회원들이기도 하였다. 그들은 할 수만 있다면 미국의 전통과 역사적 기록을 일시에 소각하고 매몰하고도 남을 기세였다.

그들이 주창하는 '신세계질서'(New World Order)란 집단주의, 도덕과 가정을 거부하는 안티 미국, 안티 크리스천을 뜻한다. 강건하고 불요불굴의 이상적인 크리스천이 나타나는 것은 그들에게 절대 금물인 것이다. 작은 위협에 떠는 겁쟁이가 그들에겐 오히려 덜 위험한 것이다.

이 그룹은 동성연애자, 여성인권 주창자, 자유주의자, 해방론자, 사회주의자 또는 마르크스주의자가 나타나기만 하면 물불을 가리지 않고 서로 포용한다. 그러나 그들은 크리스천이 나타나면, 특히 그가 전통적인 백인 남성이라면 주목하고 있다가, 어떠한 오명이라도 조작하여 뒤집어씌우려고 한다. 그래서 중간노선에 선 사람들은 부질없이 성차별이나 인종차별주의자와 같은 비난을 당하지 않기 위해서 적당한 태도를 취하며 살아가려 했다.

풋볼 선수나 대학교수들까지도 사나운 여성인권 주장자들의 눈초리와 성차별주의자와 같은 누명을 피하기 위해 몸을 움츠려야 한다. 실로 협박을 받으면서도 정면으로 말하지 못하고 굴복하며 쩔쩔매는 사람들이야말로, 이 추잡하고 왜곡된 집단에게 제멋대로 사람을 판단하고 정죄할 수 있는 일방적인 권한을 주고 있는 것이다.

사회적인 매장과 추방 앞에서 굴복하는 것은 이제 돌이킬 수 없는 사회 문제가 되어버렸다. 이는 마치 왕이 옷을 입지 않은 것과 같다. 예를 들어 대학총장이 졸업식 축사에서 건전한 말을 제대로 못 하고, 그곳에 참석한 여권 운동가나 소수단체들의 눈치를 살피며 비위 맞추는 말만 골라서 해야 하는 사회적 상황에 이른 것이다.

40년 전만 해도 감히 숨 한번 크게 쉬지 못했던 이 소수집단들이 오늘날 큰 목소리로 자신들의 이론을 합리화시키는 것을 보고도 모두들 대항은 커녕 묵인 하던가 용납해야하는 세상이 되고 말았다.

이런 풍조 속에 이성 간에도 냉소적인 태도와 불신이 팽대하고 있었다. 각 개인의 인권만이 앞세워지고 양보와 순종이 없기 때문에, 남녀 간의 결혼생활은 부부간의 결속력을 상실하여 파탄지경에 이른 것이다. 오늘날의 이혼율이 이를 여실히 증명해 주고 있다.

과연 오늘의 이런 분위기 속에서 남녀 간의 진실한 사랑이 있을 수가 있을까? 이런 사회 조류 속에서 이성간의 불행을 재미있다는 듯이 바라보는 동성애 무리들이 있다. 이것은 정말 눈으로 볼 수 없는 가소로운 광경이다. 그런데 오늘날의 이러한 세태는 바울이 디모데에게 보낸 두 번째 서한에서 서술한바와 같이 극도에 도달했다.

"네가 이것을 알라 말세에 고통하는 때가 이르리니 사람들은 자기를 사랑하며 돈을 사랑하며 자긍하며 교만하며 훼방하며 부모를 거역하며 감사치 아니하며 거룩하지 아니하며 무정하며 원통함을 풀지 아니하며 참소하며 절제하지 못하며 사나우며 선한 것을 좋아 아니하며 배반하여 팔며 조급하며 자고하며 쾌락을 사랑하기를 하나님 사랑하는 것보다 더하며 경건의 모양은 있으나 경건의 능력은 부인하는 자니 이같은 자들에게서 네가 돌아서라" [딤후 3:1-5]

존 콜슨은 하나님의 부름을 인지한 표본답게 조용히 일어나 뒤죽박죽인 사회적 반란군 앞에 홀로 용장의 거구를 이끌고 맞서기에 이르렀다. 나는 그를 생각하면서 60년대의 히피운동이 무질서 상태로 달리고 있던 날들을 회상해 본다.

평범한 모범 청년

존 콜슨은 고등학교 시절부터 뛰어난 운동선수이며 우수한 학생이었다. 상급 학년 때는 학생회장이었고 풋볼팀의 주장이었다. 졸업 시에는 전례 없는 그의 업적을 치하하는 세 가지 명예상을 받았는데, 이는 투표 결과로 받게 된 최고의 인기상, 최상의 품위상 그리고 최상의 비전상이다. 학교장으로부터는 전 졸업생 중 최고의 우등생에게 수여되는 교장 컵을 받았으며, 북부 켈리포니아주에서 최고 우등생에게 수여되는 교육국장 컵도 받았다.

존은 고교 시절에 북가주(Northern California) 침례교 청년회의 회장으로 활약하였으며, 그는 그때부터 벌써 전도를 통해 달변가의 솜씨를 보여주었다. 존은 여러 청년회 캠프와 교회 모임에서 간사를 담당하기도 했다. 그는 실로 영웅적인 풍모를 갖추고 있었으며, 무릇 미국의 젊은이들을 현혹시킨 반항 세력을 반대하여 일어서서 하나님을 섬기는 순종의 덕성을 선포한 용사이기도 했다. 이 용사가 마약과 여러 가지 사회의 부패 요소를 통렬하게 배격하며 이렇게 한마디 쏘아붙였다.

- 삶의 충족과 행복을 찾는 데 있어서 반항자가 될 필요는 없다.

엄격한 훈련생활과 때를 같이하여 그는 기독교 신학교인 비올라 대학교로부터 체육 장학금을 받게 되었다. 존은 원반던지기 고등학교 대항과 원반클럽 리그전에서 기록을 세운 일도 있었다. 그는 전국 원반던지기 대학부 전국대회에서 8위를 차지하였다. 후에 알게 된 사실이지만, 그는 주말이면 텐스피드 자전거를 타고 갈보리채플까지 먼 거리를 찾아와 토요일 밤을 교회 화장실 바닥에서 자곤 했다고 한다.

존 콜슨의 성실에 대해서는 칭찬을 금할 길 없으나, 그의 내면에 형성된 어떤 이슈가 그의 삶을 예상외의 길로 끌고 갈 위험이 전혀 없는 것은 아니었다. 존의 빈틈없는 계산적인 적응에서 오는 선행들은 문제의 원인이 될 소지가 있었다. 그는 대학 캠퍼스에서 모든 선행의 선구자요 모범 일꾼의 표본이란 외적인 칭찬을 한 몸에 받고 있었다. 그래서 그는 침례교 청년회의 알짜배기 일꾼으로 대형교회에 스카웃 될 것이라는 남다른 기대를 갖고 있었다. 그리고 모든 일은 순조롭게 진행되었다.

그런데 장래가 유망한 청년이 비싼 값을 치러야 하는 결단을 내려야 하는 문제에 부딪히게 되었다. 그것으로 그는 또 하나님과의 격렬한 충돌도 경험해야 했다. 이런 충돌은 그 자신이 장래의 계획과 설계 및 야망의 성취를 위해서도 위험하고 값비싼 대가를 치루기 위해 필수적으로 넘어야 하는 산이었다. 무엇보다도 우리가 하나님의 은혜에 진심으로 감사하게 되는 때는 바로 자신의 최선의 노력이 하나님 기준의 완전함과 선함에 미칠 수 없다는 사실을 깨달을 때다. 이는 인간의 노력으로 쌓아 올리는 탑은 결코 하늘 가까이 갈 수 없다는 말이다.

존은 또 신학적인 면에서 몇 가지 의문점을 해결해야 했다. 그 당시 존의 신학교 교수 몇 명은 우리 갈보리채플을 불신하고 있었으며, 갈보리채플 교회들을 멀리하라고 경고까지 했기 때문이었다. 그들의 관심사는 우리 교회의 급격한 부흥상이었고, 그것을 오히려 의심했다. 그들은 갈보리채플의 부흥 현상은 바로 일시적인 새로운 컬트(cult)일 뿐이라고 학생들 앞에서 공공연하게 말하였다.

그러나 존은 이런 교수들의 경고를 일축해 버렸다. 그는 신학자들이 역사를 학술적으로 또 신학적으로 체계화함으로써 오히려 하나님을 틀 속에 가두어 넣고 있다고 생각하였다. 그는 또 율법적이고 형식주의 종교 활동은 융통성 없는 규격화 제도로 만들어 신앙의 질식을 초래한다는 것을 깨달았다. 이들이야말로 성경이 경고하는 "경건의 모양은 있으나 경건의 능력을 부인하는 자"였던 것이다. 모든 것이 성경에서 권장하고 있는데도 하나님과 대면하는 것을 거부하는 신학적 틀에 사로잡혀 그들 자신도 숨조차 크게 못 쉬는 함정에 빠진 신세가 된 것 같았다.

존은 사도행전에 나타나 있는 초대교회의 약동하는 생명력을 상기할 때마다, 오늘날의 기독교가 왜 축소되고 무력한 신앙에 머물게 되었는가를 스스로 자문했다. 그렇다면 하나님께서 역사와 더불어 전진한 것인가, 아니면 자연적으로 탈바꿈을 했단 말인가? 그처럼 힘차고 능력 있던 초대교회는 이제 고대역사의 옛이야기로 사라지고 만 것인가? 자기가 들어 갈 수 없는 어떤 호화로운 연회석상을 창문을 통해서만이 구경해야 하는 것처럼 이러한 일련의 사건들은 존의 면전에서 자신을 놀리는 것만 같았다.

존이 우리 갈보리채플을 처음 찾아온 것은 1972년 가을이었다. 그때 그는 이렇게 말했다.

- 나는 학교에서 공부하던 사도행전의 내용이 느닷없이 내 눈앞에서 생생하게 재현되는 놀라운 실상을 보고 놀라움에 사로잡혔다. 성경의 말씀이 현실화되었고 오늘 내 앞에서 그대로 펼쳐지고 있었다. 신약성경의 사실들을 오늘 내가 발견할 수 있다는 가능성에 대해 놀라지 않을 수가 없었다. 그 기록들이 지금 이 시간의 현실이 될 수 있다니 말이다. 나의 인생이 송두리째 뒤집힌 것만 같았다. 내 안에 있던 영적인 가뭄이 일시에 다시 찾은 새 소망과 생명력으로 충만케 되었다.

존은 그 당시 우리 갈보리채플의 목사들과는 전혀 다른 독실한 크리스천 가정에서 자랐다. 그럼에도 그는 남들, 특히 자기와는 반대 입장인 하층의 배경을 가진 청년들이 이해 할 수 없는 그 무엇과 계속 싸워야 했다.

그는 상위그룹에 속해 있다는 우월감과 선행 실천자라는 교만과 싸워서 이겨야만 했다. 그러한 우월감은 기적적인 하나님의 은총을 볼 수 없게 만들고, 성장하지 못한 신자들을 못마땅하게 생각하고 비평함과 동시에 자신을 엄격한 규율로 묶어버리고 만다. 이러한 함정이 주변의 많은 크리스천을 괴롭혀 왔다.

그 결과 그들은 결국 정신적으로 마비되고 기쁨을 상실하며, 또 사랑이 없는 종말을 맞이하고 만다. 그런 면에서 볼 때 존은 진실로 하나님의 사랑이 아니었다면 애플게이트 골짜기에서 기독교로 회심한 자들의 물결을 볼 수 없었을 것이다.

수백 명의 젊은이들 앞에서 설교할 때의 일이었다. 갑자기 하나님은 존의 마음을 다음과 같이 냉혹하게 찔렀다.

- 너는 이 애들을 아무렇게나 보고 있구나. 그들에 대한 사랑은 조금도 없이 차
  갑게 진리를 풀이하고 있어. 그들에 대한 사랑은 전혀 보이지 않으니, 네가
  지금 하고 있는 것은 모두 거짓이야.

그 후 존은 자기반성을 추구하는 매우 중요한 시간을 갖게 되었다. 그로
부터 이틀간 존은 밴을 타고 해변을 돌아다녔다. 그리고 하나님께 목회
를 위한 사랑이 부어지지 않는다면 목사가 되려는 자신의 계획을 당장
포기하겠노라고 호소했다.

그후 존은 신학교 졸업을 앞두고 침례교 총회에서 앞으로 자신은 갈보리
채플과 손잡고 일하겠노라고 선언했다. 그 순간 존을 향해 펼쳐져 있던
목회를 향한 기회의 문들은 여지없이 닫히고 말았다. 왜냐하면 그 당시
갈보리채플은 기존 교회들에게 있어서는 새로 나타난 미지의 교회 그룹
으로 이단시되고 있었기 때문이다.

졸업 후 2년 동안, 존은 산 버나르디노(San Bernardino) 산상에 있는 갈
보리채플 트윈 피크(Twin Peaks) 수련장에서 가르쳤다. 그리고 얼마 후
존은 산호세에 교회를 세웠는데, 존은 곧 그의 아내 테리(Terry)를 데리
고 다시 오리건주로 떠났다. 그러나 남부 기질을 가진 그 앞에는 가혹한
시련이 기다리고 있었다.

불의 시련

존 콜슨은 그랙 로리처럼 다섯 명의 계부를 맞은 가정이나, 또는 스티브
메이처럼 냉담한 부모를 가진 가정 출신이 아니다. 존 콜슨의 가정은 성

실한 미국 가정의 본보기였다. 그는 부모의 따뜻한 사랑을 넘치도록 받으며 자랐다. 그의 어머니는 열성적인 신자로 성경책을 안고 기도하거나 성경을 읽을 때면 너무 감격하여 눈물을 흘릴 때가 많았다. 이러한 가정은 통계적으로 볼 때, 오늘날 별로 많지가 않다.

존의 간증은 이러했다.

– 너희가 주님을 따르기만하면, 주께서 나를 축복하신 것처럼 너희들을 축복해 주실 것이다. 그러니 반항자가 될 필요가 없다.

존의 나이 세 살이 조금 넘었을 때, 부모님이 자기를 안고 어느 부흥회에 나갔을 때 그는 자신의 삶이 이미 주님께 바쳐지는 구원의 손길을 보았음을 상기하고 있었다. 그래서 존은 그때의 그 시간이 어제의 일처럼 생생하다고 말한다. 그러나 이렇듯 훌륭한 크리스천이라 해도 고난과 시험, 그리고 가뭄의 때를 면치는 못하는 것이다.

무엇이 숨어 있는지 보기 위해 우리의 삶을 사정없이 불태우는 경우도 있다. 그럴 때면 예상치 않았던 재난이 찾아와서 상상도 못 할 방법으로 우리의 영혼을 순화시켜 주기도 한다. 그런데 어느 날 갑자기 바로 그런 일이 존에게도 일어난 것이다. 그가 젊고 아름다운 아내 테리를 한 순간에 잃어버리고 만 것이다.

1982년 어느 겨울날, 존과 테리가 오리건주의 한적한 시골길인 국도 42번을 따라 베첼라산(Mount Bachelor)을 달릴 때 변을 당했다. 순식간에 그의 차가 얼음 위를 미끄러져 몇 바퀴 돌고는 나무를 들이받은 것이다. 어떠한 도움이라도 구해야겠다는 의지로 길가에 기어 나오는 순간 그는 테리가 죽었다고 생각이 들었다.

앰뷸런스를 타고 부근에 있는 메드포드(Medford)시를 향해 달리고 있을 때, 갑자기 성령께서 존에게 예레미야 선지자의 말씀을 인용하여 말씀하셨다. 그 구절이 계속 그의 마음속에서 담담하게 메아리쳤다.

"너희를 향한 나의 생각은 내가 아나니 재앙이 아니라 곧 평안이요 너희 장래에 소망을 주려 하는 생각이라." (렘29:11)

그러나 사고가 난 순간부터 존은 하나님께 왜 테리를 데려가시느냐고 항의했다. 비난이나 노여움이나 의심 때문이 아니라 그 순간의 자신의 감정을 걷잡을 수가 없었다. 그런 가운데서도 이해할 수 없는 평안이 휩싸였다. 이때 하나님께서 존에게 말씀해 주셨다.

- 존! 내가 약속한 대로 너에게 이해할 수 없는 평안을 주었지 않았니? 그러니 너의 상식으로 이해할 수 있는 평안을 찾지 마라. 천국의 일은 그런 것이 아니다.

3년 후 하나님은 존에게 아름다운 아내 태미(Tammy)를 주셨고 두 아이를 낳았다. 그녀는 젊고 매우 매력이 있었으며 말로 표현할 수 없을 만큼 존을 사랑하였다. 사탄이 재앙을 뜻한다면 하나님은 자비와 은혜로서 평안을 주신다는 사실을 존은 그때 새삼 깨달았다고 한다.

- 나는 사랑하도록 부름을 받았다. 우리의 중점은 바로 사랑인 것이다.

이것이 존의 생애와 목회의 핵심이 되었다. 그리고 확장되는 신자들과의 친교를 통하여 수많은 신자들이 영원한 그리스도의 사랑을 영접하게 되었다. 불과 비가 쏟아진 애플게이트 골짜기에서 존은 하나님의 도구로 쓰임 받는 커다란 축복을 받았다.

그의 생애 속에서 하나님이 도구로 쓰시기 위해 사람을 선택할 때에 회개한 깡패이든 방랑자이든 복음적 증언을 잘하는 사람이든 그 어느 한쪽에 국한하지 않으심을 보여주셨다. 하나님은 자기 앞에 진심으로 무릎을 꿇기 위해 나오는 사람이면 누구라도 쓰신다. 문제는 각자의 진지한 의욕 여하에 달린 것이다.

예수님은 귀인들을 위하여 마련한 잔치에 대하여 말씀하셨는데, 그들이 초대에 응하지 않자 그것을 거지들을 위한 잔치로 바꾸어 버리셨다. 그곳에 찾아올 사람은 그들밖에 아무도 없었던 것이다. 나머지 사람들은 모두 세상일에 바빠서 돌아볼 겨를도 없었다.

'다 가진 자'(Has it all) 곧 부자들이 세상의 칭찬, 명예, 돈 그리고 향락에 빠지지 않는 것은 지극히 드문 일이다. 이런 유혹은 너무 쉽게 굴러들어오기 때문이다. 또한 부자가 하나님 나라를 들어가기 위해서 자기가 가진 것을 모두 희생해야 한다는 것 또한 매우 힘든 일이다. 그러나 만약에 그리한다면 하나님 사업을 위하여 그들을 쓰신 결과는 커다란 업적으로 남을 것이다.

라울 리스(Raul Ries)
Calvary Chapel Golden Springs

From Fury to Freedom

라울 리스(Raul Ries)는 남부의 라틴계 사람으로 거리에서 싸움을 일삼던 깡패였다. 그는 알코올 중독자인 아버지를 피해, 어려서 멕시코 국경을 넘어 미국으로 도망해 왔다. 그러나 미국 로스앤젤레스는 그에게 장미 꽃밭이 되어 주지 못했다.

라울은 월남전 참전 미 해병대 출신의 달구고 굳어진 제대 군인이었으며, 20대 초기에 들어서면서는 중국 무술의 유단자임을 내세워 거리에서 무서운 깡패생활을 일삼기도 했다.

라울은 성급하고 의심이 많으며 분노에 가득 차 있었다. 그는 마치 도베르만 핀셔(Doberman Pinscher) 경찰견처럼 사람에게 달려들어 벽으로 밀어 세우고는 울부짖으며 겁에 질리게 만들었다. 혹시 붙들린 자가 움직이거나 반항하면 라울은 기다리고 있었다는 듯이 그를 거의 반죽음 상태로 때려눕혔다.

사람이 어쩌면 그리 화를 내고 분노할 수가 있을까? 틀림없이 그것은 그와 그의 가족이 알코올 중독자인 아버지 아래서 겪은 잔인성에서 시작되었을 것이다. 아마 자신이 이해 못 할 어떤 의식에 대한 욕구 불만에서 왔을지도 또는 육신적 욕망이 너무 강렬하고 세기 때문이었을지도 모른다. 어쨌든 그는 남을 공격하고 때리는 일로 분을 풀고 불만을 해소할 수 있었다.

고등학교 시절에 라울은 가장 사납고 무서운 거리 깡패 두목이었다. 그래서 로스앤젤레스 지역에 속하는 라틴계 인구 밀집 지대인 서부 코비나(Covina) 일대에서 라울은 두려운 존재로 악명 높았다.

라울은 어느 모임에서 라이벌 고교의 풋볼 선수를 구타하고 다리를 부러뜨렸기 때문에 법정까지 불려 나갔다. 판사는 그의 나이를 감안하여 양자택일의 판결을 다음과 같이 내렸다.

- 너는 생긴 대로 싸움질 잘하고 때려 부수기를 좋아하니 해병대원이 되어 월남전에 참전하는 것이 어떠냐? 아니면 월남전 끝날 때까지 조용히 감방 안에 가두어놔야 하겠다.

그리하여 라울은 해병 훈련을 마치자마자 월남전의 최전방으로 배치되었다. 전투 지역에서 라울은 갖은 용맹을 다 떨쳤다. 물론 적군을 쏴 죽이는 일이 주요 임무였다. 그는 무공훈장 '퍼플 하트'를 수여받아 참혹한 전투 경험의 증표를 얻었다. 그리고 원치 않았던 다른 것도 얻었는데, 그것은 그의 혼(Soul)의 내면적 이변 현상이다.

심리학자에 의하면 사람을 죽이면 심령의 충격을 받아 변한다고 한다. 극심함 정신적 충격은 중추신경을 마비시키고 뇌신경을 단절시켜 순진성을 상실하게 된다. 이러한 현상은 경험해본 사람이 아니면 전혀 이해할 수가 없는 것이다. 상상으로는 경험해 보지 않은 빈 공간을 채울 수 없기 때문이다. 이것이 바로 "용기의 붉은 벳지"(Red Badge of Courage)에서 묘사된 미국 남북전쟁 당시의 용사들이 겪어야 했던 딜레마이기도 했다.

피비린내 나는 전쟁판 한가운데서 총검의 육박전을 체험해 보기 전에는 그런 현장에서의 정신작용에 관한 추측은 불가능하다. 살아남아서 돌이켜 볼 때 어떻게 행동했고 무슨 생각을 했는지, 그저 놀랍고 어이가 없을 뿐이다. 내 앞에 또 하나의 낯선 나를 대하는 것과 같은 맥락이다.

사람을 죽이고 난 후 갑자기 터무니없는 자기 인식에 빠지게 된다. 조셉 콘래드(Joseph Conrad)는 그의 "흑암의 심연"(Heart of Darkness)에서 이런 그림자 인간을 아주 예술적으로 능숙하게 묘사했다.

라울도 월남 땅 정글 지대에서 '흑암의 심연'같은 참상을 체험해야 했다. 바로 그곳에서 그는 또 하나의 자기 자신의 그림자 인간을 발견한 것이다. 그러나 그것은 바로 서구의 문명에서 멀리 격리된 이방의 원시적 세계에서 그로 하여금 살아남을 수 있게 도와준 것이기도 했다. 한편 그러한 정글의 비타협적이고 강력한 이미지들은 자유세계에서 그가 알고 있던 부드러운 가치관과는 너무나 극심한 대조를 이루었다. 그 결과 그가 자유세계로 다시 돌아왔지만, 그 안에 설정된 그림자의 성격은 마치 어떤 동양의 실타래 귀신 얘기처럼 계속해서 풀려 나오고 있었다.

"지킬 박사와 하이드"(Jekyl and Hyde)역이 그의 생활에서 수시로 재현되어, 그러한 폭행을 전혀 모르고 살아온 여러 선량한 구경꾼들을 공포의 도가니로 몰아넣곤 하였다. 그 상황 속에서 라울의 호전적이고 살인적인 어두운 성격은 드디어 가족 몰살이란 비참한 꿈을 꾸게 만들어 갔다. 이로 인해 그는 최종적으로 그토록 처참한 살인극을 계획하기에 이르렀고, 거의 그 지경에 이를 뻔했다.

사실 현실적으로 월남전쟁의 희생자는 월맹군이 아니고 바로 의지할 데 없는 그 자신과 그의 가족이었다. 그의 삶은 이제 도저히 걷잡을 수 없는 지경에 이르렀고, 아내와 아이들은 매일 그 앞에서 공포에 떨어야 했다. 또 무질서한 생활 가운데 다른 여자들을 좇는 동안, 가족에 대한 그의 태도는 날이 갈수록 더 거칠어지기만 했다.

그러한 삶의 결정적인 어느 날 밤, 그의 아내는 아이들을 데리고 잘 나가지 않던 교회를 찾아갔다. 집에 돌아온 라울은 가족이 온데간데없고 챙겨놓은 옷 보따리만 있는 것을 보고는 이들이 이제 자기를 버리고 떠나려 한다는 것을 알게 되었다.

라울은 분노의 불길을 참을 수가 없었다.

- 네가 날 버리고 지금 도망가면 곧 딴 놈을 맞이하여 살겠지.

라울은 혼자 중얼거리며 오늘날 우리가 신문에서 자주 보는 그런 일처럼 우리가 다 같이 살지 못할 바엔 함께 죽어야 한다는 극단적인 생각을 하게 되었다.

절정의 순간

라울에게 있어 세상에서 사랑했던 오직 한 사람인 아내가 함께 죽어야한다는 사실은 결정적이었다. 이러한 사실은 그의 인생의 절대적인 실패를 의미하는 최종적인 선고나 다름없었다. 이런 영혼의 고통이 괴로운 바람처럼 그의 생각의 안팎을 넘나들었다.

끝내 그의 손이 다가가 멈춘 곳은 총이었다. 그는 거실에서 어쩔 줄 모르고 앉았다 일어섰다 하며 실탄을 장전한 장총을 손에 들고 자기 아내가 돌아오기만을 기다렸다. 집의 현관문이 열리기만 하면 그는 성난 표범처럼 일어서며 격발할 태세였다. 그는 순식간에 지체 없이 모든 일을 끝장내리라고 이를 갈며 마지막으로 총부리를 자기 자신에게로 돌릴 작정이었다. 그런데 아무리 기다려도 그의 처는 돌아오지 않았다.

이글대는 마음속의 지옥의 불길을 달래기라도 하려는 듯 라울은 텔레비전을 켰다. 그리고 방송국 채널을 돌리다가 "내 얼굴"(척 스미스)이 나오는 화면에 우연히 채널을 맞추게 되었다고 한다. 순간 모든 행동은 정지되었다. 나는 그때 코스타메사 갈보리채플 본당에서 주일 저녁 예배를 인도하고 있었다. 어쩌면 다른 채널의 프로보다는 그 프로그램이 그의 신경을 덜 건드렸는지도 모르겠다. 그때 내 성경강해 내용이 그의 영혼에 부딪쳤으리라 믿는다.

라울은 그때의 결사적이던 순간을 여러 번 말로 진술했고, 또 그 일에 대해서는 "분노에서 자유로"(From Fury to Freedom)라는 책에 상세히 기록하고 있다.

차츰 라울은 들려오는 말 한마디 한마디에 귀 기울이기 시작했다. 그때 나는 하나님의 사랑에 대해 가르치고 있었다.

- 하나님은 우리 죄인을 사랑하사, 사랑하는 독생자를 우리 죄인의 대속자로 주셨다.

이때 라울은 갑자기 이 말에 대해서 생각하기 시작했다. 그는 하나님이 아무리 큰 사랑이시라 해도 자기는 그 안에 해당될 수가 없다고 생각했다. 그토록 악만 남아 있는 자기 같은 죄인은 그런 사랑을 받기는커녕 바랄 자격조차 없다고 생각한 것이다. 그러나 라울은 '그래도 한 번이라도 바랄 자격, 받을 자격이 주어진다면'하는 생각으로 계속 귀를 기울였다고 한다.

- 아십니까? 하나님은 완전하시다는 것을, 거룩하신 하나님이 우리 죄인과 어울린다는 것은 전혀 있을 수가 없는 일입니다. 그러나 하나님은 우리를 너무나 사랑하신 나머지, 하나님 자신이 온 인류의 죄의 짐을 홀로 지시는 벌을 받으셨습니다.

라울에게 있어서 이것은 너무나 엄청난 사실이기에 도저히 믿어지지가 않았다.

- 하나님은 당신이 현재 어떤 사람이건, 과거에 무슨 일을 하여 당신의 삶이 이

제 돌이킬 수 없는 지경에 빠진 완전한 폐인이 되어 있건 상관없이 당신 그대로를 사랑하십니다. 당신이 어떠한 깊은 죄악에 빠져 있다 하더라도 하나님은 여전히 사랑의 손길을 내밀어 당신을 붙들고 당신이 하나님 앞으로 나와 그 크신 사랑을 나누기를 바라고 계십니다. 예수님은 그 크신 하늘의 용서를 우리에게 무료로 주십니다. 우리는 이제, 그런 큰 선물을 받기만 하면 됩니다.

그 순간 라울의 가슴은 뛰기 시작했다. 자기도 모르게 그는 쥐고 있던 총을 놓아버렸다. 그리고 용서! 용서에 대한 동경심이 그를 사로잡았다. 그는 하나님 말씀에 자신이 귀를 기울이고 있음을 깨달았다. 라울은 곧바로 의자에서 내려와 텔레비전 앞에 무릎을 꿇었다.

내가 설교를 마치고 우리 모두 기도하자고 제안했을 때, 라울도 엎드려 회심의 통곡을 했다. 한참 동안의 기도 끝에 라울은 일어나서 텔레비전 방송 중이었던 우리 예배당으로 쏜살같이 차를 몰고 찾아왔다. 그는 대중 앞에서 죄와 믿음의 고백을 할 필요가 있음을 느꼈던 것이다.

라울은 그래서 우리 교회당 뒤편에 와 섰는데 마침, 내가 이제 회개하고 예수님을 구주로 맞이할 사람들은 앞으로 나오라고 했다. 라울은 누구보다도 먼저 앞으로 뛰어나와 바닥에 엎드렸다. 그의 아내가 애들을 데리고 찾아온 교회도 바로 우리 교회였다.

이것이 바로 라울의 생애에서 가장 크고 귀한 전환점이 된 것이다. 그러나 이러한 기적의 성취는 나의 설교로 말미암음이 아니었고, 어디까지나 하나님 은총의 역사하심이란 점을 명심해 주기 바란다. 나는 다만 그 일을 위한 협력자로서의 작은 일익을 담당했다는 데서 기쁨을 찾는다.

그런 전환점을 계기로 라울에게 일어난 여러 사정을 볼 때, 정말 말할 수 없는 기쁨을 지금도 감출 길이 없다. 그날 밤 그와 그의 가족은 죽었을지도 모른다. 그러나 그들은 다시 행복하고 정상적인 가정을 이루었고, 라울은 큰 교회를 세워 성공적인 목회를 하는 목사가 되었다. 만약에 곧 죽을 사람을 다시 살렸다면 이보다 더 큰 기적이 어디 있겠는가 하고 나는 생각해 본다.

오늘날 라울은 얼마나 완벽하게 변화되었는지, 지난날의 어둡던 그 사람이 바로 지금 이 사람이라고는 전혀 생각할 수조차 없을 정도다. 현재 라울 리스의 의젓한 풍모를 볼 때 혹시 아이비리그(Ivy League_Harvard를 비롯한 미국 동북부의 명문 8개 대학)에서 라틴계 교수가 아닐까 착각할 정도다.

캐스티야(Castile_스페인 옛 왕국) 왕조의 얼굴처럼 윤곽이 뚜렷한 안경테, 단정하게 다듬은 머리, 셔츠와 넥타이, 어느 모로 보나 무게가 있고 빈틈없는 학자다운 기품을 지녔다. 또 겸손한 품위와 날카로운 지성미가 곁들여져 그의 과거라곤 티끌만치도 찾아볼 수 없게 한다.

친절과 덕망과 평안 그리고 만족 이러한 미덕이 오늘날 라울에게서 풍겨나온다. 그의 끊임없는 미소와 부드러운 인상은 한때 그의 내부에서 불길처럼 이글대던 극심한 증오의 기색을 뒤덮어 버리고도 남았다. 이 일을 설명하자면 단 한 가지 방법밖에 없는 것 같다. 즉 큰 기적으로 보든가 아니면 완전히 다른 사람으로 보든가 둘 중의 하나다. 그러나 우리는 안다. 그 사람은 한 사람이라는 것을 …….

오직 한 가지 변하지 않은 것이 있다면, 그것은 그를 둘러싼 그의 측근들이다. 같은 부모, 같은 부인, 같은 자녀 그리고 옛날부터 알고 지내던 같은 사람들 ……. 그리고 그는 같은 피부를 가진 것이다. 마치 타고날 때부터 소경이 예수님 앞에 섰듯이, 그가 안 믿는 반대자들에게 힘차게 증언할 수 있는 한마디는 다음과 같다.

- 전에는 내가 소경이었지만 오늘은 눈을 떠 나는 본다.

어느 누구도 이를 부정하지 못한다. 라울은 지금 이렇게 역사 안에 서 있다. 라울은 변해도 너무나 변했기에 그를 알던 사람들은 꿈이 아닌가 하고 살을 꼬집어 보기까지 했다. 라울의 놀라운 변화를 지켜보던 많은 사람들이 그로 인하여 그들 자신도 변하게 되었다. 그들은 모두 크리스천이 되었고, 거의 모두가 라울의 교회에 다니고 있다.

그러한 현상은 우리에게 또 하나의 다른 사실을 알려준다. 라울의 생애에서 그러한 급격한 변화는 그곳에서 멈추지 않았다. 그가 다른 생명을 감화시킴에 따라 미치기 시작한 영향력은 증가 일로로 내달았다. 그의 삶의 영향력은 마치 큰 바윗돌이 산꼭대기에서 가속도가 붙은 채 굴러 내려와 마침내 깊은 호수에 떨어졌을 때처럼, 한번 일기 시작한 물살은 계속 번져나가는 것이었다.

라울은 현재 자신이 십 년 전에 개척한 교회에서 목회하고 있다. 본래 중국 무술 쿵푸 도장인 단칸방에서 30명이 모여 앉아 시작했던 성경공부반이 지금은 오천 명이 넘는 거대한 갈보리채플로 부흥했다. 그리고 그 교회는 지난날 라울이 테러 행위를 일삼던 서부 코비나의 옛 고장에 서 있다. 오늘도 그의 복음 전파는 쉬지 않고 계속되고 있다. 물론 파급 효과는 엄청나다.

라울은 로스앤젤레스의 중심 지역뿐만 아니라 멕시코를 위시하여 중남미 일대를 총망라하여 전도 사업을 끊임없이 펼치고 있다. 그는 또 매일같이 캘리포니아 전역에 걸쳐 라디오 선교를 시행하고, 그 외 인기 라디오 쇼를 통해 전국적으로 전도하고 있다. 나는 어느 날, 하늘나라에서 눈에 보이는 한 라틴계 가족들의 긴 행렬을 구경하게 되리라는 확신을 갖게 되었다. 이는 바로 라울의 믿음 생활의 파급 효과가 적지 않게 주효하기 때문일 것이다.

갈보리채플에는 각기 배경을 달리하는 사람들이 그들의 과거와 능력에 따라 그리고 하나님이 계획한 균형에 따라 일을 하도록 설정된 하나의 패턴이 있는 것 같다. 만약에 자신들의 불찰로 과거에 좋지 못한 결과를 초래한 일이 있다면, 그들은 후일 그 고장에 찾아가서 애초에 저질렀던 부정적인 행적을 말끔히 씻을 뿐만 아니라 그 이상의 보상을 해주는 것이었다.

그렇지만 이러한 일은 어디까지나 하나님의 은총의 부산물이지, 결코 과거에 저지른 악을 오늘의 선으로 보답하려는 자신의 노력 때문이 아니다. 또 이것은 우리 크리스천으로서의 인생의 결실이지 행정 교육에서 강조하는 작전 계획에 의하는 것도 아니다. 곧 우리 갈보리채플에 내려주신 하나님의 특별한 은혜로서 더 깊은 회개와 보상의 결실을 보여주는 한 예인 것이다.

라울의 목회는 바로 이러한 하늘의 섭리를 잘 반영해 주고 있다. 그는 뛰어난 의사 전달 솜씨와 배경을 갖고 많은 군중 사이에 뛰어들어 그들을 붙잡고 설득시키기에 최상의 적격이다. 그 교회의 교인들은 멕시코, 칠레, 중남미 그리고 기타 지역을 총망라한 라틴계 사람들이다.

그들은 대체로 눈에 익은 몇 가지 교회의 의식 행사밖에는 별로 아는 것이 없는 사람들이다. 그들은 이해를 못 하는 거대한 종교단체인 로마 카톨릭(Church of Rome) 앞에서 불청객인 노예 관계로 참여해 왔을 뿐이다. 모든 것이 신비에 감싸이고 특별한 위기가 아니고서는, 신부와의 접촉을 전혀 기대하지 못했다.

라울의 생애가 그러했듯이, 대다수의 라틴계 사람들은 천주교 조직에서 완전히 소외되어 있었다. 실제로 그들은 그런 교회와는 아무런 관계가 없었지만, 그들 앞에서는 그나마 그 교회가 기독교를 대표하는 유일한 존재였다. 솔직히 말하자면 이러한 교회 현실이 그리스도의 말씀을 못 듣게 하는 장벽의 역할을 해온 것이다. 이러한 교회에서는 평신도와 하나님 사이의 그 구원의 중재역을 시종 신부가 담당하였다. 즉 신부가 구원의 교량역을 해온 것이다. 사도 바울이 사람으로서 무엇에서나 으뜸이었다면 라울도 사람들에게 이렇게 말하였다.

- 내 자신이 사실은 교회 제도 속에 있는 사람들이 도무지 이해 못 할 한 사람이었다. 나는 사람 중의 사람이었고 무서운 싸움꾼이었다. 멕시코와 로스앤젤레스에서 험하게 자라 술 마시고, 싸움질하고, 살인하고, 많은 여자를 희롱하고 못된 행동은 다 했다.
- 나도 다른 불행한 애들과 마찬가지로, 심한 알코올 중독자 아버지 밑에서 자랐다. 어릴 때는 부모의 학대를 받을 만큼 받고 매도 많이 맞았다. 미국에서 제2급 국민 생활이 어떤 것인지를 체험했기에 잘 안다.
- 나는 인종차별의 아픔도 안다. 그것을 해병대 생활에서, 그리고 경찰서에서 다 당해 보았다.

라울은 여러 면에서, 라틴계 사람들의 집합적인 애로 사항을 한 몸에 지닌 대표자와도 같다. 히피들의 전성기에 그들이 세상에서 배척당했듯이, 제2급 시민으로 소외되었던 바로 이런 사람을 하나님이 택하여 쓰시는 이유가 무엇일까? 하나님의 은총의 섭리는 라울의 교회를 통하여 비상한 힘을 세상에 보여주었다.

라울이 우리 교회에 나와 주님을 맞이하기로 약속한 후, 그의 삶의 변화는 누가 보아도 역력했다. 그리고 그 후부터 성실한 나날이 이어졌다. 눈만 뜨면 성경에 열중하여 탐독하고, 그의 신앙을 즉시 이웃과 나누고 가정 예배와 성경 공부를 인도하며 주일 설교 테이프를 듣는 등 바쁜 시간을 보냈다. 그런데 이렇게 그를 인도한 스승은 신학교 선생이 아니라 바로 성령이셨다.

그러나 언제나 쉬운 일만은 아니었다. 라울은 과거의 도깨비들과 싸워야 했다. 그의 교회는 좀처럼 자랄 줄을 몰랐으며, 따라서 그 자신은 역경과 신앙의 수난기를 이겨내야 했다. 한동안 그는 과거의 악한 행위로 이름을 날렸던 것과는 반대로 그저 표나지 않게 묵묵히 근신을 유지했다.

한마디로 말해서 라울은 그가 찾은 새 신앙생활을 위해 대가를 치러야 했다. 이것은 많은 크리스천이 고통스러워하는 일이기도 하다. 그들은 어색해서 몸을 숨기며, 때로는 수동적으로 하나님이 어떤 슈퍼스타라도 보내어 자신들을 감싸주었으면 하는 태도를 지니고 있다.

오늘날 확장일로에 있는 라울의 교회가 대단히 인상적이긴 하지만 언제나 그랬던 것은 아니다. 여하튼 오늘날 그의 교회의 부흥상을 볼 때, 왜 사람들이 애써 모방하려 하고 빠르고 쉬운 어떤 공식이라도 발견하여 급진적인 교회 부흥의 비결로 삼으려고 하는지 알만하다. 그러나 라울의 방법은 간단했다. 좋건 나쁘건 자신의 온 생명을 하나님 앞에 맡기는 것뿐이었다.

하나님이 라울에게 무엇이건 지시했을 때, 그는 그것이 값비싼 희생을 요구한다고 하더라도 두말없이 순종하였다. 그래도 그가 손해 볼 것은 하나도 없는 것이다. 라울이 회개한 날 밤에 이미 과거의 그는 죽은 사람이다. 신문지상의 사망자 통계 숫자에 들었을 사람이었다. 이를 자각한 그는 그날 밤, 그 시간 이후부터 주어진 어떤 일 혹은 어떠한 무거운 짐이라도 무조건 감사함으로 받아들였다.

수확의 징조

어느 날 그의 때가 왔는데, 다름 아닌 라울의 첫 수확의 징조가 나타난 것이다. 라울이 학교 점심시간이 되어 전교생의 반수가 모인 학생들 앞에서 성경의 말씀을 갖고 서서 믿음의 세계로의 초청을 호소하자 사백 명의 고교생이 앞으로 나와 그리스도를 영접했다. 이것은 볼드윈 파크 (Baldwin Park) 고등학교 전교생의 오분의 일에 해당하는 숫자였다. 라울이 불량 학생으로 몇 번이나 쫓겨났던 바로 그의 모교였다.

지금은 대부분 가정을 이루고 있는 성인이지만 그때 학생들 대부분이 오늘날 라울의 교회에 나오고 있다. 1975년 교회 개척 초창기부터 교회의 핵심이 되어 일을 도운 사람들도 바로 그들이다.

그러던 어느 날 밤, 교회 안에서 도저히 불가능해 보이던 일이 이루어지는 놀라운 역사가 있었다. 알코올 중독자인 라울의 아버지가 나타나 그리스도 앞에 헌신하기로 고백한 일이 그것이다. 같이 어울릴 수 없었던 포악한 사람, 가족들에게 횡포를 부려 라울의 나날을 고통스럽게 만들었던 장본인 라울의 아버지, 바로 그 사람이 새 사람으로 변화된 것이다. 참으로 라울에게는 기적적인 큰 선물이 아닐 수가 없었다. 드디어 라울의 어깨를 항상 짓누르던 무거운 짐이, 그가 평생을 지고 다녀야 했던 짐이 이제 일시에 벗겨진 것이다.

라울의 교회인 웨스트 코비나 갈보리채플(Calvary Chapel West Co-vina)은 주일이면 3부 각 예배가 모두 초만원을 이루고 열광적인 신앙과 소망이 넘쳐흐르고 있다. 그 인상적인 본 예배당은 원래 세이프웨이(Safe way) 백화점의 내부를 비우고 개조한 것으로 풋볼 경기장의 삼분의 이에 해당하는 크기다.

강단 위에는 간단하게 갈보리채플 표식이 하나 붙어 있고 단상에는 주로 거대한 스피커, 드럼, 피아노, 전자기타, 올겐 등의 악기로 차 있다. 라울이 나와서 말씀을 나누고 가르치기에 앞서 40분 정도의 찬송 예배가 있다. 솔로 혹은 합동 악기 연주에 박자를 맞추어, 모두 함께 부르는 찬송 시간도 대단히 감동적이다.

라울은 항상 생기가 넘치고 역동적이다. 그가 말하는 스타일은 각 개인을 한 사람씩 다루는 것 같은 친근함을 주고, 어느 누구에게나 지대한 관심을 갖고 대화하기 때문에 사람들이 쉽게 동화된다. 그래서 그런지 라울이 말할 때면 얼굴에서 빛이 난다. 너무나 기뻐서 못 견디는 표정이다.

어떨 때는 어두운 골짜기를 헤매다가 하나님의 손길로 다시 빛을 보게 되는 희비 경계 선상의 자기를 보는 듯하기도 하고, 때로는 로스앤젤레스 고속도로에서 고함치기 시합이라도 나선 모양으로 격할 때가 있다. 그러나 그럴 때마다 하나님은 따뜻한 은총으로 라울의 마음을 가라앉혀 주시고, 라울은 곧바로 용서를 빈다. 라울이 이렇게 허심탄회하게 흉금을 털어놓을 때면 언제나 다시금 희망이 넘쳐흐르곤 한다.

하나님의 은혜 가운데 성실하고 믿음직스러운 한 사람이 서있다. 그는 언행이 일치하고 성심껏 구세주 우리 주님을 항상 높이는 것을 잊지 않는다. 그와 가까이 지내는 사람들에게 물어보면 라울이 얼마나 고결하고 검소한 생활을 하고 있는지 알게 된다. 라울은 참다운 크리스천의 인격, 순수성 및 헌신을 겸비한 등불 같다. 참으로 영특하고 총명한 강사인 그는 주일마다 사람들에게, 끊임없이 20세기의 기적을 상기시켜 주고 있다. 초자연적인 힘에 의하여 철저하게 변화된 한 사람의 기적을 말이다.

성령은 각 개인을 통하여 일하신다. 각 개인의 신원은 그대로 보존된 채, 하나님이 진리의 말씀을 전달하기 위해서 확성기로 쓰실 때 그는 매개체가 되는 것이다. 라울의 옛 모습은 그대로 남아 있다. 그의 특이한 몸짓, 멕시코 악센트, 그의 사투리, 열성적인 감정의 폭발, 또 사색에 잠긴 침묵과 슬픈 회상 등, 이 모두가 변치 않는 라울 그대로의 모습이다. 이것이 바로 하나님이 그에게 알맞게 짜주신 융단이다. 변한 것은 그의 내면적 형상과 품성이다.

라울 리스는 망각의 심연에서 나와 기쁨의 샘터를 찾았다. 오늘날 나는 이 일을 볼 때 하나님의 오묘한 섭리에 그저 경탄을 금치 못하며, 그처럼 아름답고 훌륭한 생명의 시를 엮어낼 수 있는 분은 오직 하나님밖에 없다는 사실을 다시 한번 확신하게 된다. 할렐루야!

제프 존슨(Jeff Johnson)
Calvary Chapel Downey

Drug Dealer to Shepherd

1968년 늦여름, 어느 날 제프 존슨(Jeff Johnson)은 우거진 열대의 녹엽으로 둘러싸인 하와이(Hawaii) 제도의 한 섬 오아후(Oahu) 밀림지대 깊숙이 혼자 넓은 공간을 자리 잡고 있었다. 그는 평소에 추구하던 '자각의 빛'을 누리기 위해 이 섬에 찾아왔고, 이렇게 파묻힌 지 벌써 몇 달이 지났다. 그는 자신의 삶에서 결정적인 도약을 꾀하고 있었다.

그는 살아남기에 필요한 필수품만 갖고 와 천막을 치고 있었다. 그는 지금까지 사용하던 평균 복용량을 초과하는 대량의 환각제(LSD-25) 복용을 시도할 작정이었는데, 사실 그는 마약 장사를 하였기 때문에 복용량은 보통 사람 그 이상이었다. 그러나 이번에는 독특한 한 비술을 익혀 무당(Shaman)이 되어 원초적인 인간의 길을 추구하고 싶었다. 그래서 제프는 카를로스 카스타네다(Carlos Castaneda)로부터 본토 원주민인 인디언의 마법을 익히면 그 보호 아래 있게 된다는 말을 듣고 더 고차원적인 신비를 찾기 위하여 원시적인 비법의 근원을 탐구하였다.

영화 "에메랄드 숲"(Emerald Forest)은 어느 한 백인 소년이 브라질의 깊은 밀림 한복판에서 자라는 과정을 묘사하고 있다. 이 소년은 한 떼의 불도저가 밀림 속 깊숙이 밀고 들어올 때까지는 밖의 세계를 전혀 모르던 숲속의 원주민 부족에게 납치되어 후일 그 추장의 양자로서 자라게 된다.

이 소년은 그곳에서 자라면서 밀림 인의 색다른 사고방식과 생활 방법을 배우며, 그 부족의 원시 종교의식에 빠져 살게 된다. 거창한 밀림의 수목과 더불어 그는 궁극적인 환각을 체험하고, 급기야는 샤머니즘의 마법으로 갖가지 동물로도 변신할 수 있게 되었다. 이제 그는 독수리처럼 하늘을 날 수도 있고, 또 개구리 떼를 불러내어 새처럼 노래 부르게 하고 하늘로부터 장마를 불러올 수도 있었다. 이 영화는 내적 심령술, 내적 자아발견, 자연과의 합일치, 그리고 전심 경험 등 최초의 '뉴에이지'(New Age) 사조의 유혹적인 장면을 그린 것이다.

오아후 밀림에서 제프가 치렀던 의식은 이 영화가 나오기 10년 전 일로써 미리 그 가르침을 예견하고 있었던 것 같다. 그는 자연의 뒤에 숨어 있는 지혜를 밝혀내고 싶었다.

오아후섬을 찾아오기 전에 제프는 남가주(Southern California) 일대에서 마약 장사로 상당한 돈을 벌어들여 그것으로써 탄탄한 기반을 닦았다. 무슨 마약이나 다 갖고 있던 그는 언제나 마약 기운에 취해 있었는데, 그러면서도 제프는 영적 생활을 잊지 않았다. 캘리포니아를 떠나기 전에 그는 요가와 자각회의 가르침을 계속 연구하고 있었다.

이제 제프는 최근 하와이에서 자주 등장하는 환각제 권위자인 티모디 레어리(Timothy Leary)의 주장과 요가가 연관성이 있음을 깨달았다. 티모디 레어리는 자신의 저서 『환각 체험』이란 책에서 고대 티베트의 불교 의식을 통해 '자각의 빛'으로 가는 지름길을 찾을 수가 있다고 설명했다. 레어리는 수년 동안의 요가 수련이나 고행을 하지 않고도 환각제를 사용함으로써 환상 체험이라는 목적 달성이 즉각적으로 가능하다고 했다.

사실 그는 티베트의 고서를 쉬운 현대어로 고치고, 그 의식 환각 여행을 위해 내용을 조금씩 수정하기도 했다. 그는 그를 찾아 몰려드는 히피족들에게 이러한 마약이 고대의 지혜로 즉각 접근할 수 있도록 해주는 신발명품이라고 역설했다.

제프는 그때까지 침실이 두 개밖에 없는 합숙소에서 14명의 동료들과 같이 지내고 있었다. 그곳은 오아후섬 안에 있는 밀림 가장자리에 있었다. 그러나 문제가 발생했다. 제프와 대부분의 청년들은 환각흥분제(LSD) 중독자들이라서 별문제가 없었는데, 그중의 반수는 진정작용 마약을 사용하는 그룹이어서 두 파간에 마찰이 끊이지 않고 있었다. 예를 들어 제프가 제3의 눈을 뜨기 위해 거꾸로 연화좌 자세를 취하고 있을 때, 반대파의 애들이 문을 박차고 들어와 그 괴상한 모습을 보며 무뚝뚝한 표정으로 놀려댔다. 그러면 제프는 짜증을 내며 대꾸하였다.

- 뭐하고 있냐? 그런 질문이 어디 있어? 나는 지금 하나님과 조화를 이루고 있
  는 거야. 야 임마! 이제 너희들도 그 버릇을 고칠 때가 되었는데 아직도 정신
  못 차리고 있구나. 너희들의 그런 저속한 마약은 너희들을 머지않아 죽음으
  로 이끌어 갈 뿐이야. 이제 살길은 지금 내가 있는 차원 높은 이 영역으로 올
  라오는 방법밖에 없단 말이야!

이런 낙원을 찾는 삶에 어려운 면이 없는 것은 아니었다. 각자의 기호에
따라 제멋대로 마약에 취하다 보니 집안일이 엉망이었다. 씻어야 할 접
시가 천정에까지 쌓아 올려졌다. 그렇게 며칠이 지나 곰팡이가 끼게 되
고 악취가 풍기기 시작했다. 음식 장만은 한층 더 어려운 일이었다.

한편 그들은 자신들의 꿈의 실현을 위해 또 해야 할 일이 있었다. 그것
은 거기 들어와 사는 거주자들이 각기 후원금을 받기 위해서 편지를 쓰
는 일이었다. 그들의 삶을 계속 유지하기 위해서는 세속의 도움이 필요
했다. 할 수 없이 제프는 밀림 속으로 혼자 피신해 버렸다. 그곳에서 제
프가 복용한 환각제는 쥐약에 쓰이는 스트리크닌(Strychnine) 성분이 함
유된 것이다. 마약 장사들은 LSD-25에 다른 화학약품을 섞어 묽게 하
였는데, 거기에 각성제 작용을 하는 스트리크닌을 배합하는 것이 상례였
다. 그런데 제프가 그날 음용한 과도한 복용은 치명적인 결과를 낳았다.

그 일로 제프는 이틀 동안 사경을 헤맸다. 그는 손에 닿는 대로 풀과 나
무에 매달리고 씨름을 하며 쉴 새 없이 헛구역질을 하고 토하였다. 밤이
되어 겨우 천막 안으로 기어들어 왔어도 밤새도록 배를 움켜쥐고 뒹굴었
다. 그는 밀림 안에서 내세와 뒤죽박죽된 죽음의 변경을 헤맸다. 이렇게
제프는 환상 속에서 우주의 문턱을 넘어 들어갔던 것이다.

거기서 그는 개미들과 얘기할 수 있었고 나무껍질이 뭐라고 떠들어대는지도 들을 수가 있었다. 꿈에서도 상상치 못할 괴상한 소리와 귀청을 째는 듯한 요란한 소리같은 별별 소리가 밀림의 한 가운데를 질주하며 울려 퍼지고 있었다. 이틀 후 드디어 스트리크닌의 독소가 가시기 시작할 무렵, 이번에는 곧 환각제(LSD)의 성능이 발작을 일으키기 시작하며 제프의 정신을 사정없이 뒤흔들어 놓았다.

마귀의 화신

사흘째 되던 날, 한 마리의 큼직한 말파리가 천막 안으로 날아들더니 제프의 손목 위에 앉았다. 제프는 몽롱한 정신 속에서 이때가 자신이 터득한 심령술의 위력을 시험해 볼 절호의 기회로 여기고, 마음을 가다듬고 말파리에게 명령했다.

- 몸 뒤집어!

그랬더니 그대로 뒤집고는 꼼짝하지 않았다. 이에 힘을 얻은 제프는 말파리에게 다시 명령했다.

- 날아 올라가, 내려와, 내 코 위에 앉아, 기어라, 서라!

마구 호령을 했더니 말파리가 거침없이 명령에 복종하는 것이었다. 그것을 보는 자신은 얼마나 만족스러웠겠는가. 이제 바람도 멈추고 하늘의 비를 청할 수 있다는 자신감이 생겼다. (그런데 사실 그럴 수 없는 일이 며칠 후 일어났다) 몇 시간을 그렇게 말파리와 놀고 난 뒤 말파리에게 명령했다.

- 이제 나가도 좋다!

그 순간 말파리가 천막 밖으로 날아가 사라져버린 것이다. 이에 제프는 소리쳤다.

- 말파리의 왕 바알세불(Beelzebub)이 나에게 마력의 빛을 보여주었다!

그 후 이틀을 계속해서 비가 내렸다. 이제 비가 멎고 개니 깊은 숲속의 공기가 한없이 상쾌했다. 제프는 천막 밖으로 엉금엉금 기어나가 밀림의 풀숲 사이에 누워 있다가 잠이 들었다. 언제부터인가 그는 완전히 나체로 있었는데, 이른 아침 눈을 떠보니 자신의 온몸이 수백 마리의 거미 떼와 온갖 벌레들로 덮여 있었다. 그때의 일을 직접 제프 본인에게 들어보자.

- 나는 너무 놀라 정신을 차리지 못했다. 내가 지금 어디에 와 있는지, 어찌하여 그곳에 갔는지 도저히 알 수가 없었다. 그저 공포심에 사로잡혀 떨기만 했다. 그러다가 나는 일어나서 뛰기 시작했다. 무엇엔가 붙들리지 않으려고 기를 쓰고 도망쳤는데, 가다 보니 알몸이었다. 숲속을 헤치며 정신없이 달리는 동안 별별 거미줄, 나뭇가지, 가시덤불에 스치고 긁혀 온몸이 피투성이가 되었다. 그것은 실로 무서운 악몽이었다.
- 밀림 속에서 길을 잃고 그곳에서 빠져나오지 못했다. 옷은 어디서 잃어버렸는지 알몸인 데다가 방향 감각마저 완전히 상실했고 앞은 캄캄하기만 했다. 나는 어린애처럼 목을 놓아 울었다. 아무래도 미친 것만 같았다. 이러한 죽을 지경에서 하나님의 손길이 나를 감싸고 인도하고 계셨다는 것을 그때는

전혀 몰랐다.

- 갑자기 나는 낭떠러지에서 실족하여 굴러 떨어졌는데, 아찔했던 그 순간 끝에 나는 밀림에서 빠져나갈 수 있는 흙길 위로 내동댕이쳐 있었다. 정신을 차리고 몸을 일으켜 보니 오아후섬의 북쪽 해변을 내려다보는 한 절벽 위에 내가 놓여 있었다. 망망대해를 바라볼 때, 나는 사탄이 내게 역사하고 있음을 느꼈다. 나는 태고적 우주의 소리로 알려진 산스크리트(Sanskrit)의 '오움'을 제창하기 시작했다.

- 나의 음성은 차차 커졌다. 그리고 앞서 말파리를 명령하여 복종시킨 솜씨로 이번에는 더 큰 대자연을 향하여 굴복시켜 보리라고 결심했다. 그래서 눈길을 바다 물결 위로 돌려 초점을 맞추고 바다의 신처럼 호령했다. 나의 감각이 나를 속였는지는 몰라도, 나의 호령은 마치 절대자의 명령처럼 그 순간 바닷물도 순종하였다.

- 내가 오움을 계속 읊조리며 생각했던 것은 파도가 밀어닥쳐 저 밑에 있던 모든 것을 다 휩쓸어 나가게 하는 것이었다. 저 멀리서 일기 시작하여 몰려오는 파도는 차차 거세지며 요란한 소리와 더불어 노도로 변하고 있었다. 하얀 물거품을 뿜으며 높이 솟는 그 거대한 물결이 귀청을 찢는 소리와 함께 밑에서 놀던 파도 타는 젊은이들을 순식간에 삼키고는 물러났는데, 재차 밀려와 덮치는 물결은 그곳에 서 있던 집들마저 사정없이 말끔하게 쓸어가 버렸다.

- 여기서 나는 무한한 힘에 접근하게 되었음을 확신하고, 드디어 자연 뒤에 숨어 있던 전능의 힘의 원천을 소유하게 되었음을 자신했다. 그러나 '자각의 빛'은 아직 찾지 못했다. 그 빛이란 너무나 광활해서 도저히 찾을 수도 깨달을 수도 없는 것일지도 모른다고 생각되었다. 그러나 그 빛은 사탄이 만들어놓은 덫이었다.

- 나의 여행길은 여기서 끝이 났고, 밀림의 외곽을 도는 흙길을 따라 조심스럽게 거처로 돌아왔다. 그런데 돌아와 보니 내가 떠난 후 며칠 사이에 '자각의 빛'을 추구하던 동료들이 다 죽어 있었다. 그때에서야 나는 깨달았다. '자각

의 빛'이란 사탄의 속임수 중의 하나이고 귀신 집의 입구라는 것을! 그의 결론은 이러했다.

- 동료들의 죽음을 보는 순간 하와이에서 하나님을 찾으려던 꿈이 산산이 조각났다. 그 순간 나는 정신 나간 사람같이 되어 한시바삐 그곳을 떠나야겠다고 생각했다. 자연 속에서 천국을 찾으려던 달콤한 꿈은 결국 쓴 악몽으로 끝나버렸다.

- 나는 서핑보드를 헐값에 팔고 부모로부터 송금을 받아 항공권을 끊어 만신창이 된 탕자로서 귀향길에 올랐다. 마치 예루살렘으로 하나님을 찾으러 갔다가 빈손으로 돌아온 내시의 신세가 된 것 같았다. 그때서야 나는 마약에 대해 환멸을 느끼며, 오히려 향수에 젖게 되었다.

제프는 미국 본토에 발을 디디자마자 급격한 방향 전환을 했다. 제프는 이제 신을 찾는 일은 완전히 포기하고 정상적인 사회생활을 하기로 결심했다. 사람들이 말하는 행복을 찾아서 살기로 한 것이다. 그의 새로운 포부란 바로 모든 미국인의 꿈인데, 평범한 단층집을 짓고, 멋진 아내와 자녀, 벤츠를 갖고, 개도 한 마리 키우며 화목하게 사는 것이다. 그것은 그의 텅 빈 마음속을 보충하여 채우는 최고의 방법이었다. 그런데 희한하게도 모든 일이 그가 원한 대로 이루어졌다. 그뿐 아니라 좋은 일자리도 생겼다.

- 나는 이제 흰 말뚝 울타리로 둘러싸인 아담한 집에 강아지도 있고 좋은 직장에다 아름다운 아내, 그리고 귀여운 아이도 생겨 세상에서 더는 부러울 것이 없었다.

그러나 갖출 것을 다 갖추었다고 생각되자, 제프는 다시 절망 속으로 빠져들어 가고 있었다. 그때 옛 친구가 찾아와 아편이 가미된 마리화나 한

덩어리를 주고 갔다. 옛 습관이 있는 제프는 이를 물리치지 못하고 오히려 내심 기뻐했다. 이로 인하여 결혼 생활은 결국 금이 가기 시작했다.

그 순간 제프는 자신의 삶에서 시한폭탄 장치를 감지할 수 있었다. 그 폭발은 언제 터질지 막을 수가 없었다. 어느 날 저녁, 제프가 그 하쉬쉬 파이프를 입에 물고 있을 때, 그의 아내 캐런(Karyn)과 눈이 마주쳤다. 캐런의 얼굴에 실망감이 역력히 나타났다. 평범한 미국인의 삶의 꿈은 무너지고, 다시 마약 세계로 귀환하는 것은 바로 파멸을 뜻했다. 그녀는 밖으로 뛰어나가며 외쳤다.

- 산다는 게 바로 이런 것인가?

그 후 얼마 되지 않아 마약 공급자였던 또 다른 옛 친구가 찾아왔다. 그런데 뜻밖에도 그는 마약이 아닌 성경을 손에 들고 온 것이다. 그는 제프에게 확신을 갖고 찾아와 예수 그리스도가 어떻게 그의 삶에 찾아왔고, 그로 인하여 죽음의 길인 마약 세계에서 어떻게 벗어날 수가 있었는지를 열심히 토로했다.

제프는 그저 놀라서 입을 벌리고만 있었다. 이런 얘기가 자기와는 질적으로 다른 순박한 그리스도 교인에 의해서가 아닌, 마약계에서 자기를 뺨치던 헤비급 마약범의 입에서 나오다니 말이다. 그와 대면하는 동안 그의 성실성을 부정할 수가 없었다.

그는 틀림없이 변해 있었다. 그에게서 어딘지 모르게 강한 사랑이 뿜어나오는 것도 같았다. 드디어 그의 열띤 성의를 뿌리칠 수가 없어서 제프는 그날 저녁에 그를 따라 교회를 찾아갔다.

영혼의 종소리

한때 서부 해안 지역에서 주름잡던 마약 장사이자 중독자이자 반항자이며, 신비주의로 인해 망각의 낭떠러지에서 헤매던 제프는 그날 밤 예수 그리스도를 그의 주님으로 그리고 영혼의 구원자로 맞이하기 위해 앞으로 나가 무릎을 꿇었다. 신을 찾기 위해 별별 짓을 다 해보았지만, 모두 유혹적인 거짓과 파괴로 이끄는 함정만이 그를 기다리고 있었는데, 이제 예수 그리스도의 진리의 말씀이 그의 영혼의 종소리가 된 것이다.

제프가 예수를 영접하자마자 그는 그 자리에서 변화를 받았다. 지금까지 제프에게는 이해가 안 되고 캄캄하기만 했던 성경구절이었는데, 그날 밤부터는 뜻이 통하기 시작한 것이다. 그때부터 그는 성경을 탐독하기 시작했고 진리를 터득하기에 이르렀다. 어째서 그는 이런 진리의 세계를 모르고 있었던가? 그것은 예전에는 그의 마음이 어두웠기 때문이고, 이제는 하나님이 그의 마음의 눈을 뜨게 해주신 것이다.

제프는 일상생활에서나 성격에서나 하도 극심한 변화를 일으켰기 때문에, 반년이 채 안되서 그의 아내는 제프를 떠나버렸다. 그녀로서는 사실, 제프가 새로 찾은 열정적인 생활보다는 오히려 옛날 마약 과용자였을 때가 더 좋았던 것이다. 그녀는 그가 마약에 빠져 있을 때보다 그리스도에게 미쳐버린 것이 더 참기 어려웠다고 말하였다. 이처럼 주를 향한 그의 열성은 대단했다. 그러나 제프의 그런 열성이 타인에게는 도저히 용납할 수 없는 광신도적으로 비쳤을지도 모른다.

제프는 그리스도께 귀의한 지 2주 후부터 코스타메사에 있는 갈보리채플에 정기적으로 출석했다. 그는 4년간 빠짐없이 찾아와 나의 가르침을 받았고, 그러자 자신의 교회를 개척할 준비가 되었다는 생각도 들었다. 그때까지 우리는 성경을 창세기로부터 계시록까지 두 번을 거듭하여 공부했다. 그는 열심 있는 학습자였고 또 신앙을 위한 열정적인 변증자였다.

제프는 그의 아내가 처음 그를 떠나자 로스앤젤레스 외곽에 있는 다우니에 여섯 명의 동료와 함께 '필라델피아의 집'(Philadelphia House)이라는 기독교 공동체를 시작했다. 문을 열자 60에서 80명의 고교 학생들이 매일 밤 제프의 가르침을 들으려고 몰려왔다. 그러나 이웃 사람들은 이것이 그 악명 높던 제2의 맨슨(Manson)형 사교 집단은 아닌가 하고 의심을 사기도 했다.

경찰차가 거의 매일 저녁 찾아오고 어떤 때에는 헬리콥터가 수색하는가 하면, 느닷없는 경찰의 습격도 있어 한동안 이웃의 시선을 집중시켰지만, 그러나 그들이 발견한 것은 진지하게 성경의 진리를 나누는 사도적인 모임이었다.

그 당시 제프의 아내 캐런은 다른 젊은이들과 어울려 다니며 파티 생활에 빠지게 되었는데, 훗날 그때 그녀의 마음은 공백 상태였다고 고백하였다. 제프는 그녀를 위해 끊임없이 기도했지만 그녀는 쉽게 설득되지 않았다.

캐런은 가정이 깨지는 그 현실만은 수습해 보려고 가족 상담소의 자문도 구해 보았지만, 그들은 제프가 이미 종교에 세뇌되었으니 이혼을 하라는 조언밖에 얻을 수가 없었다고 하였다. 그래도 캐런은 제프에게 돌아왔다. 그리고는 안간힘을 다해 타협과 화해의 길을 모색하며 열심히 기도했다.

코스타메사 갈보리채플에 다니기 시작한 지, 4년이 되면서 제프와 캐런의 결혼생활은 차차 안정되기 시작했다. 주님은 새 출발의 문제점들과 이로 인한 고통을 이겨나갈 수 있도록 인도하셨다. 그러나 그러한 애로사항은 하루아침에 해결될 수 없었다. 목사의 직분은 예상외의 많은 희생을 요구하기 때문이다.

제프는 자기가 자라난 도시에 대한 사명을 절감했다. 그곳에서 목회를 하도록 하나님의 부름을 받았다고 느꼈다. 그리고 다우니에도 갈보리채플과 같은 교회가 필요하다는 것을 느꼈다. 그리하여 1년 동안 다우니에 있는 한 교회에서 파트타임으로 청년회 교역자로 사역을 했다. 그러나 제프는 곧 그들 뒤에 숨어 있던 정치적이고 비능률적이며, 모함과 조작 등 갖가지 인위적 모습을 보고 적지 않게 실망했다.

사실 이 교회는 다우니 시의 절대적인 필요성, 즉 영적 사막지대의 공백을 채워주지 못하고 있었다. 한편 제프가 주도하는 주중의 야간 성경 공부반에는 담임 목사의 성경 공부반보다 더 많은 사람들이 모여들기 시작하여, 마침내 담임 목사의 질투를 사게 되었다. 이에 담임 목사는 제프의 성경 공부반을 당분간 문 닫게 했지만, 교구 신도들의 항의로 다시 복구시키지 않을 수가 없었다.

하나님을 섬기는 일들이 교회 자체 내의 방해로 난관에 부딪히게 되곤 함을 당하여 제프는 몹시 실망하고 슬퍼하게 됐다. 세상에 진리를 선포하고 제시해야 할 그릇인 교회가 본연의 사명을 등지는 행위를 저지르고 있음이 얼마나 비극적이며 아이러니한가!

어느 날 저녁, 제프는 그 교회를 떠나 갈보리채플을 개척하라는 하나님의 지시를 받았다. 이제 밑바닥에서 시작해야 했다. 그리하여 1973년 5월, 그는 퍼먼공원(Furman Park) 안에 다우니 갈보리채플을 개척하였다. 일은 쉽고 단순하게, 그리고 자연스럽게 진행되었다.

처음 모임에는 10명이 출석했다. 후일의 압도적인 큰 집회를 암시하는 아무런 징후도 엿볼 수 없었던 작은 모임이었다. 제프는 다우니 지역이 하나님께서 자기에게 준 '복음의 밭'이라고 생각했다. 그러나 커다란 수확을 거두기 전에 제프에게는 터득해야 할 많은 일들이 산적해 있었다.

집회소를 옮겨야 할 필요를 느낄 때, 성령의 지시에 따라 다우니가 교차지점에서 새로운 건물을 찾게 되었다. 그곳은 문을 닫은 대형 마켓으로 백 명을 족히 수용할 수 있었다. 제프는 그때의 목회 생활을 다음과 같이 진술하고 있다.

- 여기는 바로 하나님이 2년 반에 걸쳐 나에게 목사가 되는 것이 무엇이고, 목회하는 마음가짐은 어떠해야 하는가를 보여주신 곳이다. 신도들과의 약속과 그들에 대한 사랑, 또 주님이 하실 일을 믿고 순종하며 배우는 일이 무엇인가를 보여주신 곳이다. 이 고장이 바로 하나님이 나를 단련시킨 영적인 광야였으며, 이때부터 우리는 한 걸음씩 자라기 시작했다. 2년 반이 지나면서 우리 교회의 교인은 200명에 달했다. 그리고 이로부터 다우니 대수확을 위한 새싹은 급속도로 자라기 시작했다.

모임이 커지기 시작하자 제프는 교회를 더 큰 건물로 옮겨야만 했다. 1977년 3월, 그의 회계원이 제프에게 예언처럼 말했다.

- 당신은 이제 1,500명을 수용할 수 있는 큰 건물을 찾아야 할 것이다.

물론 그 당시에는 이 말이 터무니없는 망상으로 받아들여졌다. 그러나 어느 날, 제프가 고속도로를 달리는데 '다우니 시빅센터'(Downey Civic Center)란 큰 간판에 눈길이 끌렸다. 이는 750석을 갖춘 100만 불 이상 가는 큰 극장 건물이었다. 그는 적어도 주일 오전 예배만을 위해서라도 제안을 해볼 작정으로 문을 열고 들어갔다.

매니저가 비웃더라도 밑져야 본전이라 생각하고는 그에게 극장의 사용 가능 여부를 물었는데, 뜻밖에도 흔쾌히 승낙해준 것이다. 그러나 오히려 제프는 극장 공연 단상 위에 올라가 빈 관중석을 내려다보는 순간 자신 없음을 깨닫고 주께 고백하였다.

- 아닙니다. 주여! 저는 감당할 자신이 없습니다.

그러나 회계원의 터무니없어 보이던 예언이 있은 지 얼마 지나지 않아, 그는 다우니 시빅 센터 극장에서 예배를 보기 시작했다. 그로부터 6개월이 지나자 교인은 배로 늘어나고, 제프는 주일 아침에 2부로 나누어 예배를 드리게 되었다. 그리하여 결국 1,500명을 목회하게 되리라는 예언이 적중한 것이다. 이 일을 통해서 하나님은 일이 되고 안 되는 것은 하나님에게 달려 있고, 또 무릇 영광은 하나님의 것이지 사람의 것이 아니라는 것을 제프에게 거듭거듭 다짐시키셨다.

그러나 제프에게는 오랜 세기 동안 많은 목사들을 괴롭혀 온 전형적인 고민거리인 숨은 적과 대적해야만 했다. 이는 목사라면 누구나 겪어야 했던 제일 큰 어려움이었고 또 가장 힘든 장애물이었을지도 모른다. 이로 인해 중도 하차한 목사들도 상당히 많았다. 그것은 다름 아닌, 교회 자체가 필요로 하는 무한한 요구 사항과 가정의 요구 사이에서 빚어지는 충돌을 말하는 것이다. 참으로 제프에게 있어 목회생활은 그가 가장 사랑하는 그의 가족에게는 두말할 나위 없이 광야의 경험이었다. 제프는 그가 당면했던 애로 사항을 다음과 같이 말했다.

- 그처럼 교회가 부흥하기 시작하고 일이 바빠짐에 따라 나는 뜻하지 않은 문제에 부딪히게 되었다. 그것은 다른 여자와의 관계가 아니고 바로 교회와의 관계였다. 우리 가정이, 특히 아내가 고통을 겪게 된 것이다. 나의 노력도 소용이 없었다. 그녀는 부인회에서 힘에 겨운 경험을 하고 그곳에서 물러났다. 그녀가 자주 울기에 나는 성경 공부와 친교 생활의 결핍에서 오는 현상이라고 편리하게 단정 지우려 했지만, 알고 보니 아내는 상황을 이기지 못해 심한 신경 쇠약에 걸렸던 것이다. 후일에 알게 되었지만 캐런은 군중 공포증에 걸려 있었다. 그것을 안 나는 당황하여 어찌할 바를 몰랐다.

- 결국 나는 아내와의 부부상담을 위해 옛 친구를 찾아갔다. 그때 "남편들아 아내 사랑하기를 그리스도께서 교회를 사랑하시고 위하여 자신을 주심 같이 하라"(엡 5:25)는 말씀이 마음속으로 들려왔다. 주께서 먼저 아내를 네 몸처럼 돌보라는 명령이었다.

- 사실 나는 교회에서 그렇게 설교했고 젊은 부부들에게도 그렇게 말했지만, 진정 자신을 위해서는 그렇게 하지 못하고 있었다. 그때 나는 회개했고 예수님이 교회를 사랑했듯이 내 아내를 사랑하도록 행동을 바꾸어야 했다. 그 후 우리의 결혼생활은 다시 원만해지기 시작했다. 한결 더 다행스러운 일은 하나님의 도우심으로 아내의 군중 공포증이 사라져버린 것이다.

제프는 시빅 센터로부터 옮겨야 하는 문제에 또 부딪혔다. 특별한 교회 행사 때면 더 큰 광장이 필요했는데, 시빅 센터보다 더 큰 장소가 좀처럼 나타나지 않는 것이었다.

하나님의 도우심으로 제프의 가정 문제는 원만히 해결되었고, 이제 하나님은 우리의 눈에 불가능해 보이는 것도 이루어질 수 있다는 것을 다시한번 증명해 주셨다. 이제 그의 목회를 위해 하나님이 마련하신 일을 제프는 맞이해야 했다.

보통 백화점은 대형에 속하지만 캘리포니아에서 그보다 더 큰 체인 백화점으로 화이트 프론트(White Front)가 있다. 그 당시 다우니에는 딱 하나가 비어 있었는데 그 크기는 어마어마했으며 주차장만 해도 14,700평이 넘었다.

5년 전 퍼먼공원 안에서 작은 모임으로 시작했던 다우니 갈보리채플이 1978년 5월을 맞이하면서 한 지붕 밑에 4,200평을 차지하는 대형 시설로 옮기게 된 것이다. 이는 풋볼 경기장 세 개를 합친 크기다. 이곳으로 옮기고 난 뒤 1년 반이 되던 1989년 2월 [LA TIMES]지에 "다우니의 제일 큰 교회"란 제목으로 크게 기사화했다. 그 기사에는 좌석 1,500석의 예배당에 3부 예배로 5,000여 명이 주일 아침에 찾아왔다고 전했다. 그리고 그 건물의 일부는 학교로 쓰려고 변형되었다고 보도했다.

또 'TIME'지의 기사는 "다우니의 화이트 프론트 백화점 건물을 사용하는 갈보리채플의 성장은 그저 놀라울 뿐이다"라고 보도했다. 건물 앞에 선 제프의 사진을 실은 특종 기사였다. 이 무렵 한 달 동안만 해도 교인 수가 500여 명이나 늘었다. 이 숫자는 제프가 처음 교회를 개척한 지 2년 후의 수보다도 두 배가 넘는다.

오늘날 그 교회는 계속 부흥하고 있어 현재 4,000석의 예배당 건립 인가를 받고 착공하였다. 제프는 이 모든 현상이 자신의 카리스마 때문이 아니라고 하며, 자기는 단순한 하나님의 구경꾼이라고 했다. 제프는 이 일의 성취는 어디까지나 하나님이 허락하신 일이었으며 자신은 단지 하나님의 부름을 받고 온 교우에게 필요한 일을 하나님 지시대로 성실하게 시행할 뿐이라고 말하였다.

제프의 이야기는 세상 경험과 하늘의 지혜를 겸비한 기반 위에서 나온 것이다. 그는 마음이 한없이 온유하고 솔직 담백하다. 그래서 정욕과 불신에 대적하여 싸운 그의 얘기를 듣는 교인들은 그가 그야말로 위선이 없는 영적 진실을 토로하고 있음을 인식하게 된다.

제프는 현 사회의 혼란상을 직시하고 이와 싸우고 있다. 예컨대 그는 고교 시절에 너무 많은 잘못을 저질렀으며, 또 오늘날 미혼 부모 신세가 된 젊은이들이 겪고 있는 고통을 이해하고도 남았다. 그래서 같은 상황에 있는 그들을 위해 '룻의 집'(House of Ruth)을 설립했다.

그는 이 문제를 라디오 선교에서도 다루었다. 그러한 어려운 문제로 궁지에 빠져 어찌할 바를 모르는 젊은이들을 위해 직접 상담을 해주기도 한다. 임신한 10대 소녀들이 교회로 찾아오면 제 짝과의 결혼 문제, 출산 후의 아이 양육 문제, 혹은 양자 수속 등 갖가지 최선의 방법을 제시하여 도와준다. 이러한 일들이 그의 목회 생활에서 중요한 봉사 활동이 되고 있는 것이다.

그뿐만 아니다. 마약 문제도 다루고 있다. 제프는 주일예배 시간이나 라디오 방송에서 마약 문제를 언급하기도 하고, 마약 중독에서 탈피하도록 도와주는 특별 선교 봉사반도 만들었다. 또 가정불화에 빠진 사람, 자살 직전에 있는 사람, 또 마약 중독자들, 그 외 범법자를 총망라하여 그들을 위한 상담을 하고 있다.

그 외의 교회 활동을 돕기 위한 중요한 몇 가지 예를 들면 영화사 운영, 찬양 음악회, 건전 교리(Sound Doctrine)라고 부르는 전국적인 라디오 선교, 노숙자들을 위한 숙식 제공, 교도소 전도, 가족 상담, 원거리 전도 등이다. 제프는 또 세계 곳곳에서 초빙 연사로 활동하고 이집트와 아프리카 각지에서 목회 회의도 주관했다. 그리고 "Gospel Crusades"에서도 설교했다.

제프는 교회야말로 신앙과 실천을 통하여 예수 그리스도의 복음을 받들고 나가며 하나님의 계시와 진리와 은혜의 밝은 햇불을 높이 치켜드는 세계적인 필수 기관이란 확신을 갖고 봉사하고 있다. 우리가 우리의 현실적 지상 목표를 하늘에 둘 때, 비로소 하나님의 사랑은 그 실천을 통하여 빛을 발할 수 있게 되는 것이다.

이제, 제프의 과거를 총괄하여 돌이켜 보자. 그는 환각제와 쥐약의 혼합물에 취한 뒤 마귀의 손아귀에서 오아후섬의 정글 숲을 헤치며 벌거벗은 채 도망치던 미치광이요, 어릴 때부터 세상에서 버림받고 개선의 여지란 전혀 찾아볼 수가 없었던 마약 밀매자였으며, 고등학교 졸업장을 받기 위해서 위조서류를 꾸며야 했었다. 또한 조직 범죄단은 항상 그의 집 문턱에서 서성대고 있었다.

그러나 오늘날 다우니시를 거의 점령하다시피 한 엄청난 큰 교회 건물을 이끄는 그의 모습을 상상해 보라! 이토록 고결한 인간성과 생활의 변화가 하나님의 손길 없이 이루어질 수 있었을까?

칼 마르크스(Karl Marx)나 지그문트 프로이트(Sigmund Freud)가 그
러한 인간을 그토록 뒤집어서 변화시킬 수 있었을까? 어림도 없는 일
이다. 왜냐하면 마르크스가 어느 누구에게는 인생의 목적을 제시할 수
도 있고, 프로이트가 자아를 이해할 수 있는 발판을 밝혀 줄 수는 있다
고 할지라도, 어느 누구도 영혼의 내부 공간을 사랑으로 채워 줄 수는 없
기 때문이다. 사랑이란 큰 기적으로 그러한 원인과는 무관한 요소다. 사
랑이란 절대적인 주권자 하나님만이 내려 줄 수가 있는 은총으로 초자
연적인 선물이다.

제프에게 물어보라. 그 사랑이 어디서 왔느냐고! 전에는 소경이었으나
지금은 눈을 떠서 보는 그에게 물어보라. 당신은 제프의 입으로부터 들
을 수 있을 것이다.

- 온 인류의 구세주이신 예수 그리스도가 어느 날 찾아와서 말로 다 형언 못 할
  나의 죄를 다 용서해주시고 영원토록 나를 변화시켜 주셨다.

이것은 오직 하나님, 그리스도께서만이 하실 수 있는 일이며, 그것이 바
로 주님께서 우리를 찾아오신 신비 중의 하나이다.

스킵 하이직(Skip Heitzig)
Calvary Chapel Albuquerque

A Quest for Psychic Power

1981년까지 뉴멕시코주에는 갈보리채플이 없었다. 그러나 오늘날 앨버커키(Albuquerque)의 거대한 갈보리채플은 그 주에서 제일 크다. 이 교회는 처음에 성경 공부반으로 출발하여 나중에 교회가 되었고, 부흥됨에 따라 작은 건물에서 더 큰 건물로 옮기게 되었다.

드디어 이 성경공부 그룹은 스포츠 센터를 샀는데, 이는 대형 종합경기장으로 실내 축구 경기장과 라켓볼 코트와 사무실 등을 구비하고 있었다. 이에 예배드릴 수 있도록 좌석을 만들기 위해 축구 경기장 바닥의 잔디를 다 걷어내고 카펫을 간 뒤 1,700석의 좌석을 설치했다. 이만하면 새 시설에서 주일예배를 한 번에 드릴 수가 있으리라 기대한 것이다. 그러나 첫날부터 초만원을 이루어 예배를 2부로 나누어 드려야 했다. 앨버커키 갈보리채플이 새 건물에서 예배드린 첫날에 무려 4,000명의 성도가 몰려든 것이다.

하나님이 이곳에서 쓰신 도구는 스킵 하이직(Skip Heitzig)으로 185Cm의 장신 미남이다. 그는 1970년도 크리스천이 된 이래 갈보리채플에 빠짐없이 출석하고 열심히 봉사하였다. 그러는 가운데 스킵의 머리에서 결코 떠나지 않는 한 가지 생각이 있었다. 그것은 그가 언젠가는 캘리포니아를 떠나서 교회를 개척해야 한다는 것이었다. 그리고 후일 그는 그곳이 서남부 지역이라는 것을 알게 되었다.

1981년 스킵은 그의 아내를 데리고 앨바카키로 이주하였고 곧바로 성경 공부반을 시작했다. 이 성경 공부반은 한동안 극심한 시련을 겪었지만 얼마 후 부흥하고 성장하기 시작했다.

스킵의 인상은 순진하기 그지없다. 과거를 물어볼 필요조차 없을 정도다. 그럴 뿐만 아니라 그의 인상은 신앙인의 삶에 나타난 성령의 능력을 증언해 주기도 하다. 그렇지만 스킵 하이직이라고 하여 남이 겪는 어려움을 당하지 않은 것은 아니었다. 오히려 더 극심한 방황과 미궁에 빠진 적도 많았다.

그는 남가주의 고원 사막지대에서 자랐으며, 1970년도에 접어들 때 그의 나이는 15,6세였다. 그는 특이하고 위험한 갈림길을 걸어가고 있었는데 그때 주님이 그 길을 막아서서 그를 불러내셨다.

심령술에 휘말리다

1971년 스킵과 그 친구 지노(Gino)는 둘 다 16세 동갑으로 고등학교 학생이었다. 그러던 어느 날 둘은 학교 단체여행 중 여행단에서 이탈하여 멕시코의 태평양 해안가 아열대 지방에 속하는 마자트란(Mazatran) 시내의 한 호텔 방에 투숙했다. 그리고 거기서 영적 세계에 이르기를 시도했다.

친구 지노는 타로카드(Tarit Card)로 사람들의 운세를 잘 맞힌다고 소문이 나 있었다. 이들이 여기서 원하는 것은 어떤 영혼이 나타나서 자기들을 이끌어 자기들의 의식과 관계없이 영적 기필로 어떤 영적 세계의 소식을 쓰게 해주는 것이었다. 그래서 이들은 호텔 방에 정좌하고 이틀 동안 그 영이 나타나기만을 기다렸다.

스킵은 거의 실신 상태로 앉아 있었다. 그의 손에는 펜이 쥐어져 있었는데 앞에 놓인 백지 위로 무엇인가 써지기를 기다렸다. 그러나 아무리 기다려도 반응이 없었다. 그러자 이번에는 자기의 전생을 알 수 있도록 어떤 영이 강림하여, 자신의 팔과 손을 조정하여 자기의 전생에 관해서 글로 표현해 달라고 졸라댔다. 전생에 자기가 아틀란티스 섬의 제사장이었는지 아니면 인도의 신비주의 철학자였는지 알려 달라고 간구했다.

마자트란의 습도 높은 밤의 바닷바람이 세차게 창문을 두들기며 방안으로 스며들었고, 커튼은 제멋대로 춤을 추는 듯했다. 그때 갑자기 스킵의 팔이 마구 떨리기 시작했고 손에 쥔 펜이 줄달음질치듯 무엇인가 뜻 모를 그림을 그리기 시작하더니, 다음과 같은 글을 쓰게 했다.

- 너는 보불전쟁에서 전사했다.

그 순간 스킵과 지노는 놀라서 겁에 질렸다. 불러낸 것이 도대체 어떤 악령이기에 이런 소식을 전해 주나 싶었다. 그 영은 스킵으로 하여금 계속 글을 쓰게 했는데, 이번에는 다음과 같은 메시지였다.

- 스킵, 마자트란을 떠나 집으로 돌아가는 길에 너희들은 죽는다.

그들은 심하게 몸을 떨었다. 그리고 너무나 겁에 질린 둘은 쥐고 있던 펜마저 내던지고도 한참 동안 말이 없었다. 몇 시간이 그대로 흘렀고, 자정이 지나 잠을 청하기 위해 침대에 누웠다. 무슨 좋은 해결책이 없을까 하고 둘은 의논도 해보았지만, 걱정만이 그들을 사로잡을 뿐이었다. 캘리포니아로 돌아가는 기차 안에서 죽을 것이라니 참으로 생각할수록 어이가 없었다.

그런데 악몽에 시달리며 잠을 설치다가 새벽녘에 잠을 깬 스킵은 또 한번 깜짝 놀랐다. 한쪽 벽 위에 이상하게 번쩍번쩍 빛이 오르내리며 춤을 추는 것이었다. 스킵이 고함을 지르며 지노를 깨우려 살펴보니, 이번에는 또 누가 갖다 놓았는지 영문 모를 날카로운 칼 하나가 스킵의 침대 가장자리에 놓여 있었다. 그가 몸을 움직일 때마다 달빛이 칼에 반사된 빛을 본 것이었다.

- 도대체 그 칼이 어디서 왔다는 말인가?

그 순간 스킵은 깨달았다. 그리고 그는 '우리는 기차 안에서 칼에 찔려 죽을 거야' 중얼거리면서 둘이 의논 끝에 한동안 집으로 돌아가지 않기로 했다. 그러다가 학교 여행단과 합세하여 돌아 왔지만 결국 아무런 일도 일어나지 않았다.

그때 사람의 환생을 굳게 믿고 있었던 스킵은 또 다른 자유를 즐길 수 있었다. 왜냐하면 모든 경험을 차례로 할 수 있는 인생이 끊임없이 거듭된다면 담배꽁초 버리듯이 시간도 하나씩 버릴 수가 있기 때문이라고 생각했기 때문이다. 그럴 때마다 또 다른 생이 뒤따르리라 생각하였기 때문이다. 그렇다면 그는 스릴 있는 일을 골라서 경험할 필요가 있다고 생각했다.

그러한 경험의 하나로 스킵과 그의 록 밴드부원들은 격리된 실습실에 모여 앉아 아카풀코 골드(Acapulco Gold - 마리화나 일등품)를 쉴 새 없이 피워대기 시작했다. 그리고 다음 날 밤엔 친구들과 어울려서 또 다른 새로운 모험을 시도했는데, 그것은 도둑질이었다. 그리고 몇 시간 후 그들은 모두 절도죄로 경찰서에 끌려갔다.

이 일이 있은 후 스킵의 아버지는 그를 감금하다시피 집에 붙들어 놓았는데, 그는 속으로 웃고 있었다. 사실 그는 범법을 했을 때처럼 스릴이 있고 즐거웠던 때가 없었다고 생각했다. 하나님은 그가 행복하기를 원한다고 생각했고 범법이 자기를 그토록 즐겁게 해주었으니 하나님께서도 이 일을 크게 나무라지 않으시리라 믿었다.

게다가 그는 심령술 추구를 소홀히 하지 않았다. 그는 실신 상태에서 심령술을 통해, 옛날에 잃어버렸던 물건을 찾아내기도 했다. 그는 그런 것이 숨어 있던 곳으로 자신도 모르게 안내되었다고 했다. 새로운 삶의 영역이 그 앞에 펼쳐지고 있었다.

그 다음 그는 투영술을 공부하기 시작했다. 그는 혼수상태에 빠지고 전신이 마비되며 귀가 멍해지는 기술을 배웠는데, 그것을 실행하면 그의 영은 갑작스레 육신에서 벗어나 비약하게 된다. 언젠가는 스킵과 지노가 이 비술을 써서 마자트란 호텔 로비에서 영으로 만나기로 약속했다. 그리고는 가보고 온 일을 제각기 노트에 적어서 대조해 보기로 하였는데, 실제 그렇게 해보았더니 같은 얼굴에, 같은 옷을 입은 사람들에 관하여 적었다고 한다.

스킵의 다음 실험은 그가 좋아하고 있고 미스 빅터빌(Miss. Victorville)이자 모델인 고교 사진반의 동급생 한 여학생을 감동시키는 일이었다. 스킵은 그 여학생에게 "나는 네 방에 들어갔다가 올 수가 있다"고 주장했다. 그 여학생은 두말할 나위 없이 비웃었다. 그러자 스킵은 증거를 보여주겠노라 다짐했다.

스킵이 그의 방에 누워 입신 자세를 취하고는 영 분리과정을 거쳐 그녀의 방에 영 투영을 했다. 그녀가 침대에 누워 책을 읽고 있음을 보았고, 방안을 살펴본 뒤 정신적인 메시지를 남겨 놓도록 하고는 붉은 커튼을 한참 동안 물끄러미 바라보다가 돌아왔다.

다음날 교실로 돌아온 그는 그녀에게 방의 구조와 배치, 그가 찾아갔던 시간 그리고 그녀가 침대에 누워서 책을 읽고 있었음을 낱낱이 설명했다. 그녀는 도깨비에 홀린 듯이 아연실색했다. 또 스킵은 그녀의 침대 다리 근처에서 서성댔다고 말했다. 그러자 그녀는 생각난 듯이 그때 마룻바닥을 봤더니 흰 종이 한 장이 갑자기 둥글게 구겨지는 것을 보았다고 했다. 스킵은 더욱 의기양양하게 말하였다.

- 맞아! 그게 바로 나였어. 내가 영으로 네 방에 들어갔을 때 네가 그것을 감지 하는 것을 나도 느꼈어!

이 말을 들은 그 여학생은 두 손으로 입을 가리고 돌아섰다.
- 넌 괴물이야! 어서 꺼져. 어머 무서워라!

또 밴드부에서 북을 치던 어떤 친구는 환각제를 사용하여 비약 투영술을 시도하다가 앞에서 달려오는 차에 치어 죽을 뻔했다. 그는 차와 부딪치 려는 순간 그것이 자기 몸이 아니고 영혼인 줄 착각했던 것이다. 그후 몇 년 동안 이 친구는 150불 상당의 합성 아편을 팔다가 구속되고 말았다.

스킵은 그의 아버지와의 관계가 원만하지 못했다. 어릴 때부터 애정이 라고는 전혀 없이, 언제나 고자세로 엄격하기만 하고 철두철미하게 완 벽주의자였던 아버지에 대한 그의 증오심은 거의 병적으로 악화되어 갔 다. 사실 그는 자기 아버지를 죽일 계획까지 하고 있었다. 그리고는 어 머니에게도 "엄마, 나는 아버지가 미워서 못 견디겠는데, 언젠가는 내가 아버지를 죽이고 말거야" 말하며 괴롭히기도 했다.

그의 아버지는 스킵이 그의 두 형처럼 고교에서 수석 졸업생이 되기를 바랐다. 아버지는 형들에게 그랬듯이 스킵에게도 매일, 9홀의 골프를 쳐 야 하고 학과 시간에 웅변술을 익히도록 하는 한편, 모범 우등생이 될 수 있는 규율을 준수하도록 엄명을 내렸다. 그리고 성공적인 인생으로 가 는 완벽한 길을 따르도록 압력을 가했다. 그러나 아무리 노력을 해도 그 토록 완벽한 아버지의 호감을 사기에는 너무나 부족한 점이 많아 스킵 은 더 이상 애쓰지 않기로 결심했다.

이제 이룰 수 없는 그런 계획은 냉소적으로 대하고 거꾸로 부모의 마음을 아프게 하는 길을 모색하기로 했다. 아버지의 차가운 훈시를 싫어한 것은 스킵만이 아니었다. 그보다 두 살 위인 밥(Bob) 형이 있었는데, 그는 185cm의 거구로 오토바이 갱단의 일원이었다. 두뇌는 좋은 편이었으나 아버지를 무시하고 멸시했다. 한때 아버지에게서 뺨을 얻어맞고는 이에 맞서 아버지를 때려 마룻바닥에 뒹굴게 한 일도 있었다. 그때 밥은 10대였는데, 그 사건 이후에 영영 집을 나가버렸다. 그리고 그는 24세 때 오토바이 사고로 죽었다.

영원한 갈림길

스킵이 18세인 1973년 산 호세 주립대학에 들어갈 무렵, 그렇게 하려고 한 것은 아니었지만 그의 생활은 갈피를 못 잡고 전적으로 방향을 상실하고 있었다. 그는 마약으로부터 서핑, 로큰롤(rock and roll)에 이르기까지 남가주에서 스릴이 있다는 것은 고루고루 해보지 않은 일이 없었지만, 이것들은 그에게 한결같이 좌절과 실망만을 안겨주었다. 이들 중 어느 하나도 기대한 만큼의 즐거움이나 행복을 갖다 주지 못했다.

그는 이제 무엇을 해야 할지 갈피를 못 잡고 있었다. 심령술의 밑바닥은 죽음의 지뢰원과도 같았다. 그가 안간힘을 다하여 비싼 값을 치르고 좇다가 다다른 곳마다 그는 자기를 삼킬 듯이 쌓인 쓰레기더미를 발견했고, 급기야는 그것을 헤치고 도망쳐 나와야만 하곤 했다.

스킵은 그해 여름을 북가주(Northern California)의 산호세에 사는 성공한 큰형 집에서 보내기로 했다. 이곳은 북쪽으로 샌프란시스코와 그동쪽에 있는 버클리(Berkeley), 오클랜드(Oakland) 등지로 쉽게 드라이브해 달릴 수 있는 좋은 곳에 위치하고 있었다.

자기가 자라난 고원 사막지대와는 달리 여름 바람은 말할 수 없이 상쾌하고 우거진 숲에서 나오는 상록수의 냄새 또한 상큼했다. 그는 오토바이를 타고 삽시간에 스탠포드(Stanford) 대학가의 아늑하고 여유 있는 녹지대로 달려 올라가 두루 살피기가 일쑤였고, 버클리 대학교도 둘러보곤 했다.

어느 날 스킵은 혼자서 텔레비전을 보고 있었다. 그때 그는 자기 아버지에게서 들은 좋은 충고 한마디가 상기되었는데, 그것은 의사소통을 위한 연설 공부였다. 말 한마디 한마디로 사람의 마음을 잡고 흔들 수가 있다면 이것이 스피치의 묘미일 수 있을 것이다.

빽빽이 메워진 체육관 안에서 연설하는 텔레비전에 나오는 강사의 표정만 보고도 스킵은 최면술에 걸린 것만 같았다. 날카로운 매의 눈처럼 그의 눈길은 스킵의 마음을 꿰뚫는 것같이 매서웠다. 그의 낭랑한 목소리는 길 잃은 인간의 영혼을 불러 모으기 위해 메아리쳤고, 권위와 위엄 있는 말로 끝을 맺었다. 스킵은 난생 처음으로 들어보지도 못하고 생각해 본 일도 없는 사실에 부딪혀 어리둥절했다.

그런데 그가 바로 빌리 그래함 목사였다. 그의 말소리는 칼날처럼 다가와 세상사에 대해 냉소적이고 비평적이던 스킵의 태도의 두꺼운 껍질을 갈가리 찢어 벗겨주는 것 같았다. 또 그의 말은 그를 뉘우치게 해주었다. 이렇게 하여 스킵 하이직은 난생 처음으로 예수 그리스도의 복음을 그것도 당대에서 가장 유명한 전도자라 칭하는 빌리 그래함의 입을 통하여 들은 것이다. 스킵은 이제 예전에는 한사코 외면하며 원치 않았던 일을 선택할 기회가 왔음을 직감했다.

그는 그 연사의 결론, 즉 생의 언약에 대한 어떤 요구가 내려지기 전에 텔레비전을 끌까도 생각해 보았다. 그렇지만 끝내 망설이다가, 그는 수백 명이 앞으로 걸어 나가는 공개적인 체육관이 아니라 방 안에 혼자 앉아 있음을 다행으로 생각하게 되었다. 왜냐하면 만약에 그가 그 자리에 가 있었다면 자기도 남들과 같이 앞으로 걸어 나갔을 것이며, 또한 그것을 대단히 부끄러운 일이라고 생각했기 때문이었다. 그래서 그는 자신이 남들이 보지 않는 방 안에 있어서 얼마나 안전하고 마음 편한 일인지 몰랐다.

그때 빌리 그래함 목사의 꿰뚫는 눈초리는 텔레비전 관중들을 카메라로 들여다보고 있는 것같이 응시하고 있었다. 그리고 그는 이렇게 말하고 있었다.

- 당신은 지금 이 시간, 어디에 있습니까? 술집에? 아니면 호텔방 안에?"

스킵은 난데없이 머리를 한 대 얻어맞은 것만 같았다.

- 바로 지금, 당신도 예수 그리스도에게로 삶의 방향을 돌릴 수가 있습니다. 바로 당신이 앉아 있는 그 자리에서 말입니다. 이제 무릎을 꿇고 우리 다 같이 죄인임을 고백하는 기도를 올립시다.

빌리 그래함은 마음을 쥐어짜는 듯한 죄인의 고백 기도를 했다. 스킵도 안방 한 모퉁이에 앉아 그 영혼의 깊숙한 곳에서부터 우러나오는 것으로 이를 따라 했다. 그는 지금, 그가 항상 절대 하지 않겠다고 발버둥 치던 일을 결국 이렇게 앉아서 하고 있는 것이다. 스킵은 혼자 중얼거렸다.

- 주여! 당신은 지금 나의 온갖 누더기를 받아 주셨군요. 내 안에 있는 이 모든 쓰레기, 잡동사니, 무의미한 것들을 몽땅 다 바쳐도 괜찮겠습니까? 황금으로도 살 수 없는 영원한 삶과 축복을 나의 이 쓰레기와 바꿔 주신다니 이를 내가 거절한다면 나는 바보 중에 바보겠지요!

그는 진지하게 무릎을 꿇고 기도했다. 그 순간 순식간에 그의 어깨에서는 수천 근의 무거운 짐이 벗겨졌다. 이 일이 있은 후 오래 지체하지 않고, 스킵 하이직은 오토바이에 몸을 싣고 해변 도시를 떠나 남가주 옛집으로 장장 9시간을 쏜살같이 달려 내려갔다. 그는 새로 얻었던 직장도 포기하고 대학진학도 일단 중단했다.

정말 난생처음으로 기쁨을, 참 기쁨을 얻은 것만 같아 집에 올 때까지 계속 즐거운 노래를 불렀다. 빅터빌의 고원 사막지대로 돌아오자, 나의 형 폴 스미스와 스티브 메이가 한때 공동 관리했던 갈보리채플의 공동 숙소인 '마케도니아의 집'(Macedonia House)에서 스킵은 우연히 옛 친구를 만났다. 그 친구는 이미 크리스천이었다. 그는 대뜸 스킵을 만나자마자 물었다.

- 너는 거듭났는가?

그래서 그들은 엊그제 생긴 일에 대한 이야기를 나누었다. 성경을 펴서 요한복음 3장을 읽고 설명도 했다. 그의 영혼은 이제 깨끗이 씻겨 새것이 되었다. 정말로 스킵은 변했고 새사람이 된 것이다.

그때부터 스킵은 '마케도니아의 집'에서 계속 일을 하고 신앙생활에 뿌리를 내리기 시작했다. 그는 그때 오래전부터 예수를 믿기 시작한 여러 명의 친구들이 자기를 위해 기도하고 있었음을 알았다.

주일이면 그는 내 가르침을 직접 들으려고 그 먼 데서 코스타메사 갈보리채플까지 오기도 했다. 나의 형 폴은 얼마 안 있다가 스킵에게 성경 공부반에서 가르치도록 거의 반강제로 제안을 했는데 스킵은 결국 그 제안을 수락했고 그때 비로소 자신이 재능과 소질이 있음을 깨달았다.

스킵은 엑스레이(X-ray) 기사 자격증을 따기 위해 '마케도니아 하우스'를 떠나 산버너디노(San Bernardino)로 옮긴 후, 2년간 곳곳에 있는 여러 갈보리채플을 다니며 성경 지식을 다져 나갔다.

나는 스킵에게 목사들이 교회를 개척할 때, 어딜 가든지 직업을 가질 수가 있다는 것은 재정의 뒷받침을 위해서 결코 나쁜 생각이 아니라고 말한 적이 있다. 그래서 그는 1975년에 엑스레이 기사 자격증을 땄다. 그후 그는 우리 갈보리채플 코스타메사 근처로 이사를 와서 성경을 가르치며 후일의 교회 개척을 위한 하나님의 인도하심을 기다렸다.

이렇게 믿음이 자라는 동안 스킵은 그의 아버지와 화해를 했다. 이는 앞서 말한 그의 바로 위의 형이 오토바이 사고로 죽은 직후였다. 스킵은 장례식에서 그의 아버지의 슬퍼하는 표정을 보고 주님이 자기를 통하여 그리스도의 사랑을 그에게 보여주시고자 한다는 것을 알았다. 그래서 그는 아버지를 붙잡고 큰소리로 기도했다.

- 주여! 나의 아버지를 인하여 감사합니다. 나는 아버지를 사랑합니다. 얼마

나 좋은 아버지인지 그동안 미처 몰랐습니다. 이런 아버지를 주셨음을 감사합니다.

이에 스킵의 아버지는 놀랐고, 두 사람은 서로 껴안고 울었다. 스킵의 삶에 변화가 생겼다는 신호는 이러한 새로운 사랑과 동정심으로 나타났다. 그때부터 두 사람 사이에는 사랑이 오고 가는 따뜻한 부자간의 유대가 이루어졌다.

사실 스킵의 형은 기독교 신앙에 대해서는 완강히 반대해 왔었다. 그런데 스킵은 그의 형이 죽기 2주 전, 늦은 밤 성경공부를 마치고 난 뒤 하나님의 암시가 있었음을 느껴, 그날 밤 그곳에서 그리 멀지 않은 곳에 살던 형을 찾아가서 그에게 예수님을 증거 하였다.

- 형! 형은 언제 죽을지 몰라. 살고 있다는 것은 언제라도 끝날 수가 있다는 것이야!

그런데 정말로 형은 그 말처럼 되고 말았다. 슬프게도 그때 그의 형은 스킵의 말을 듣고 비웃고만 있었다.

배우자와 교회

스킵이 크리스천이 된 지 7년이 되는 1978년에 그는 언젠가 그리고 어딘가에서 교회를 개척할 것이라는 희망의 지평선을 멀리 바라보면서 열심히 일하며 가르치며 복음을 나누었다. 그해 그는 교회 모임에서 렌야 (Lenya)를 만났다.

그녀가 대학에 다니고 있었을 때, 그녀의 아버지 팔리(Farley)는 의사요, 무신론자이며, 『꿈을 이루려면』이라는 책을 쓴 작가이기도 했다. 그런데 평소에 그녀의 아버지는 무신론자임에도 꿈을 이루는 데 있어서 예수가 좋은 본보기가 될 것이라고 생각하고 있어, 성경을 읽기 시작했는데 그는 곧 예수를 믿었다. 그리고 렌야도 아버지를 따라 예수를 믿기 시작하였다.

스킵과 마찬가지로 그녀도 대학을 중퇴하고 갈보리채플에서 열심히 성경을 배우며 참 크리스천의 생활을 시작했다. 그러던 어느 날 그녀는 키 크고 건장한 이 미남자와 눈이 마주쳤다. 또 인상이 아주 밝고 예쁜 젊은 처녀 렌야도 그에 못지않게 스킵의 주의를 끌었다. 그들은 반년을 사귀었다.

그리고 얼마 후에 스킵은 교제를 중단했었는데 주님과의 약속이 더 중요했던 것이다. 자신의 결혼생활에서 귀하고 작은 사랑이 차지하는 중요성을 생각해 보지 않은 바도 아니지만, 애정에 이끌려 주님의 일을 소홀히 할 수도 있는 자기의 성격을 이미 너무나 잘 알고 있었다.

또한 자기는 누구 못지않게 성숙한 크리스천으로 인정받고 있고 책임 있는 지도자 위치에 서 있는데 비해, 렌야 자매는 이제 시작한 신참이기 때문에 믿음의 균형이 안 맞는다고 생각했다. 잠시 사귀는 동안 둘은 호흡을 맞출 수가 없다는 결론을 갖게 되었다.

형이 죽은 뒤 스킵은 곧 렌야가 사는 오렌지 카운티를 떠나 이스라엘의 집단 농장 키부츠(Kibbutz)에서 일하기 위해 떠났다. 한편 렌야는 예수전도단(Youth Mission)에 가입하여 거의 2년을 하와이에서 지냈다.

신앙이 자라면서 그녀는 스킵과 결혼하여 목사 부인이 되고 싶다는 꿈을 키웠다. 더구나 그녀는 이러한 소망은 하늘의 명령으로 생각했다. 그러나 렌야의 이러한 태도는 여권 운동가들의 주장과 배치되는 일이었으며, 그녀의 친구들도 한결같이 시대의 흐름에 역행하는 처사라고 반대했다. 그러나 렌야는 자기의 마음이 어디 있는지를 알고 있었다. 그녀는 스킵이야말로 꿈에도 그리던 남편감이요 친구이자 동반자라고 믿고 있었던 것이다.

그녀의 아버지 닥터 팔리는 딸이 무엇을 바라고 있는지 다 알고 있었다. 그래서 그는 딸의 앞날을 걱정하여, 만일에 일이 제대로 안 될 바에는 일찌감치 단념하고 그녀가 가야 할 바를 바로잡아 주어야겠다고 생각했다. 왜냐하면 불확실한 것을 지나치게 기대하는 일처럼 어리석은 행동은 없다고 생각했기 때문이다. 그리하여 그는 오늘날의 신부 아버지들과는 다른 방법을 택했다.

스킵은 하나님이 그를 통하여 뉴멕시코주에서 교회를 개척하기를 원하신다고 생각해왔다. 그래서 1981년에 그곳으로 이동하려는 시점에서 닥터 팔리로부터 전화를 받았다.

- 나는 내 딸을 진심으로 사랑하기 때문에 그 애가 말하지 못하는 것을 내가 대신 얘기하네. 스킵, 그 애는 아직 자네를 사랑하고 있네. 자네가 그 애를 사랑한다면 그렇게 얘기를 좀 해주게나. 자네가 생각하는 바를 그대로 얘기해 줄 필요가 있네. 또 사랑하지 않는다면 그 애에게 아무런 관심이 없다는 것을 확실히 말해 주면 좋겠네. 어느 쪽이건 확실한 태도를 밝혀 주게. 그래야만 딸도 자기가 갈 길을 결정할 게 아니겠나!

스킵은 어리둥절했다. 옛날처럼 아버지가 딸의 장래를 위해 결혼 중매를 하고 있는 것이 이색적이기도 했다. 이에 스킵은 어리둥절하며 대답하였다.

- 나는 렌야가 아직까지 나를 사랑하고 있었는지는 모르고 있었습니다.

그때부터 스킵은 조심성 있게 움직였다. 그는 흐릿하고 두서없는 편지를 써서 서핑보드를 쥔 사진 한 장과 동봉하여 그녀에게 보냈다. 이에 그녀는 즉시 서툰 글씨로 숨김없는 자신의 소망을 알리는 회답을 보냈다. 내용은 스킵과 하루라도 빨리 결혼하여 장차 목사 사모가 되고 싶고, 또 다른 곳으로 옮긴다면 기꺼이 세상 끝까지 따라가겠노라는 것이었다. 편지를 받아든 스킵의 손은 떨렸다. 자기 마음을 그대로 대필한 것 같았기 때문이었으리라. 그는 즉시 꽃다발을 그녀에게 보냈고, 며칠 후 보낸 회신에서 사랑을 고백했다.

- 나는 당신을 사랑합니다.

그리고 같은 해 어느 봄날, 렌야는 하와이에서 돌아왔고 스킵은 비행장으로 마중 나가 장미꽃 한 송이를 선물했다. 그 둘은 그 길로 해변으로 나가 하나님 앞에 맹세하는 기도를 하고, 그 후 두 달만인 1981년 6월 13일에 결혼식을 올렸다. 그리고 2주 후에는 알바쿠키로 이사를 갔다.

신혼 생활과 스킵의 방사선 관련의 새로운 직업, 그리고 아파트에서 성경 공부로 시작한 목회생활과 새 도시 생활환경 등 한꺼번에 밀어닥친 급격한 이런 변동은 신혼부부에게 적지 않은 압력과 고충을 안겨 주었다.

스킵이 무엇보다도 참기 힘들었던 것은 기후였다. 그는 항상 푸른 하늘과 상쾌한 남가주의 공기에 익숙해 있었다. 이사 오기 전에 기후에 대해 소홀했던 것을 후회하였다. 이렇게 이들은 여러모로 적지 않은 긴장감에 사로잡혀 있었고, 한동안은 매일같이 괴로워서 신음하고 울부짖다시피 했다.

스킵은 뉴멕시코에서 1년간 체류하겠다고 하나님과 약속했으나, 이제 길어도 6개월이면 족하고도 남는다고 다짐했다. 성탄절 휴가로 캘리포니아에 돌아왔을 때, 스킵은 렌야에게 "난 이곳 사람이야" 말하였다.

렌야도 그곳 뉴멕시코를 떠나야겠다는 이유를 이해할 수가 있었다. 그러나 갑자기 하나님은 스킵의 마음을 타이르듯이 "너는 나에게 6개월의 빚이 있어!" 하셨는데, 사실 스킵도 이를 부정할 수는 없었다. 마지못해 그는 뉴멕시코로 돌아갔다. 오늘날 스킵은 그 6개월이 자신의 일생에서 가장 믿어지지 않는 시간이었다고 말한다.

1982년, 발렌타인 데이(Valentine's Day)를 앞두고 주일예배를 극장 건물 안에서 보았다. 이것은 라울 리스가 이 고장에 와서 부흥 집회를 하고 떠난 직후였다. 스킵은 이 극장 안이 텅 빌 것으로 의심했으나 150명이나 모였다. 또 6월로 접어들면서는 주일예배에 300석이 차게 되었다. 그래서 즉시 건물 앞을 확장하여 400석으로 늘렸는데, 3개월도 못 되어 또 9월에는 550석으로 개조해야만 했다.

1983년에 접어들면서는 2부로 예배를 보기 시작했다. 그 다음은 900석을 갖춘 상점가 건물로 옮겼다. 1984년이었다. 그렇게 2년을 머물러 있다가 2부 예배로 또 바꾸었다. 그러다가 건물 주인의 반그리스도적 태도에 부딪히게 되어 이번에는 운동 경기장을 사게 되었다. 무릇 교회 성장을 방해하는 장애물은 비로 쓸 듯이 제거되었고, 한 번씩 움직일 때마다 스킵의 교회는 계속 풍작을 맞이했다.

오늘날 스킵과 렌야는 건실한 교회와 더불어 행복한 가정 그리고 알찬 삶을 살아가고 있다. 스킵은 뉴멕시코와 그 위성도시에 라디오 복음방송도 하고 있다. 그의 고교 친구였던 지노도 크리스천이 되어 지금은 그 교회의 운영 위원직을 맡고 있다.

알바쿠키의 갈보리채플에서 여러 교회가 파생하였는데, 그중에는 투산(Tucson) 갈보리채플, 덴버(Denver) 갈보리채플, 그리고 뉴멕시코주 안에 네 개의 지교회가 생겼다. 또 선교사업에서도 큰 성과를 올리고 있다. 스킵은 또 인도에서 개최된 목사 컨퍼런스에서도 설교를 했다. 그리고 현재 알바쿠키 시를 안고 있는 산 위에 기독교 학교 건립을 시작했다.

지난날 마자트란의 호텔방 안에서 스킵의 팔을 비틀었던 악마들의 영은 그에게 죽음의 협박장밖에는 준 것이 없었다. 그러나 하늘의 하나님은 스킵의 생애를 움직여 그의 상상을 초월하는 삶의 풍요로움과 깊이를, 소망과 기쁨을, 삶의 보람을, 그리고 영혼의 수확을 감당할 수 없으리만큼 그에게 안겨 주셨다.

하나님은 또 주님과 남편을 사랑하는 아름다운 아내를 주셨다. 그녀는 스킵의 삶에 아름다움을 가져왔고 이를 한결 더 풍요하게 해주었다. 그리고 그의 목회 생활의 성공을 위해 모든 일을 성심껏 뒷받침해 주었다.

스킵은 무슨 일을 하든지 하나님을 바라보고 그분의 지시를 받으려 했으며, 인간의 여하한 전략 전술로도 파괴하거나 깨뜨릴 수 없는 완벽한 삶의 터전을 구축하기 위해 철저하게 모든 일을 하나님의 손에 맡겼다. 그의 삶이 한 폭의 벽걸이 융단이라면 그의 예전의 심령술의 흙탕물은 주님의 꽃무늬로 덮어졌다.

한때 악령의 노예였던 그가 이제는 성령의 다스림과 인도 아래 있다. 이 두 세계를 스킵의 말로 표현하자면 두 우주의 격차만큼 떨어져 있다고 했다, 오늘날 스킵이 거둔 열매를 보면 이것이 사실인 것을 잘 알 수 있다.

사도 바울이 아그립바 왕 앞에서 그의 회개의 경험을 진술할 때, 예수님은 자기를 이방인에게 보내어 그들을 어두움에서 빛의 세계로, 사탄의 마수에서 구출하여 하나님께로 인도하게 하셨다고 했다. 이 말은 바로 스킵에게 일어난 일을 잘 설명해 주고 있다. 그는 이렇게 역설한다.

- 제아무리 어둡고 험한 수렁에 빠진 삶이라 해도 예수님이 뚫고 들어가 깨끗이 씻고 새롭게 못 할 것이 없다!

빌 갈라틴 (Bil Gallatin)
Calvary Chapel Finger Lake

Vision of Destruction

갈보리채플의 선교활동은 오늘날 서부 해안 지역에만 국한되어 머물러 있지 않았다. 서부에서만 보아왔던 갈보리채플의 성장과 수확은 이제 중서부, 서남부, 동부 해안도시 각처에서 미국 전역에 걸쳐 전개되었다.

갈보리채플은 고전과 보수 정통을 고수하는 교회들과 같은 공동체 모임에 대한 인식을 뒤엎고 우리를 향하여 마음의 문을 열고 환영함을 볼 때, 흐뭇한 일이 아닐 수 없다. 빌 갈라틴(Bil Gallatin)과 죠 포쉬(Joe Focht)의 이야기는 과거의 지나친 격식과 전통을 버리고 새로운 영적 입김을 불어 넣어 그 자리를 채우고자 하는 그들의 아름다운 의욕을 묘사해 주고 있다.

빌과 죠는 '겨자씨 믿음'(Mustard Seed Faith)을 갖고 동부로 갔다. 그들은 하나님의 은혜를 구하며, 소망을 갖고 인내로서 결실을 기다렸다. 물론 이에 대한 하나님의 응답은 큰 수확으로 나타났다. 언제나 그랬듯이, 그들도 성경 공부반으로 시작하여 교회를 부흥시켜 나갔다.

최근 나는 동해안에 사는 수많은 목사들이 참석한 뉴욕주에서 목사 회의에 참석하고 돌아왔다. 마침 빌 갈라틴의 '마라나타 펠로우쉽'(Maranatha Fellowship)이 멀지 않은 곳에 있었으므로 그날 저녁 나는 그곳에서 설교를 하게 되었다.

그때 나는 그 모임의 열띤 모습을 보고 적지 않게 흥분했다. 그리고 웨스트포인트(West Point) 육군사관학교에서 철학 교수이며, 그 지역에서 갈보리채플 모임을 인도하는 회원 한 사람에게 목회를 위한 안수식도 가졌다.

동부 지역 각 처에서 목사들이 모여든 그 회의장은 원래는 무용 연구소였으나 지금은 맨해튼(Manhattan) 회의 본부로서 현재 500명이 넘는 회원을 갖고 있다. 현재 리버사이드의 하베스트 펠로우쉽에서 목회하는 그렉 로리가 몇 년 전에 이 맨해튼 컨퍼런스를 발족하기 위하여 다녀간 일이 있었다.

동해안 지역의 갈보리채플의 발전상은, 우선 기본적인 도약대 역할을 한 빌 갈라틴의 마라나타 펠로우쉽을 그 표본으로 살펴볼 필요가 있다. 마라나타 펠로우쉽은 뉴욕주의 로체스타(Rochester)에 위치하여 주변에서의 갈보리채플 개척을 위한 센터 역할을 담당했으며, 여기에서 주동 역할이 바로 빌의 영감과 아낌없는 헌신이었다.

그 결과 마라나타 펠로우쉽은 10년 만에 폭발적으로 성장하였다. 이들은 1,000명 이상을 수용할 수 있는 롤러 스케이트 경기장에서 집회를 하는데 주일 아침이면 예배를 3부로 나누어 드려야 했다.

10년 전에 빌 갈라틴은 코스타메사 갈보리채플에서 목수로 일을 했다. 그전에는 건축업에 종사했고, 대학 중퇴자로 한때 히피였다. 1970년도 초에 빌이 크리스천이 되던 해에 짙은 수염과 긴 머리를 한 험상궂고 뚱뚱한 사람이 두꺼운 데님 작업복 차림으로 나타났다.

그는 바로 얼마 전에 휴대하고 다니던 375매그넘 육혈포 권총을 팔았다고 했다. 그는 어느 누구라도 섣불리 접근을 꺼릴 정도의 그런 인상의 사나이였다.

빌은 1950년도에 오하이오주의 볼링 그린 주립대학(Bowling Green State University)에 다니고 있었다. 하루는 시비를 거는 상대방을 때려 실신시키고 말았다. 그리고 그는 학교를 그만뒀다. 폭행 사건으로 인해 체포영장이 발부되자, 그는 도망쳐 해병대에 입대했고, 1960년대에 제대하여 로즈 메리와 결혼했다.

그러나 그는 여전히 과음하고 툭하면 싸움을 일삼았다. 그래서 결혼생활은 파탄 직전에 이르렀고, 더구나 일정한 직업도 없으므로 오하이오주에서 그의 생활은 말이 아니었다.

1968년에 이르러 빌과 로즈메리는 한 가닥 희망을 품고 맑은 햇빛과 새 삶을 찾아 캘리포니아로 갔다. 그러나 그들의 생각과는 반대로 빌이 환각제와 심령술을 찾은 때가 바로 이때였다. 하지만 얼마 안 가서 그는 예수 그리스도를 맞이하게 되었다.

빌이 나의 사무실로 찾아온 1970년 초기는 사회의 반문화 현상이 극에 달했던 시기였다. 내가 사나운 눈을 가진 이 사나이를 만나기 한 달 전만 해도, 빌 갈라틴은 환각 여행의 마지막 단계를 걷고 있었다. 빌은 코로나 델마 근처, 태평양 물결이 내려다보이는 해변가 묘지에 앉아 있었다.

그는 나에게 그때 세상의 마지막 환상을 보았다고 했다. 온 해안선이 원자탄 침례를 받아 불길에 휩싸여 있었고, 눈에 보이는 모든 것이 파괴되었다. 산타 카탈리나(Santa Catalina)는 하늘 높이 치솟는 새까만 연기로 뒤덮여 있었고, 일련의 원자탄이 연쇄 폭발하여 로스앤젤레스까지 순식간에 잿더미로 만들었다.

마치 미국은 타이타닉 호(Titanic _1912년 1,500명을 싣고 침몰한 영국의 호화 여객선)처럼 침몰하고 말았다는 것이다. 그러한 환상은 빌로 하여금 생존의 목적을 상실케 했으며, 세상의 청지기 역할을 해야 할 자기는 실수만 일삼고 손대는 것마다 파괴하고 있음을 깨닫게 했다.

이 영적 경험을 한 몇 주 후에 빌은 예수 그리스도를 영접했다. 그 당시 누구든지 간에 크리스천을 만나야겠다고 생각하고 찾아온 곳이 바로 우리 갈보리채플 주차장이었고, 그는 곧바로 내 사무실로 찾아왔다.

사실 빌이 정상적인 사람으로 완쾌되려면 아직 갈 길은 멀었다. 그러나 중요한 것은 빌이 믿음을 향한 굳센 발걸음을 내딛던 것이었다. 그는 예수 그리스도가 하나님의 아들임을 확신했다. 하지만 한편으로는 돌이켜서 자신을 보아야 했고, 그의 인생이 어디서부터 잘못되었는가를 살펴보아야 했다.

악마와의 씨름

우리는 마지막에 소개되는 마이크 매킨토쉬(Mike Macintosh)를 통해서 자세히 보게 되겠지만, 안타깝게도 빌 역시 정신병 치료 감호소에 몇 주간을 붙들려 있어야만 했다. 빌이 그의 아내를 데리고 그곳에 찾아갔을 때, 그는 그의 아내를 그들이 붙들고 치료할 줄 알았다.

그러나 뜻밖에도 그들은 그의 아내 대신 빌을 붙잡고 동여매더니, 큰 철문을 열고 감호소 속에 넣어버리는 것이었다. 참으로 어처구니없는 상황이 아닐 수 없었다.

그 당시의 상황에 대하여 그의 아내 로즈메리는, 빌의 증세는 너무 도가 지나쳐서 완치 가망이 거의 없는 상태이니 그가 빠진 함정에서 헤어나지 못하더라도 너무 실망하지 말고 대하라는 경고를 받았다고 했다.

장기간에 걸친 기괴한 행위 즉 명백한 "정신감응"(Telepathy) 증세와 식탁에서 상상 속의 사람과 하는 대화 그리고 메스칼린(Mescaline _일종의 흥분제)과 LSD의 장기간 사용은 치명적인 정신적 대가를 지불했던 것이다.

그러나 정말로 심각한 문제는 정신적인 것이 아니고 영적인 증세로, 마귀의 행각이었다. 아내 로즈메리가 직감할 수 있을 만큼 빌의 심령 저변에 도사리고 있는 포악성은 실로 폭발 직전의 화산과도 같았다. 그의 오랜 싸움 경력 때문에 일단 경찰에 끌려가면, 그때마다 로즈 메리는 그를 끌어내기 위해 온갖 애를 다 써야 했다.

사실 그녀는 빌 속에서 무엇인가 불길하고 괴상한 것을 보면서도 그것이 무엇인지를 알 수 없었다고 한다. 빌 자신 또한 자기 자신 속에서 무엇인가 음산한 일이 벌어지고 있다는 사실을 감지하며 크게 근심했지만, 그가 귀신들린 사실에 대해서는 그 누구도 꼬집어 말할 수가 없었다.

그는 이 현상이 언제부터 시작되었는지를 기억하고 있었다. 1968년 초 멕시코 땅인 바하(Baja)에서, 거의 일주일 동안 마약 파티를 가진 일이 있었다. 그는 몇몇 친구들과 어울려 해변에서 외적인 자유의 한계를 추구하고 있었다. 그런데 바로 그때였다.

어느 날 밤 해변에 피워 놓은 모닥불 가운데서 빌은 사탄의 모습을 보았다. 그것은 소름이 끼칠 정도로 아름답기도 하고 또 매혹적이기도 했다. 그때 빌에게 메시지가 들려왔다.

- 겁내지 마라. 겁낼 것은 세상에 아무것도 없다.

그 후 몇 달이 지난 후, 빌은 환각 세계에서 13일 동안이나 떠돌다가 집으로 돌아와 부엌 문간에 서서 로즈메리의 눈을 뚫어지게 들여다보고 있었다. 이에 겁에 질린 그녀에게 갑자기 압도적이고 무거운 힘이 그의 온몸을 내리누르는 것 같았고, 빌은 그 자리에서 쓰러졌다. 무엇인가가 그의 속으로 들어간 것만 같았다.

그는 무언가 속에서 일어나는 새로운 힘을 느꼈는데, 곧바로 로즈 메리의 마음속을 들여다볼 수 있게 된 것이다. 그녀의 생각을 낱낱이 읽을 수가 있었고, 그녀는 이제 무엇이든 숨길 수가 없었다. 그가 부엌 바닥에서 다시 일어나 문턱에 섰을 때, 그의 두 눈과 그의 모습은 갑자기 전혀 다른 사람이 되어 있었다. 그때부터 거의 2년 동안을 로즈 메리는 공포에 떨며 살아야 했다.

후일 빌은 그에게서 귀신을 쫓아낸 것은 주권자이신 하나님의 손길로 말미암아 이루어졌다고 했다. 그 사건은 그들이 옮겨간 집 부엌에서 일어났다. 그때 그곳에는 아무도 없었고 빌 혼자서 성경을 읽고 있었는데, 자기 자신 속에서 말할 수 없는 갈등과 소란을 체험하고 있었다고 후에 진술했다.

오후 2시였다. 이는 귀신들린 지 2년 후이며, 예수가 하나님의 아들임을 깨달은 지 얼마 후의 일이었다. 빌은 느닷없이 부엌 바닥 위에 쓰러졌던 일이 있었다. 그는 엎치락뒤치락 안간힘을 다하여 일어나려 씨름을 하고 있었다. 그러나 아무리 몸을 비틀고 애를 써도 몸을 일으킬 수가 없게 되자 마음속으로 이렇게 울부짖었다.

- 이젠 희망이 없다. 끝장이다. 나는 이제 다 됐다.

그러나 그 마지막 순간, 그는 마침내 예수님 이름을 불렀다. 빌은 마음을 가다듬고서 외쳤다.

- 예수님, 나를 도와주십시오!

그러자 빌의 몸은 갑자기 무거운 굴레에서 풀려나듯이 가벼워지고 마음도 홀가분해져 차분히 가라앉았다. 그리고 말할 수 없는 평화가 그를 찾아 들었다. 빌은 무겁던 짐에서 벗어났음을 난생처음으로 느꼈다. 그리고 땀에 젖은 옷에서는 코를 찌르는 악취가 풍긴다는 것도 깨달았다. 빌은 주장한다.

- 하나님은 마귀를 내게서 쫓아내셨고 나를 구해 주셨다.

그날 빌은 샤워실에서 얼마나 오랫동안 몸을 씻었는지 모른다. 로즈메리가 집에 돌아와 보니 완전히 새 사람으로 단장한 빌이 기다리고 있었다. 그런 모습은 물론 그녀를 한층 더 놀라게 했다. 그녀는 그가 발작 중에 그녀를 놀리는 것으로 여겼다. 그래서 그를 설득하여 정신감정을 받기 위해 감호소에 한 번 더 들어가게 유도했다. 하나님은 여기서도 계획이 있으셨다.

빌을 2주 동안 감호소에 가둬 놓고 시험한 의사는 닥터 클레런스 존이었다. 그는 오히려 빌에 의해 곧 예수 그리스도를 구세주로 받아들이고 갈보리채플에 나오기 시작했다. 이 의사를 인상 깊게 한 일은, 정신 안정제인 스텔라진(Stelazine)을 아무리 많이 투약해도 빌의 열띤 그리스도에 대한 선언을 막을 길이 없었다는 것이다.

- 이제 곧 예수님 오신다!!

이 거대한 체구의 사나이 입에서 터져 나오는 뜻밖의 소리에 주변 사람들은 소스라지듯 놀랐다. 이 사건이 닥터 존의 마음을 움직였다. 원래 그는 나를 찾아와서 불가지론적인 견해만이 현실주의자들의 생존을 위한 열쇠라고 역설하던 사람이었다.

원래 닥터 존은 메시아를 기다리고 섬기는 유대인(Messianic Jew)이다. 빌이 정신병원에서 퇴원한 직후 닥터 존과 빌은 곧 우리 갈보리채플 예배시간에 참여했다. 닥터 존이 무심코 뒤를 돌아보았더니, 빌 갈라틴이 자기 바로 뒷자리에 앉아 있다가 웃으며 인사를 했던 것이었다. 그때 존은 빌에게 말했다.

- 빌, 병원 치료비는 걱정 말게나, 내가 다 처리할 테니!

회복·성장·인도

빌 갈라틴은 만 7년을 코스타메사 갈보리채플에 나오며 열심히 성경 말씀을 배웠다. 만족을 모르고 끊임없이 배우며 지식을 키웠다. 그는 자기 생애가 완전히 바뀌었음을 느끼며 한없이 기뻐했다.

빌은 열심히 기도하고 예배드리며 교우들과 친교를 나누고, 또 목수로서 1년간을 교회에 봉사하였다. 그리고 그는 저녁이면 '애프터 글로우'(After glow) 예배를 인도하는 등의 헌신적인 믿음생활을 영위해 나갔으며, 그러는 동안 지난날에 입었던 그의 정신적인 상처는 서서히 아물어갔다. 그러다가 1977년 여름이 되던 해, 하나님은 빌이 갈 곳을 마련하셨다. 사실 빌은 그동안 동부에서 갈보리채플을 개척할 마음을 먹고 훈련을 받고 있었다.

하나님이 각 개인에게 어떻게 말씀하시는가에 대해 알고 싶다면, 하나님의 인도를 받은 빌의 경험을 살펴보면 확실해질 것이다. 우리는 흔히 유사하게 조작된 거짓 사건에 부딪히게 되고, 또 우상숭배가 사람들을 거짓 인도하고 파괴의 길로 끌고 가는 것을 목격하곤 한다.

그러나 이러한 사실이 하나님의 순수한 인도하심임을 부정할 수는 없다. 지금 내가 "새로운 계시"(New Revelation)나 새로운 교리에 대해 말하고 있는 것은 아니다. 왜냐하면 성경 말씀을 초월하거나 덧붙이는 비계시적 논리를 말하고 있다면, 그것은 이단이기 때문이다. 완성된 성경의 법규는 모든 크리스천에게 가감의 여지없이 단호하게 주어졌다. 하나님은 당신께서 택하시는 시간부터 시작하여 우리의 삶을 인도해 주신다. 우리는 이 사실을 항상 명심해야 할 것이다.

오늘날 하나님이 우리를 인도할 수 없다고 말한다면 그것은 우리가 하나님을 통 속에 가두어 넣는 것이나 다름없는 말이 된다. 성경은 하나님이 특정한 상황에 따라 개인을, 단체를 그리고 국가를 인도하신 명백한 사례로 가득 차 있다.

하나님의 진지한 인도하심에 대한 최종적인 평가는 신명기에서 하나님이 모세에게 지적하셨듯이, 그 결과를 통하여 역사가 증명해 주고 있다. 다음은 실제로 일어났던 일들이다. 빌의 경우를 보면 우리 인간의 판단 기준에서 볼 때는 불가능한 일이 실현된 것이다.

어느 날 빌은 목회를 해야겠다는 충동에 이끌렸다. 그것은 하나님의 팔꿈치 신호와 같은 내적 충동으로 시작됐다. 사실 그는 "애프터 글로우"(After glow) 예배 봉사에 대한 열정을 갖고 있었다.

그때부터 빌의 마음속에서 하나님의 말씀을 가르쳐야겠다는 욕망이 자라고 있었다. 동시에 갈보리채플에서의 목공생활을 벗어버릴 때가 되었다는 생각도 하고 있었다. 그의 영적 역량이 점점 자람에 따라 재갈 물린 고삐에서 결사적으로 벗어나려 했다.

그러던 어느 날 하나님의 화살통에서 뽑아 든 첫 화살이 정곡을 찔렀다. 빌은 갈보리채플의 제1기 목자학교(Shepherd School) 동급생인 마이크 매킨토쉬와 키스 리터(Keith Ritter)와 함께 기도회를 갖고 있었다. 그때 키스가 갑자기 조용한 목소리로 소리쳤다.

- 나는 주님으로부터 미래에 대한 계시를 받았는데, 이것은 빌에 관한 것이야!

그때 키스는 미국 동부 뉴잉글랜드(New England)의 그림책에서나 볼 수 있는 전원 풍경을 묘사했다.

- 나는 꼭대기까지 곡식으로 거의 가득 찬 높은 곡창을 보았다. 이 곡창은 농가의 많은 가축으로 둘러싸여 있었는데, 틀림없는 농가의 장면으로 마차도 보였다.

마이크가 이 말을 듣고 이렇게 풀이했다.

- 가축의 떼는 하나님이 기다리게 한 많은 신도들이며, 이 가축들을 먹여 살리기 위한 곡식으로 차 있는 곡창은 바로 빌을 말한다. 빌은 많은 곡식을 장만하고 먹일 준비가 되어 있다. 장소는 캘리포니아 주가 아닌 농촌 지역으로 아마 멀리 동북부를 가리키는 것 같다.

그 후 한 달 반이 지났을 무렵의 어느 날, 빌은 우리 교회의 새 주차장에서 일하고 있었다. 그런데 어쩌면 그렇게도 똑똑하고 맑은 음성이 들려올 수 있었을까.

- 나는 네가 핑거 레이크스(Finger Lakes)로 가기를 원한다.

그 음성이 들려오자 빌은 소리 내어 울었다. 그것은 그 음성이 하나님께로부터 온 것임을 알았기 때문이다. 아버지가 로체스타에 살고 있었기 때문에 옛날 그 지방인 뉴욕주에 가본 일이 있고, 핑거 레이크스는 그 뉴욕 주 안에 있었다.

그 말을 들은 빌의 아내 로즈 메리는 크게 당황했다. 그녀는 빌보다 2년 뒤에 크리스천이 되었는데 캘리포니아를 떠날 생각은 꿈에도 해본 적이 없었으며, 만약에 그렇게 하려고 한다면 그것은 하나님의 지시가 틀림없이 있어야 한다는 것이었다. 그래서 로즈메리는 이렇게 말했다.

- 난 성경에서 그것을 봐야만 하겠다.

바로 다음 날, 갈보리채플의 목요 저녁 예배 시간에서였다. 앞줄에 앉아 있던 로즈 메리와 안면이 있는 한 젊은 여인이, 느닷없이 뒤를 돌아보며 빌과 로즈 메리를 향해 인사하고는 로즈 메리에 말하였다.

- 이상하게 생각할지 모르지만, 주님이 당신에게 메시지를 전달하라 하신다. 그 것은 바로 신명기 8장이다.

사실 그날은 빌이 40세가 되는 생일이었다. 놀랍게도 그 구절은 모세가

40년을 맞이할 때 주어진 이야기였다. 하나님은 모세를 40년간 시험하신 후 언덕이 있고 호수와 샘물이 있으며 밀과 보리가 자라는 땅으로 그를 보낸다는 내용으로, 이 구절은 그들을 확신시키고도 남았다.

빌은 뉴욕 주로 이동하라는 하나님의 그토록 분명한 지시를 거역한다면 그 스스로가 영적인 죽음을 자초하는 것임을 확신했다. 그리고 이 문제는 다음날 아침 잠에서 깨어나자, 세 들었던 뉴포트 비치의 집 앞에 예고 없이 세워진 "팔집"(For Sale)이란 간판을 보고 나서야 확신했다.

3주 후인 1977년 7월 7일(빌은 그날을 기념하여 7이 하나님의 완성을 의미한다는 뜻에서 77-7-7이라 썼다), 빌과 로즈메리는 다 찌그러진 시보레 차에 두 아이와 잡동사니 살림 도구와 어린아이 장난감과 셰퍼드까지 싣고, 기다리는 사람 하나 없는 낯선 목적지 뉴욕주로 떠났다.

빌의 호주머니에는 달랑 85불이 남아 있었다. 그들은 파밍톤(Farming-ton)이란 곳에서 발걸음을 멈추고 값싼 타운하우스를 찾아 짐을 풀었다. 그런데 놀랍게도 이미 하나님께서 예시했던 대로 높이 솟은 곡창이 맞은편에 우뚝 서 있었던 것이다

이로써 갈보리채플의 새로운 막이 또 하나 올랐다. 처음부터 쉬운 일은 없었다. 그 지방 사람들은 빌을 보고 거짓 예언자, 거짓 증인이란 낙인을 찍으려고 했다. 또 갖은 분파적인 조작 발언도 나오기 시작했다. 이러한 상황에서 빌의 전도 의욕은 여지없이 무너졌고, 이에 대한 고충은 말이 아니었다. 참다못한 빌은 나에게 전화를 걸곤 했다.

그때마다 나는 빌에게 계속해서 밭갈이를 하라고 타일렀다. 그러는 중

에 하나님은 빌에게 3년을 지탱하면 수확이 있을 것이라고 알려 주셨다. 그리고 스가랴 13장의 말씀대로 하나님 백성을 불로 연단하고 시험하는 구절을 상기시키셨다.

또한 빌은 생계를 위한 옛날의 목수 일도 더이상 못 하게 되었다. 발목의 힘줄이 파손되어 거동에 제한을 받았기 때문이다. 그런데 그때마다 누군가 빌과 로즈 메리의 집 현관에 음식을 갖다 주었는데, 이는 옛 선지자를 먹여 살린 까마귀의 선행과 같았다.

드디어 3년이 지났다. 활기를 띠기 시작한 빌의 성경 공부반은 비어 있던 철도국 창고를 빌려 그쪽으로 옮겼다. 150명을 수용할 수가 있는 크기로, 처음에 빌은 너무나 넓고 큰 곳이라서 엄두가 나지 않았었다고 한다. 그런데 이로부터 1년이 채 못 되는 1981년, 주일날 예배를 2부로 드려야 했다.

또 그다음 해에는 이 철도 창고를 늘려 250석을 준비했는데, 그래도 곧 3부로 나누어 예배를 봐야 했다. 주일 아침에 찾아드는 사람은 750명이 넘었다. 늘어나는 인파로 인한 교통의 혼잡이 문제되기 시작했는데, 끝내 5부로 예배를 봐야 할 때가 왔을 때는 부득이 예배 장소를 바꾸어야 했다.

빌은 인디안의 말로 선택된 곳이라는 카난대구아(Canandaigua)시에서 마땅한 건물 하나를 발견했다. 파밍톤시 경계선인 332번 도로변에 신축 스케이트장이 눈에 띄곤 했는데, 손님이 별로 없어 재정적으로 유지가 곤란해지자 문을 닫게 되었다. 그리하여 730평의 시설을 사게 되었는데, 한 푼의 에누리도 없이 현금으로 완불하였다고 한다.

이제, 여기서 수확의 기적이 나타났다. 1,000석을 마련하여 개조한 전신 스케이트장에서 예배를 보기 시작하자 3주 만에 주일예배를 3부로 늘려야만 했다. 그것이 1984년이다. 그리고 오늘날의 마라나타 집회는 계속해서 부흥 성장하고 있다. 그 외에도 빌은 근방에 있는 로체스타와 인접 지역에 4개의 지교회를 세울 수가 있었다.

교회에서 돌을 던지면 닿을 만한 가까운 거리에 하늘 높이 치솟은 곡창이, 오늘날 파밍턴시의 한 모퉁이를 장식하고 있다. 지난날 3명이 갖던 기도회에서 보여준 하나님의 미래에 대한 계시가 역사로써 이를 증명해 주고 있다.

하나님의 손길이 빌을 일깨우고 자극하며 어마어마한 결실을 이루게 해주신 것이다. 갈보리채플은 뉴욕주 안에서 실로 큰 수확을 거두었으며, 그 지역 전역에 걸쳐 제일 큰 교회로 알려져 있다. 빌은 이에 대해 진심으로 하나님께 감사하며 만족해하고 있다.

오직 하나님의 손길로서만 이루어질 수 있었던, 그의 부엌 바닥에서 맞이한 해방 이후에 빌은 참으로 멀고 먼 길을 헤치고 왔다. 그 먼 옛날, 어느 누가 감히 그러한 폐인이 오늘의 뉴욕주를 밝히는 횃불의 기수가 되리라고 예견할 수 있었으랴!

어느 대담한 몽상가라 할지라도 불가능할 것이라고 호언장담했던 그가 오늘날 한없이 몸을 낮추는 겸손과 무릇 고난을 밟고 서는 강건한 용기와 철저하게 균형 잡힌 인품의 표본이 되어 몰려드는 그 많은 군중 앞에서서 그리스도를 증거 하리라 상상도 못 할 일이었다.

죠 포쉬 (Joe Focht)
Calvary Chapel Philadelphia

Meditating Undercover

하나님의 뜻에 따라 필라델피아(Philadelphia)에 갈보리채플을 개척한 죠 포쉬(Joh Focht)는 원래 필라델피아 태생으로 60년대 후기에 미국 복싱 선수권 대회에 출전했던 복싱 선수였다. 선수권 획득을 눈앞에 두고 격전 중이던 185Cm의 건장한 죠 포쉬 선수는 그만 실족하여 척추뼈를 다치면서 복싱계를 떠나게 되었다. 또 하나의 실족은 중단한 대학생활이었다. 아버지를 기쁘게 한다고 들어갔던 대학생활은 흥미를 느끼지 못하고 스스로 자퇴해버렸다.

그래서 죠도 그 당시의 젊은이들과 마찬가지로 부모로부터 외면당하고 있었다. 척추를 다친 후에 할 수 없이 그는 부모 곁으로 돌아왔지만 사랑

없는 무의미한 나날에 마음 둘 곳을 찾지 못했다. 상처 때문에 나다닐 수도 없으니, 친구도 없이 하루하루가 감옥생활이나 다름없었다.

그후 죠는 척추 디스크의 치료 방법을 찾기 시작했다. 하타 요가법을 훈련했더니 좀 낫는 것 같기도 해서 그 당시 명성 있던 힌두도사 암리드 데사이(Amrith Desai)를 찾아가 새로운 요가를 시도해 보기도 했다. 그러면서 새로운 친구들도 만났다. 그들과 함께 LSD 환각제에 손을 대기 시작했고 명상도 배웠다. 그들과 함께 채식법도 배우며 로큰롤 밴드부에도 가담했다. 그러는 동안 두 해가 지나갔다.

갈수록 얼굴은 창백해지고 긴 머리에 눈은 초점을 잃어 그를 바라보던 어머니는 실망하여 울기만 했다. 그때 그와 마주 앉은 아버지는 반시간 동안 죠의 말을 듣고 있었는데, 죠가 시종 알아듣지 못할 말만 횡설수설하자 참다못해 자리를 떴다. 그 후부터 부자간의 간격은 점점 더 멀어졌다.

1971년 마하라지(Maharaji) 도사의 명성이 자자할 때, 죠도 그의 연설을 들으려고 뉴욕 시 대강당을 찾아간 일이 있었다. 집회가 끝난 후 제자 수련실 앞에서 줄을 서서 그의 명상의 비법을 전수받기 위해 이틀 동안 기다려야만 했다. 그것은 담요를 뒤집어쓰고 하는 명상법이었다.

1972년 어느 봄날, 마침내 죠는 명상에 빠져 있었다. 그때 그는 넓은 벌판에서 무엇에 쫓기듯이 달리고 있는 자신을 느꼈다. 그러다가 무엇인가 등 뒤를 세차게 내리누르는 것 같은 느낌을 받았다. 큰 날개를 가진 괴물이 뒤에서 덮치며 한사코 달려드는 것이었다. 흉악한 괴물임이 틀림없었다. 그는 있는 힘을 다해 도망치다가 넘어졌다. 마하라지 이름을 연거푸 부르며 살려 달라고 했지만 아무런 소용도 없었다. 그러다가 예수 이름이 떠올라서 "예수님!" 하고 소리를 지르니, 그때서야 그 괴물이 사라진 것이다. 이 일은 오늘날까지도 죠의 마음속에 깊이 새겨져 있다.

그리스도와의 만남

1972년 가을, 죠가 가담한 록밴드는 펜실베니아(Pennsylvania)주 안에 있는 어느 부유한 별장을 빌렸다. 이때 죠의 신비 세계 추구는 아주 깊이 빠져 있어 다시 돌이킬 수 없을 지경이었고, 죠와 그의 친구인 해리슨(Harrison)도 다른 밴드 부원들보다 한 달이나 앞서 별장에 찾아왔다. 이들은 충분한 양의 곡식과 야생 풀뿌리 그리고 약초를 갖고 와서 끓여 먹었다. 목욕은 차디찬 강물에서 했고 밤에는 새벽까지 명상을 했다. 머무는 별장 건물은 고전적이고 퇴폐적인 분위기였다.

이들은 마하라지의 가르침대로 그날 밤도 담요를 뒤집어쓰고 새벽까지 명상을 했다. 하루는 새벽 3시에 해리슨과 죠가 명상하다가 두 친구는 죠가 갖고 온 성경책 때문에 말다툼이 벌어졌다. 죠가 이따금 성경책을 펼쳐보는 것을 보아온 해리슨은 느닷없이 죠에게 성경은 우리가 좇고 있는 생활에 반대되고 해가 되니 버리라고 소리쳤다. 이에 죠는 버릴 필요까지는 없다며 성경을 펴서 해리슨 눈앞에 내밀었다. 그런데 펼쳐진 곳은 바로 고린도전서 11장이었다.

"무릇 남자로서 머리에 무엇을 쓰고 기도나 예언을 하지 말지어다"

두 사람은 펼쳐진 성경에서 이 구절을 보는 순간 아연실색했다. 무엇인가 심상치 않은 느낌으로 두 사람은 한참 동안 말을 못하고 서로의 얼굴만 쳐다보았다.

그때의 상황에 대해 죠는 다음과 같이 설명했다.

- 주님은 실제로 그 방으로 걸어 들어오셨다. 그것을 피부로 느낄 수가 있었다. 어떤 힘이나 영향력이 아니고 주님 인성(人性)의 실재에 대한 압도적인 감각, 바로 그것이었다. 그 순간 나는 하나님이 그리스도로 나타나셨음을 알았다. 해리슨도 무엇인가를 느끼는 듯했다. 나타나심이 하도 성스러워서 나는 머리를 감히 들 수가 없었다. 우리 둘은 그저 울기만 하였다. 그 순간 열반(涅槃)을 찾던 생각은 마음에서 사라졌다. 분명하게 예수는 살아계셨고, 하나님 안에 계시고 그분이 바로 하나님이셨다. 그분이 우리를 깨끗이 씻어 주셨다. 우리는 거룩하신 주님을 앞에 모시고 한없이 울며 밤을 새웠다.

우리가 찾던 일은 거기서 끝났고, 우리가 찾아가던 길도 거기서 끝났다. 내가 즐겨 쓰던 말이 있다.

- 네가 아는 것을 네가 알 때 너는 안다!

우리는 1972년 9월, 이른 새벽에 성령으로 인침을 받았다. 록밴드 부원이 다 도착하자 죠는 그들과 어울려 연습을 하고 나머지 시간엔 열심히 성경공부를 했다.

"형제들아 각각 부르심을 받은 그대로 하나님과 함께 거하라"(고전 7:24)

어느날 이 구절을 읽고 죠는 그 말씀이 자신에게 주신 말씀으로 깨닫고 밴드부와 더불어 3년을 더 지냈다. 그러나 1975년에 접어들면서 죠는 그들과 함께 하는 생활에서의 유혹이 그의 신앙생활에 계속 방해가 됨을 자각하고, 마약과 여자가 끊임없이 뒤따르는 그들 세계에서 과감히 털고 일어나 그들과 영영 작별하기로 결심했다.

크리스천 컬트(Cults)의 위선

죠는 밴드부에서 저질렀던 타락 행위에 대한 죄의식에서 벗어나기 위해 더욱 열성적으로 신앙생활로 전진했다. 그러나 그것은 오히려 영적으로 잘못 끌려들어 갈 위험성을 내포하고 있었다.

결국 죠는 곧 그 당시 우후죽순처럼 고개를 들기 시작했던 다양하고 무질서한 크리스천 컬트에 붙들리고 말았다. 서해안에 있는 지나치게 성령 충만을 강조하는 어느 교파에 가담한 한 젊은 여인이 죠에게 열렬하고 참된 신앙을 찾았다는 편지를 보내왔다.

그 교회는 '하나님의 자녀'(Children of God)라고, 자칭 참된 크리스천이라고 떠들썩하게 주장하던 이단교파였다. 그들은 '포도원(Vine House)그룹의 디토(Ditto), '7인의 사도'(Apostolic Seven)의 짐 존스(Jim Jones) 그리고 '세계로'(The Way International) 등이다.

이들 사이비 기독 단체들은 실로 한 사람도 올바른 믿음의 길로 인도하지를 못했다. 다만 여러 교단에서 겨우 믿음의 눈이 뜨이기 시작한 사람들을 감언이설로 꾀어내어 자기네 울타리 안에 가두어 넣는 데 불과했다.

이것은 바로 초신자들을 마귀들이 훔쳐 가려 한다고 말씀하신 예수님의 씨 뿌리는 비유의 좋은 본보기이다. 그 집단들이 내세우는 새로운 계시, 금욕과 금식 그리고 희생적인 삶의 태도 등은 초신자들을 미혹시켜, 그들이야말로 세상에서 가장 진지하고 참된 크리스천이라고 믿게 했다.

죠에게 편지를 쓴 여인은 짐 더킨(Jim Durkin)의 등대목장(Lighthouse Ranch)의 회원이었다. 결국 죠는 4년간을 남가주 서해안에 있는 짐 더킨의 목자 운동에 가담하여 소일했다. 더킨은 자칭 사도였다. 또한 더킨 교단의 추종자들은 한결같이 그의 가르침을 수동적으로 받아 살아야 하므로 어느 쉬운 문제 하나라도 자의로 결정할 수가 없을 만큼 꼭두각시가 되었다.

죠는 그 집단의 합숙소에서 기거하며 일을 하고, 그가 번 돈은 전부 그의 교단에 바쳤다. 다른 많은 컬트 집단들도 그러하듯이 그들은 지칠 때까지 노동하고 빈약한 음식을 먹으며 잠도 편히 못 자는 합숙 시설에서 고행을 감수해야 했다. 그들은 여행할 때나 인근 주민들을 위한 음악회를 갖거나 일터에서 노동할 때도, 항상 장로들의 절대적인 지시나 명령에 무조건 복종해야 했다.

1976년과 1977년 복음전도(Gospel Outreach)라는 명목의 부흥회가 있어서 죠가 샌디에고에 갔을 때, 급속히 성장하고 있던 마이크 매킨토쉬가 목회하는 '호라이즌 채플'(Horizon Fellowship)의 사역을 구경할 수 있었다. 그들의 사역을 본 죠는 왜 자기 교단은 30명에서 더 커질 줄을 모르는 것인가 의심하기 시작했다. 그리고 호라이즌 채플에 와 보니 가르침에서 얻어지는 영적 영양이 풍부하고 살아있는 설교 속에서 기쁨이 넘치고 있었다. 그러나 그 모든 것을 이해하는 데는 또 몇 년이 걸렸다.

죠는 캐시와 결혼하기 위해 장로들의 허가를 신청했다. 알고 보니 그때 장로들이 캐시를 딴 남자와 짝을 지어 놓았었는데 웬일인지 죠에게 승낙했다. 죠와 캐시는 오리건, 시애틀, 샌디에고 등지에서 그들 기독 문화단체와 더불어 2년을 더 보냈다. 갈수록 그들은 영적인 고갈 상태에 빠졌다. 영적으로 기쁨을 완전히 상실했을 뿐만 아니라 노상 병에 시달리고 있었다.

캐시는 여러 차례 피부암과 또 다른 질병과 싸우며 살아야 했다. 그런데 그토록 오랫동안의 아낌없는 희생에도 불구하고 이 컬트 집단은 캐시를 위해 아무런 도움도 주지 못했으며 또 바랄 수도 없었다. 죠의 실망은 말이 아니었다. 그들은 할 수 없이 빈털터리로 캐시의 부모가 사는 위티어 (Whitter, California)로 거처를 옮겼다. 이때가 1979년으로 죠는 도저히 살아갈 수 없는 패배자의 상태였다.

회복과 목회

죠와 캐시가 더킨 교단을 등지고 떠날 때, 죠는 실망과 피로, 냉소와 환멸 등, 생의 밑바닥에서 허덕이며 영적으로 만신창이가 되어 신음하고 있었다. 삶의 희망을 송두리째 빼앗긴 것 같았다. 지난날 밴드부를 떠났을 때 그 이상으로 치유와 요양의 시간이 필요했다.

죠와 캐시는 여기저기 갈보리채플을 찾아다녔다. 그러다가 캐시의 부모의 집을 떠나서 6개월간 샌디에고에 내려가 호라이즌채플에 계속 다녔다. 영적 추구와 목회를 위한 노력에서 얻은 것 없이 지칠 대로 지친 죠에게 하나님의 음성이 들려왔다.

- 나는 네가 목회 안에 있을 것이 아니라 목회가 네 안에 있기를 원한다.

1980년 죠는 처가가 있는 위티어로 다시 돌아왔는데, 목요일 저녁에 나의 가르침을 들으려고 코스타메사로 찾아왔다. 예배 후 나는 그를 나의 사무실로 불러, 그를 위한 기도를 했다. 목회를 위한 좋은 일들이 그의 앞에 마련되어 있음을 감지할 수 있었다.

이듬해인 1981년 그들은 필라델피아로 이사 갔다. 그리고 같은 해 11월로 접어들면서, 죠는 필라델피아 동부 지역에서 창고를 빌려 성경 공부를 인도하기 시작했다. 그런데 6개월이 지나면서 100여 명이 모여들었다.

1984년 11월 죠의 필라델피아 갈보리채플은 오늘날의 지금의 자리로 옮겼는데, 그 시설은 원래 대형 체육관이었는데 지금은 1,000명이 앉을 수 있는 교회 건물로써 주일이면 4부로 예배를 보고 있다. 죠는 또 주 5일을 라디오 복음방송에 할애하고 있다.

빌 갈라틴과 마찬가지로, 그도 사례를 일체 요구하지 않으며 목회를 위한 광고도 일체 하지 않는다. 사실 빌과 죠는 봉급을 요구한 일이 전혀 없었다. 장로들이 최소 생활비를 쥐어 주었다고 한다. 이상히 여긴 한 교인이 죠에게 이렇게 얘기한 적이 있다.

- 그래서 나는 당신을 좋아합니다. 다른 목사님들처럼 당신은 돈을 찾아 목사가 된 분은 아니더군요!

죠가 동부 해안지역에서 자리를 잡고 성장하는 데는 시일이 좀 더 많이 걸리는 것 같다고 생각했다. 그러나 한 사람씩 믿음이 깊이 심어질 때, 그가 사는 구역으로 뚫고 들어갈 수가 있었다. 서부 해안과는 달리 필라델피아는 200년의 역사를 가진 이탈리아와 독일계 이웃들이 자리 잡고 있었다.

그 주민들은 세상 물정에 밝고 솔직하며 캘리포니아 쪽에서 들어온 것이라면 무조건 조심스러워하는 버릇이 있었다. 그러니 우리가 순수하다는 것을 증명하기에는 시간이 필요했고 인내와 노력이 필요했다.

죠의 입장은 오리건주의 존 콜슨의 경우와는 판이하였다. 이것은 일의 성취에는 정해진 공식이 없다는 것을 깨닫는 흥미로운 현상이다. 그러나 하나님이 개입하여 인도하실 때에 전혀 다른 입장의 두 교회는 정해진 공동 목표를 향하여 혁신적인 접근으로 문제를 타개해 나갈 수가 있었다.

죠 포쉬와 빌 갈라틴은 지금도 그들 두 교회 교인들의 이스라엘 합동 여행을 꾀하여 친목을 도모하고 있다. 또 여행 도중에 서로 교대하여 가르치며, 서로의 새로운 비전들을 개발하게 한다. 이들은 1981년 내가 갈보리채플 목사들을 위한 이스라엘 선교여행을 인솔할 때 룸메이트가 되었는데, 그때부터 서로 친해졌다.

죠 포쉬와 빌 갈라틴은 만나기만 하면 각자의 특이한 배경 담을 나누며 웃고, 또 하나님이 그들의 삶을 이끌어 주신 기적에 감사하고 기뻐했다. 그리고 캘리포니아에서 목사 사모 친목회가 있었는데, 어쩌다 이 두 친구의 부인들도 룸메이트가 되어 곧 친구가 되었다. 그러니까 이 두 교회가 서로 친구 교회로 지냄도 무리가 아니었다.

빌과 죠의 이야기는 하나님이 우리의 삶에 가담할 때는 우리의 간섭, 의심, 반항 또는 조작 등 여하한 경우에도 불구하고 그저 놀라운 열매로 완성시켜 하나님의 완전하심을 보여준다는 것이다. 하나님이 보시고 이루시는 일은 우리의 가능성에 대한 야망이나 포부보다 항상 크고 이를 초월한다.

어떤 사람들은 갈보리채플은 무엇이든지 가능한 캘리포니아였기 때문에 성공적인 목회를 할 수 있었지, 사정이 다른 동부 지역은 그럴 수가 없었을 것이라고 여길지도 모른다. 그들은 캘리포니아에서 이루어지는 하나님이 주시는 원칙이 다른 지역에서도 성공적일 수가 있을까에 대해 의심도 했을 것이다. 그러나 우리는 분명히 이들 원칙이 어디서 적용되었건 간에 하나님이 축복해 주셨음을 목격해 왔다.

사람에 따라 문화적인 배경은 다를지라도 진리와 하나님을 찾는 공통된 갈증은 다를 바가 없는 것이다. 우리 갈보리채플의 젊은 청년들은 그토록 갈증으로 허덕이는 세상에 넘쳐흐르는 생명수를 가져다주기 위해 어제도 오늘도 열심히 배워왔고 또 배우고 있어야 한다. 그리고 사람들은 똑같은 결과가 어디에서나 이루어지고 있음을 보아왔다.

마이크 매킨토쉬 (Mike Macintosh)
Horizon Christian Fellowship

Neither Dead Nor Alive

- 내 머리의 일부가 없어진 것 같았다. 거울을 보니 내 얼굴의 반쪽이 안 보이
곤 했다. 45구경 권총 탄환이 아슬아슬하게 내 머리를 스쳐 지나갔을 때, 내
두뇌는 이미 깨져 날아갔다고 생각하며 2년간을 살아왔다. 오늘날 내가 살아
있을 수 있는 것은 어떤 기괴한 운명의 장난으로밖에 생각되지 않는다. 참으
로 놀라운 일이다. 세상에서 내가 무엇을 어떻게 할 수 있었던가? 나는 생사
가 분명치 않은 회색의 그늘 세계에서 살아온 것이다. 현대 과학이 설명을 못
하는 어떤 의식의 한 차원 안에 붙들려 있었던 것이다.

하와이의 한 호화로운 호텔의 조명등 불빛 아래, 연단에 선 강사의 이
마에는 땀방울이 맺혀 있었다. 햇볕에 그을리고 건장하게 보이는 이 연

사는 남달리 풍부한 유머와 더불어 얼굴에는 희색이 만면한 30대 후반의 씩씩한 모습이었는데, 이를 지켜보는 청중들 앞에서 이 주인공은 몸과 마음가짐이 정상적이고 단정했을 뿐만 아니라 모여든 3,000명의 청중 가운데 누구 못지않게 오늘날 삶에 성공한 산 표본임을 역력히 보여 주었다.

그 강사는 바로 다른 사람이 아닌 마이크 매킨토쉬였으며, 절망의 구렁텅이에서 빠져나온 자신의 역경을 되새겨 주고 있었다. 60년대에 그는 극단적인 소수 마약 중독자들만이 체험할 수 있었던 어떤 지옥세계를 헤매고 있었는데, 한번 빠진 이 지옥에서 빠져나오기까지가 너무 힘들었다고 한다.

마침내 그토록 거칠고 무모한 지옥 밑바닥으로 곤두박질친 끝에 간신히 기어 나온 그는 결국 오렌지카운티 의료센터의 응급실 신세를 지고 말았다. 이렇게 얼마간의 치료 후에 퇴원하고도 그는 2년간 외래 환자로서 계속 해독치료를 받아야만 했다. 그 후에도 그의 삶은 그 어떤 희망의 실마리도 찾아볼 수가 없었다고 한다.

50년대는 우주정복의 첫발인 달 탐색 같은 꿈이 아득히 먼 미래에나 있을 환상으로 여기던 때였고 역사가들이 돌아서서 미국의 마지막 새 개척지들을 지적하던 때다. 60년대의 미국은 아직도 미개척지가 풍부한 여유 있는 땅이 있음을 보여주던 때다.

그들은 원시림의 계곡이며 아직 문명 세계의 잡음과 오염을 모른 채, 대자연의 침묵을 일깨우며 흐르는 수정같이 맑은 수많은 강물과 호수들을 찾아냈다. 하루하루의 삶이 숨결처럼 새롭게 전개되던 때가 있었다.

50년대에 미국인들이 즐기던 낭만과 모험은 이제 낡은 역사 속의 이야기와 영화 속의 한 장면일 뿐이다. 이제 와서 가버린 먼 과거를 낭만시하는 것은 쉬운 일이다. 설혹 기쁨과 재난이 엇갈릴지라도 새것의 양상이 낭만적이던 때가 있었다. 미국은 그때 참으로 안정되어 있었고, 탐험의 여지를 찾아 한결같이 쉴 줄을 몰랐다. 그러나 탐험에는 한도가 있었다.

60년대에 접어들면서 불안의 연속은 실제로 나타났다. 밥 딜런(Bob Dylan), 프랭크 자파(Frank Zappa) 같은 사람들은 구세대를 향하여 저속한 세계의 '하찮은 군상들'이라 칭하고, 이 군상들은 이제 다가오는 인식의 혁명, 신앙과 도덕의 무질서 속에서 멸할 것이라고 선언했는데, 그것은 바로 정신을 뒤집는 마약천하였다.

이와 같은 60년대의 사회적인 혁명은 미국의 면모를 바꾸어 놓았다. 젊은이들 속에서 새로운 것을 향한 모험의 비전은 먼 지평선 위에 떠 있었는데, 이를 얻기 위해서는 그 모든 삶을 내동댕이쳐야 하는 커다란 값을 치러야만 했다.

환각혁명이 발생한 지 20년이 지난 오늘날, 버클리 시내의 공원을 지나가노라면 재미있는 광경이 눈에 뜨였다. 공원을 휩쓸고 다니던 교도사들은 잠잠해졌고 이제는 공원 안은 여기저기에 꿇어앉아 중얼중얼, 실룩거리는 군상들이 자리를 차지하고 있었다. 이들이 바로 60년대의 주인공들로서 거리의 노숙자가 되어 행세하고 있었다.

그 시대 새로 등장한 칼 버클리(Cal Berkeley)의 여피족(Yuppy_40,50년대의 젊은 엘리트층)들은 출세 지향적이었다. 그들은 미국 국기를 불태우고 학교 중퇴를 일삼던 앞선 환각 선구자 그룹 곧 히피들을 경멸하였다. 여피족들은 더 높은 진리 탐구를 외면한 채 그들 자신의 출세 기반을 닦기에만 급급했다. 그들도 환각제에 손을 댔지만, 이는 순전히 쾌락을 위한 것으로 주로 코카인을 좋아했다.

이제 히피족들의 전성기는 지나갔다고 하지만, 도가 넘었던 그들의 악습들은 지금 사회로 역습해 오고 있다. 그들의 대부분이 오늘날 사회보장 혜택을 받아야만 살 수 있게끔 되어 있는데, 그들이 밀어내고 파괴하려 했던 사회의 도움을 이제는 받지 않을 수가 없게 된 것이다.

결국 그들은 사회의 짐이 되고 말았다. 그들이 캘리포니아의 맑은 태양 아래서 젊은 피부를 그을리며 웃고 마약에 취해 날뛰던 그 전성기에, 오늘날 그들이 당면할 참상을 그림으로 또는 영화로 보여줄 수가 있었다면 그들은 놀라서 비명을 지르며 갖가지 마약들을 태평양에 던지고 새로운 인생을 꿈꾸었을 것이다.

물론 그들 중 몇 명은 그렇게 실천했다. 그들은 좇고 있던 그 길의 밑바닥에서 다행히도 지옥의 그림자를 보고 뒤돌아설 수가 있었다. 마이크 매킨토쉬가 바로 그들 중의 하나이며, 그는 간신히 그 지옥의 손아귀에서 벗어날 수가 있었다.

마우이(Maui, Hawaii)의 대강당에 선 그는 언제나처럼 과거 자기 자신에 관한 기괴하고 어리석고 우스꽝스러운 고통의 이야기들을 거침없이 쏟아 내었다.

- 나는 야카 밸리(Yucca Valley)에서 환각제에 취한 채 새벽 4시에 'T.M'(Transcendental Meditation/초월명상) 주문을 외고 있었다. 저 밑으로

흰 원형 지붕의 건물이 보였는데 한 친구가 말하기를, 그것은 전자파를 발산하는 우주선으로 나를 옛날로 데리고 갈 수 있는 것이라고 말했다. 언덕을 좀 돌아가 멀지 않은 곳에는 작은 비행장이 있었는데 곧 비행접시가 도착할 시간이 되었다고 했다.

그 당시 마이크가 비행접시를 타고 싶어 했던 마음은 이해할 만하다. 1969년 그의 세상살이는 별로 바랄 것이 없었다. 24세 때 그의 결혼생활은 수습할 수 없을 지경까지 이르렀다. 그의 아내는 아이들을 데리고 집을 나가버렸다. 또 그가 이웃 친지에게 진 빚은 수천 불에 달했고 직장은 해고 직전에 있었다.

지옥의 사자

마이크 매킨토쉬는 LSD를 비롯하여 마약이란 마약은 손을 대지 않은 것이 없었고 날이 갈수록 그의 생각은 계속 비뚤어져 갔다. 그는 론과 같은 사기꾼이 제창하는 비행접시 행사를 좇을 준비가 되어 있고도 남았다.

그는 멀리서 마약 장사를 하며 자칭 메시아라고 부르는 론(Ron)이란 괴물을 찾아왔다. 론은 요가와 사탄 숭배를 일삼는 자였다. 론은 계곡 낭떠러지 위에 불안하게 세워져 있는 단층 오두막집에서 살고 있었다. 여기서 론에 관하여 한 가지 말할 수 있는 일은 그가 실증을 모르는 자였고 예측 불허의 사람이었다는 점이다.

대부분의 정신병자들이 그러하듯이, 론에게 영적지도를 받으려고 찾아온 자들에 대한 책임감을 그에게서는 전혀 찾아볼 수가 없었다. 만약 연약하고 순진하며 믿음직한 제자가 나타난다면 그는 론과 같은 사람의 손 아귀에서 헤어날 수 없었다.

마이크가 무저갱 지옥으로 끌려 들어가던 과거를 진술할 때, 강당 안에 운집한 수많은 청중의 흉금을 울렸다.

- 어느 날 저녁, 친구가 나에게 쥐약인 스트리크닌으로 보강된 LSD를 입에 털 어 넣고는 론에게 끌고 갔다. 나의 말소리와 시력은 거의 흐릿해지고 마음은 시시각각으로 공포에 사로잡히기 시작했다. 나중에 알게 되었지만 내 앞에 펼쳐진 모든 일은 그들의 모의였다. 론은 그의 추종자들이 보는 앞에서 45구 경 권총에 총알을 장전한 상태였다. 그 순간 나는 론이 나를 잡으려고 하는 ' 마피아'단의 하수인으로 보였다.

상대의 공포심은 다른 상대방에게 용기가 된다. 이는 모든 비술단체들 이 공통적으로 사용하는 악의 원동력이기도 하다. 론은 마이크의 겁에 질린 모습을 보고는 더욱 용기를 내어 가학행위를 벌렸다. 나는 겁에 질 려 마구 소리 질렀다.

- 론, 살려줘요. 난 약을 과용했어.

그러자 론이 눈을 희번덕이면서 권총 탄창에 총알을 하나 더 장전하며 대꾸했다.

- 넌 괜찮아. 문제없어.

마이크는 그때 자신에게 일어났던 일을 다음과 같이 증거했다.

- 론이 신호를 하자 모두들 합세하여 나를 붙잡는 것 같았다. 그들은 나의 구두와 양말 그리고 셔츠를 벗겼다. 그리고 나서 두 팔을 뒤로 세차게 당기더니 손목을 묶었다. 그리고는 검은 자루를 머리에 뒤집어씌우고 내던지듯이 내 몸을 두어 번 굴렸다. 나는 이제 끝장임을 알았다. 죽음을 앞두고 소리를 질렀더니 그들은 수건으로 내 입을 막아버렸다.

- 그때 나는 영적인 형상들이 둥둥 떠서 지나가는 것 같기에, 당신은 하나님인가 아니면 하나님을 아는가 소리 지르며 도와달라고 하는 것 같았다. 그 형상들의 행렬 중에는 나에게서 134불을 주면 하나님에게로 나를 데려다줄 수 있다던 힌두교 교사 마하리쉬(Maharishi)도 끼어 있었다.

- 지옥 문턱에 서 있는 그 사도들은 일을 거기서 멈추지 않고 끝장을 내고야 말 작정이었다. 손발이 묶이고 머리는 자루로 쓰인 채, 입에 물린 수건 때문에 숨도 제대로 못 쉬고 있는 순간, 내 발로 찾아온 지옥의 문턱에 서서 나무 마룻바닥에 닿아 있는 내 이마를 조아리며 기도했다. 그리고 조금 후에 권총 총구는 나의 뒤통수에 닿았고 세차게 눌렸다.

- 그 순간 나는 온 천지가 뒤집히는 폭발 소리를 들었다. 45구경 권총이 내 머리 한 치 밖에서 터질 때 그 소리는 참으로 요란했으며, 그것이 환각제 마약의 힘이 뒷받침되었으므로 인해 한층 더 놀라웠다.

- 이제 내 머리는 날아가 없어진 것만 같았다. 이미 산산조각이 나서 공중에 떠 있는 것 같았다. 사실, 그것은 공포탄이 아니면 벽을 향해 쏜 것임이 틀림없었을 테지만 마약 기운 때문에 그 일은 실제적으로 느껴졌다. 그런데 문제는, 내 머리가 터지고 뇌가 날아갔다는 인식이 2년 이상이나 내 의식을 지배해 왔다는 데 있었다.

마이크는 이 사건 후 일주일 만에 라구나 비치 경찰서를 찾아가서 비틀즈(Beatles_영국의 4인조 록그룹. 1962~1970)와 함께 생활했노라 하며 도움을 청하려고 했다. 사실 그는 이러한 생각을 1년 전부터 하고 있었다.

- 그날 오후 내 영은 스스로에게 태평양 바닷물에서 침례를 받고 해변가 고속도로를 따라 내려가면서, 갖고 있던 록음악 LP판을 다 돌려주라고 했다. 그리고 경찰서를 찾아간 나는 접수계 여순경에게 "아가씨! 나는 비틀즈 일원인데, 그들은 지금 시내 노란 잠수함 안에서 예수 그리스도의 부활 장면을 나체 춤을 추며 재현하고 있어요'라고 말했다.

물론 마이크의 이런 간증은 듣는 사람 모두가 웃음을 터뜨리게 했다. 극장 무대에서 희극 배우의 가면 뒤에 감추어진 슬픔처럼, 이러한 웃음 뒤에는 말 못 할 비극이 숨어 있었다. 정신 이상이란, 일종의 지옥과 다름없다. 그래서 그것은 외롭고 두려운 일이다. 또 세상과의 격리를 뜻하기도 한다. 처음은 사람으로부터, 그다음은 현실에서 철저하게 소외된다.

『마이크의 사랑을 위하여』(한국어판_호라이즌채플이야기)의 저자 셔우드 워트(Shirwood Wirt)는 마이크가 경찰에게 진술했을 때의 감격적이고 비통에 찬 순간을 다음과 같이 기록하였다.

- 남가주의 2월. 그날은 참으로 아름다웠다. 흉내지빠귀(Mockingbird)는 목청을 다하여 지저귀고 배나무 꽃은 만발해 있었다. 그러나 마이크 매킨토쉬의 삶은 아름다움을 잃고 있었다. 그는 삶이 밑바닥에 와 있음을 알고 있었다. 선천적으로 온순하면서도 개구쟁이 기질에 장난꾸러기인 그의 처신이 그를 실족시킨 것이었다.
- 마이크는 눈물이 많은 사람이 아니었다. 그러나 자기 형 데이비드가 전신주를 들이받아 사망했을 때, 고등학교 자매와의 사랑이 깨졌을 때, 그리고 아내 샌드라(Sandra)가 어린 딸 멜린다를 데리고 집을 나가버렸을 때 그는 견딜 수 없는 슬픔에 빠져 펑펑 울어댔다. 그런데 이번 일요일 아침에 한 번 더 울어야 할 일이 일어났다. 그것은 낯선 괴물들과 함께 정신병원 감옥에 꼼짝없이 묶

여서 굳게 닫힌 문을 열고 빠져나갈 수 있는 길이 영영 안 보였기 때문이었다.

그런데 오늘 과거에 정신병원 환자였던 그 사람이 많은 청중들 앞에서 자신의 슬픈 과거를 솔직하고 꾸밈없이 담담하게 말하고 있으며, 또 오늘날 샌디에고에서 제일 큰 "호라이즌 크리스천 펠로우십"(Horizon Christian Fellowship)의 목사가 된 것이다.

이 교회는 얼마 안되어 5,000명으로 늘어났고, 마이크는 매우 훌륭한 설교자였다. 그는 국내 텔레비전 방송 전도를 시작하며, 애너하임에서 개최되는 빌리 그래함 전도대회 때 자신의 신앙고백을 하였다.

정신병원에 감금되었던 정신병자요, 히피출신이 이만하면 참으로 크게 성공한 셈이다. 이 내용은 분명한 역사적 사실이다. 마이크는 온전한 크리스천으로 변화되었고, 오늘날 그는 세계적인 영적인 지도자가 되었다.

솔직히 말해서, 이러한 기적을 볼 때 나는 그저 경탄을 금치 못할 따름이다. 나는 우리 갈보리채플에서 어느 날 저녁, 마이크가 드디어 자리에서 일어나 그리스도에게 헌신하기로 작정하던 일을 아직도 생생하게 기억하고 있다.

1970년 4월, 그 당시 마이크는 우리 교회가 맨발과 긴 머리의 히피들을 환영하고 있다는 사실을 알고 몰려 들어왔던 수많은 히피족의 일원이었다. 이미 그는 그리스도 안에 있는 사랑, 그 품을 찾아온 자들 속에 있었다.

그러나 그 당시 나는 마이크와 대화를 나누었을 때, 솔직한 말로 그가 참으로 정상으로 돌아올 수 있을까에 대해 의심했었다. 왜냐하면 60년 대에서 70년대 초에 걸친 소란기에 마이크와 같은 헤아릴 수 없는 많은 젊은 히피들이 우리 교회를 찾아왔었는데, 그들 대부분이 나름대로 영적 영역 추구에 너무 깊이 빠져 있어 끝까지 헤어나지 못한 자가 태반이 었기 때문이다.

대체로 그들은 환각을 통하여 그 세계를 믿으려고 했다. 그들이 생각한 지상명령이란 누구나 다 환각제로 인한 황홀경에 동시에 들어감으로써, 바로 지상 천국인 사랑과 평화의 세계를 이룩한다는 것이었다.

우드스톡(Woodstock) 록 페스티벌은 운집한 군중들을 환각제로 동시에 들게 한 다음 귀청을 째는 록 음악에 발맞추어 머리와 몸을 뒤흔들며 춤을 출 때 '유토피아'(Utopia)를 찾을 수 있다는 것을 증명해 보이려고 시도했다. 그들 중 몇 명은 틀림없이 나름대로 즐거움을 맛보았을 것이다.

그러나 그럴 때마다 뒤따르는 마약의 과용, 광적인 성적 행위, 강간, 싸움질 그리고 도둑질 등으로 그들이 뜻한 바의 완전한 화목과 형제애의 아름다운 그림은 여지없이 짓밟히고 말았다. 그들의 광란은 끼니마저 잊어버린 연 3일간의 광기의 무대였다.

뉴욕 북부지역의 우거진 삼림으로 인하여 유구한 세월을 조용히 지켜왔던 그 아름다운 녹지대는 '유토피아'(Utopia) 군중들의 쑥밭이 되었고 산적한 온갖 쓰레기가 바람에 날리고 있었다. 이를 씻어 버리기라도 하듯이 쏟아진 비로 천지를 진동하던 록밴드와 그 자취는 사라졌지만, 비가 그친 후 맑은 햇살 아래서 그들이 남기고 간 상처는 처절하였다. 산더

미같이 쌓인 너저분한 쓰레기더미는 바람처럼 사라져버린 그들의 모습을 말해 주는 것만 같았다.

몇 달이 지나지 않아서 또 하나의 유토피아를 경험하고자 하는 일이 태동하고 있었다. 롤링 스톤스(Rolling stones)라는 밴드가 캘리포니아의 알타몬트(Altamont)에서 대대적인 공연을 열었을 때다. 이 행사는 수천 군중들에게 무서운 악몽을 가져다주었다. 그곳에서 큰 아수라장이 벌어진 것이다. 여기서는 걷잡을 수 없는 폭력행위와 강간과 난투극이 일어났는데 결국 살인까지 일어난 것이다.

"지옥의 사자"(Hill's Angels)들이 보안을 담당했는데, 이들 중 한 사람을 칼로 찌르는 바람에 대혼란이 일어난 것이다. 이 참극은 믹 재거(Mick Jagger)가 "Sympathy for the Devil"(마귀를 향한 동정)을 노래하고 있을 때 발생하였다.

이 "지옥의 사자"들은 무대 위로 함부로 뛰어 올라가려고 하는 광적인 팬들에게 겁을 주는 한 본보기로써 뛰어오르는 말썽쟁이 하나를 찔렀는데, 사실 그 어처구니 없이 죽은 청년은 그가 춤을 출 때 호주머니 안에서 거치적거리는 잭나이프를 꺼냈는데 밴드 경호인들은 그가 사고를 치려는 줄로 착각하고 칼로 대응한 것이다. 이 살인 사건으로 알타몬트 공연의 막이 내리고, 형제애를 추구한다고 하는 히피들의 신세대 건설의 꿈은 산산조각이 나고 말았다.

사실 그들은 루소(Rousseau)의 '순수'와 '고상한 야성'(Noble Savage)이란 이상철학을 제창하고 나왔는데, 이것은 인간이 문명에 오염되기 전에는 본래 선하고 순박했다는 얘기였다. 그러나 마약에 붙들린 사람들이 자신들 속에서 찾은 것은 바로 처절한 괴벽성, 잔인성, 몰인정과 이기주의와 같은 것뿐이었으며, 이러한 사실은 히피시대의 종말을 증명해 주었다.

새 출발

알타몬트의 사건 이후 환멸과 실의에 찬 많은 마약 세계의 희생자들이 우리 갈보리채플 문턱을 찾아왔다. 그때 우리는 전혀 믿어지지 않는 얘기들을 들었다. 이들 중 대부분이 너무나 강한 마약을 여러 가지로 과용했기 때문에, 이미 파괴된 정신 상태를 정상으로 회복할 수 없다는 것이다. 그들은 괴이한 환상세계로 너무 깊이 끌려 들어갔기 때문에 현실로 돌아오는 길을 영영 잃어버리고 만 것이다. 새로운 환각 세계를 찾기 위해 그들이 경험하지 않은 마약이 없었다.

사실 우리는 마이크가 자신이 빠졌던 환상세계들에서 회복하는 처음 6개월 동안, 그는 정말 가망 없을 것이라고 걱정했었다. 그러나 우리생각과 달리 그는 아주 조금씩 회복되고 있었다. 하나님께서 오랫동안 지옥의 벌레에게 파먹힌 커다란 상처를 치료하시기 시작한 것이다.

그후 우리는 예수님을 맞이한 지 얼마 안 되어 이집저집으로 전전하며 떠돌이 생활을 하던 26세의 마이크는 우리 교회에서 마련한 집으로 옮겨와 살게 했다. 정처 없고 의지할 데 없는 초신자들에게 '우리 집'이라고 부를 수 있는 분위기를 조성하여 사랑으로 맞이할 수 있도록 마련한 이 집이 그들에게는 적지 않은 안식처가 되었다. 하나님의 따뜻한 손길을 따라 우리는 최선을 다하여 그들의 필요에 응하도록 했다.

마약에 얽매여 살던 젊은이들이 예수님 안에서 자유를 얻었다. 그들은 사랑, 곧 참 사랑이신 그리스도의 사랑 안에서 함께 역사했다. 새로운 결심을 고수해야 할 책임감을 자각하며 열심히 일하고 인격을 완성해 나갔다. 이것은 바로 도덕적인 절제와 극기를 의미한다.

그들이 그동안 무모한 자포자기로 허송세월을 했다면, 이제는 구습을 타파하고 극복해야만 했다. 그리고 그때부터 순진한 웃음이 다시 돌아오기 시작했다. 그들이 살고 있던 집의 면모도 바뀌고 있었는데, 이는 그들 자신의 내면생활의 변화를 반영해 주었다.

눈만 뜨면 모두 낡은 데는 긁어내어 새로 페인트칠을 하는 등의 집수리를 했다. 더러는 나가서 일자리를 구해 돈을 벌어 와서 집수리를 위한 자금에 보태기도 했다. 이제 그들은 빚을 갚으며 어른답게 책임을 다하는 일을 배우고 있었다.

이러한 급진적인 변화 뒤에는 틀림없이 하나님의 보살피는 힘이 있었다. '교회의 집' 식구들은 열심히 기도하고, 차차 남을 위한 희생적인 봉사의 손길을 내밀어 일하려고 했으며 성경을 열심히 공부하여 구세주를 배웠다. 이 같은 현상은 무엇이든지 언제라도 하고 싶은 일을 제멋대로 할 수 있었던 안일한 쾌락주의에 빠져서 자라온 젊은이들에게는 쉬운 일이 아니었다. 그 누구도 이를 단순히 도피주의로 단정할 수는 없는 일이었다.

마이크 매킨토쉬는 마치 온실 안의 식물처럼 빨리 자랐다. 그는 이 교회의 집에서 성경 공부와 예배를 인도하는 일로부터 여러 가지 책임 있는 일을 떠맡음으로써, 장차 교회를 인도하고 가르칠 수 있는 탁월한 솜씨를 보여주었다. 그러나 아직도 지난날의 실수로 인한 마이크의 상처들은 쉽게 아물지를 않았다. 그때 마이크의 아내였던 샌디(Sandy)가 돌아온 것이다.

사실은 마이크는 그녀를 처음 만났을 때, 갖가지 거짓과 감언이설로 차례로 꾸며대며 특출한 남성의 매력과 조작된 인격으로 그녀에게 접근하여 마음을 사로잡았다. 고교 중퇴자였던 그는 의젓한 여대생이던 그녀에게 그럴듯한 책이나 시구들을 몇 개 외워서 인용함으로써 자기의 지적인 이미지를 내세우는 데 성공했다. 그리고 그는 오리건 대학교(University of Oregon)에 재학 중인 의대생으로 행세했다. 시간이 바뀔 때마다 이야기 주제도 바뀌곤 했다.

마이크를 만난 지 3주가 못되어, 샌디는 그를 따라 라스베가스로 가서 결혼식을 올렸다. 그 결혼식은 12불이 드는 시민 예식장에서 청바지에 맨발로 서약을 한 다음 입맞춤으로 끝을 맺었다. 그러나 마이크가 샌디에게 주입시켰던 화려한 겉모습은 오래가지 않아 벗겨졌다.

샌디는 드디어 마이크의 모순된 삶의 밑바닥을 들여다본 것이다. 무책임한 마이크가 바닷가로 나가 서핑과 마약에 여념이 없을 때, 예쁘고 가정적인 샌디는 어린 딸과 함께 먹고살기 위해 대학을 포기하고 일자리를 찾아야만 했다. 그녀에겐 너무나 버거운 일이었다. 생활이 제대로 이루어지지 않았다. 그러다가 두 번째 임신이 되면서 생각다 못해 동부에서 호화롭게 생활하고 있는 부모에게 돌아가고 말았다.

환경적으로 모진 매와 방망이로 장래의 약속과 꿈이 사정없이 멍든 한 젊은이, 마이크가 어렸을 때의 오리건에서 자라던 처지와 삶의 경로를 안다면, 그를 좀 이해할 수도 있을 것이다.

맑고 순진하던 어린 시절의 마이크는 학교에서 전 과목 A를 받는 수재였다. 전국 학교 대항 야구선수로서 이름을 날린 때도 있었다. 그는 어릴 때 보이스카우트 활동에서도 뛰어났고 많은 친구들의 인기를 모았고, 고교 초급학년 때는 올해의 우수학생으로 선정되기도 했다.

그 당시 마이크는 모든 사람들이 칭송했다. 그러면서도 마이크는 지극히 예민하고 감수성이 많아 상처받기 쉬운 천성을 갖고 있었다. 자라면서는 생활이 차차 어려워져 벅찬 역경에 부딪힐 때도 많았지만, 그때마다 밝은 면만을 생각하며 이겨낼 수 있었다. 연속적으로 파산 지경에 이르러 가정생활에서 오는 굶주림과 빈곤 그리고 불안정한 여러 해를 지나면서도 그의 의지력은 조금도 꺾이지 않았다.

그러나 세상은 마이크를 결국 굴복시키고 말았다. 그에게 주어진 불운의 몫은 타인보다 너무 불공평하였다. 그가 소중히 여기던 삶의 가치와 의의는 하나하나 떨어져 나가고 빼앗겨 끝내 의지할 것이 하나도 없게 되었다.

마이크에게는 얼굴도 기억이 없는 알코올 중독자인 아버지가 있었다고 한다. 후일 마이크가 매일매일 그리워하고 소망하던 아버지란 사람이 나타난 것은 그의 어머니의 세 번째 남편이었다. 그러나 새 아버지는 정들 사이도 없이 집을 나가 돌아오지 않았다. 이는 마이크에게 커다란 충격이었다. 그러나 마이크가 참지 못할 더 큰 충격은 그에게 항상 기둥이 되고 영웅과 같았던 형이 차 사고로 죽었을 때였다.

세상의 그 무엇이든지 다 이겨낼 수가 있었던 마이크라도 그 슬픔만은 이겨낼 수가 없었다. 마이크는 그 슬픔을 떨치기 위해 뼈에 사무치는 몸부림을 쳤다. 갑자기 마이크의 삶은 쓰디쓴 고통의 세계로 변하고 말았다. 그 고통의 세계는 꿈에서 보는 허상이 아니라 실제였다.

마이크는 고교를 중퇴하고 당분간 군에 입대했다가 제대해서, 자기 나름대로 고독한 삶의 행로를 더듬어갔다. 샌디를 만났을 때 그는 이미 해변의 능수능란한 건달이 되어 있었다. 그는 누구라도 속여 자기가 원하는 대로 할 수 있는 사기꾼이 되어 있었다. 마이크는 미래에 대한 소망도 없이 그날그날의 쾌락에 만족하게 된 것이었다.

샌디가 그 지역에 다시 돌아온 것은 중도에 그만두었던 대학 과정을 마치려고 온 것이다. 샌디는 마이크가 다시는 자신의 삶을 망치지 못하도록 단단히 각오하고 있었다. 그러나 마이크는 아버지로서 애들을 만나볼 수 있는 권리를 갖고 있었다. 더구나 그는 이미 성실한 크리스천이 되어 있었고, 샌디도 그가 변한 것을 느끼지 못한 것은 아니었다. 그럼에도 불구하고 예전의 그 악몽을 아직도 잊지 못한 샌디는 좀처럼 그를 믿으려 하지 않았다.

세상이 무너져도 마이크만은 믿지 못하겠다는 태도였다. 그가 어떻게 변하였던지 샌디는 어떤 일이 있어도 마이크는 믿지 않기로 다짐하였다. 그녀에게 마이크는 항상 비판적인 사람이었다. 그러나 그를 볼 때마다 그의 변화가 사실임을 느낄 수 있었다.

그 생각은 마음속으로부터 우러나오는 진실이었다. 드디어 샌디는 마이크의 간섭없이 갈보리채플에서 개최하는 해변의 축제에 찾아갔다. 해변 모래사장을 메운 크리스천들의 눈에서 샌디는 마이크의 눈에서 본 것과 같은 영혼의 사랑을 감지할 수 있었다. 감격스러운 축제가 끝날 무렵, 그리스도 영접을 위한 초청의 메시지가 선언되자 샌디는 눈물을 흘리며 경건히 무릎 꿇고 예수 그리스도 앞에 자신의 삶을 맡겼다.

하나님은 마이크가 그의 삶을 위해 또 그의 목회 생활을 위해 샌디를 필요로 한다는 것을 알고 계셨다는 것을 지금도 나는 의심하지 않는다. 그리고 후에 마이크와 샌디는 정식으로 결혼식을 올렸다. 금발의 딸 민디(Mindy)가 꽃을 들고 앞장섰고, 내가 주례를 했다.

그날 그 두 사람은 하나님의 손길로 인하여, 이제 완전히 회복되었음을 깨닫고 기쁨의 눈물을 한없이 흘렸다. 신랑과 신부를 포함하여 식장에 모였던 사람 중에 울지 않은 사람이 없었다. 그 때문에 나는 결혼식 진행을 한참이나 중단해야 했다. 그때의 그 감개무량했던 순간은 지금도 뭐라 표현할지 모르겠다.

마이크가 '메시아 하우스' 생활과 그 훗날을 통하여 신앙이 자라는 동안에 자신이 가진 통솔력과 훌륭한 의사전달 능력, 그리고 설득력을 역력히 보여주었다. 또 음악에도 대단한 취미를 갖고 있었는데, 마이크는 우리 교회가 운영하는 '마라나타 뮤직'(Maranatha Music)에서 첫 앨범을 제작했을 때 홍보와 판매에 앞장섰다.

우리 갈보리채플의 악단이 총동원 된 성가의 견본 앨범을 자기 차 트렁크에 가득 싣고, 캘리포니아 일대 기독교 서점을 구석구석 찾아다니며 마라나타 뮤직팀의 음반들을 선보이고 나누어 주었다. 그의 능수능란한 솜씨를 본 우리는 '마라나타 뮤직' 운영을 그에게 맡겼고 그는 마라나타 뮤직 대표가 되었다. 그는 음반 판매에서도 놀라운 책임감과 성실함을 과시했다. 그 무렵 마이크의 변함없는 첫사랑의 열정은 청중들에게 복음을 전달하고 싶은 욕망에 사로잡혔다. 그는 찬양이란 복음전도의 밀접한 제2의 요소로써 직접적인 신앙간증과 말씀전파에 앞서 청중의 마음을 한데 모으는 교통의 촉진제라는 것을 잘 알고 있었다.

'마라나타 뮤직'의 대표로서 마이크는 여러 밴드를 관리해야 했다. 악단들이 원정길에 오르면 시간을 조정하고, 짧은 시간을 활용하여 앞에 나가 간증을 하며, 마음속의 무거운 짐을 풀어 놓았다. 이렇게 막간을 이용하여 무대 위에 나가 간증하고 말씀을 증거하는 시간이, 마이크로서는 바라고 찾던 황금시간이 된 것이다. 그는 청중들의 눈을 한 번만 봐도 그의 의사가 전달되고 있음을 감지할 수 있었다.

그가 마라나타 뮤직팀과 기독 연예인들을 인솔하여 마닐라로 선교여행을 했을 때, 하루 저녁에 15,000명의 관중이 모여들었다. 그 집회에서 막간에 등장한 마이크는 탁월한 복음강사로서 대대적인 환영을 받았다.

1975년 바로 이 무렵, 샌디에고 주립대학교 학생이 나를 찾아와 교회 개척을 위해 샌디에고로 보내줄 만한 목사가 없느냐고 문의했다. 그곳에서 갈보리채플까지 매주 운전해 오기가 너무 멀다는 얘기였다. 나는 그때 이 일을 감당하기에 하나님께서 선택하신 적절한 복음 전도자는 마이크 매킨토쉬라고 생각했다.

그렇지 않아도 마이크는 그 지역의 발보아 공원 안에 있는 '환영의 집'(hospitality house)에서 성경공부 그룹을 가르치느라고 주마다 샌디에고로 왕래하고 있던 차였다.

그때 나는 마이크에게 한 달 동안 유급 휴가를 줄 테니까 그동안에 샌디에고로 이사하여 갈보리채플을 개척할 준비를 하라고 했더니, 그는 크게 실망한 듯했고 몹시 서운해하였다. 그는 그동안 나를 친아버지로 여겨왔었는데 이 명령은 마치 사랑하는 아버지가 집을 나가라는 것과도 같았던 것이다. 그러나 그는 나를 아버지처럼 사랑했기 때문에 아버지의 명령을 따르는 아들로서 순종하여 샌디에고로 이사 갔다.

그로부터 2~3개월 후에 마이크는 수요일 저녁 성경 공부 시간에 나를 초청하여 예배를 인도해 달라고 했다. 그때는 린다 비스타(Linda Vista) 구역에 있는 큰 교회당 안에서 집회를 했었는데, 교회당 안에 입추의 여지없이 초만원을 이룬 젊은이들의 빛나는 얼굴을 볼 때, 나는 그들이 마이크의 목회를 통하여 예수 그리스도를 찾은 수많은 크리스천임을 생각하고, 얼마나 자랑스럽고 만족스러웠는지 말로 다할 수가 없다. 주일 예배 때에는 1,000명을 훨씬 넘는 인원수가 교회당을 메운다고 했다.

1년이 채 못 되어 마이크는 번과 알렌(Burns and Allen), 소피 터커(Sophie Tucker)와 같은 저명 연예인들이 열연했던 노스파크극장(North Park Theater)을 사고 싶다고 문의해 왔다. 이 거대한 극장은 물밀듯이 밀려오는 수천의 젊은이들을 받아들이기 위해 필요한 것이었다. 그래서 우리도 이 건물을 살 수 있도록 도와주었다.

마이크가 아름답게 개조하여 조금도 손색없이 단장된 교회로 주일마다 3차에 걸쳐 쏟아져 나오는 인파는 넓은 대학거리를 메우고 그 안에 있는 거대하고 화려한 연단은 드럼, 전자기타, 베이스, 신디 등 많은 악기를 손에 든 악사들과 그들보다도 큰 확성기들로 호화찬란하게 장식되었다.

노스 파크에서 나오는 음악은 전자음으로 온 건물을 뒤흔든다. 그러다 마이크가 말하려고 일단 걸어 나오면 그땐 바늘 떨어지는 소리까지 들릴 정도로 실내가 조용하게 된다. 이 달변가의 입에서는 유머, 풍자, 날카로운 통찰과 끝없는 얘기들이 걷잡을 수 없이 흘러나온다.

그는 임의로 즉흥적이거나 갑작스러운 무언극을 흉내내기도 하고, 또는 우스꽝스러운 익살로 자기 자신을 놀리기도 잘하여 어느 모로 보나 흥미 있는 인물임이 틀림없었다. 어쨌든 그는 설교가 성경과 더불어 하나님의 은총과 사랑을 바탕으로 하는 산 증언이어야 함을 잊지 않았다.

어느 누구라도 그의 이야기에는 흥미를 느끼는 것 같았다. 여기에 하나님의 손길로 회개한 자들이 있었다. 사실 그는 서핑, 마약쟁이, 부랑자 그리고 여피족을 총망라하여 그들에게 희망을 안겨줬다. 이 사람들이 놀란 것은 그들 스스로 손대보지 않은 마약이 없었는데, 이 모든 것을 꼭꼭 집어 말하는 마이크를 볼 때 그가 경험하고 깨달은 대선배의 조언을 따라가는 것은 인지상정이었다.

마이크의 말은 진실했으며 정곡을 찌르고 불의를 날카롭게 파헤치는 힘이 있었기에 그의 강연을 들을 때마다 통쾌하고 믿음직스러웠다. 마이크는 때로 울긋불긋한 티셔츠를 입고 연단 위에 서기도 했으며 넥타이 매고 정장 차림으로 나오기도 했는데, 그때마다 앞에 앉아 있는 영혼들을 뒤흔들어 일깨워주었다.

마이크는 복음전도를 위한 전도자 학교를 설립하여 수백 명의 젊은이를 훈련하기 시작했다. 또 그는 호라이즌채플에서 믿음의 의지를 굳힌 스텝들을 독려하여 스스로 교회를 개척하도록 하였으며, 그 결과 샌디에고 카운티에 여러 지교회가 개척되었다.

그런 관계로 마이크에게 당신은 어느 쪽에 비전을 가졌느냐 묻는다면 그는 자신 있게, 나는 성경 교사라기보다는 전도자라고 답할 것이다. 그리고 덧붙여서 자신은 교회당을 지키고 앉아 책임을 다하기보다는 오히려 큰 집회를 주도하는 부흥전도를 하고 싶은 욕구가 크다고 말할 것이다. 그러나 그는 두 가지 일을 다 잘해나가고 있다.

나는 마이크가 항상 성령을 향해 마음의 문을 열고 있기를, 그리고 지난날과 오늘의 자기를 잊지 않고 계속 겸손할 수 있음을 배우기를 기도한다. 그리고 나는 그가 교만하거나 혹은 예기치 않은 함정에 빠져 실족하는 일이 결코 없기를 또 기도한다. 목회 선상에 서 있는 우리는 모두 "섰다고 생각하는 자여, 넘어지지 않도록 조심하라"는 교훈을 항상 명심해야 할 것이다.

어느 누구와 마찬가지로 마이크도 과거에 지울 수 없는 상처와 함께 성령 앞에서 자신을 낮추지 않는다면 언제라도 다시 땅에 떨어질 약점을 갖고 있다. 그러므로 우리가 실족하지 않으려면 우리의 첫사랑을 소중히 여기고 끝내 저버리지 않는 것이 중요하다.

그리고 또 모든 일이 쉽지 않았던 지난날의 영적인 황무지 생활에서의 경험을 잊어서는 안 된다. 그러므로 하나님이 뜻하실 때 우리가 축복의 계절 안으로 빠르게 인도되었듯이, 우리가 잘못된 선택을 할 때도 언제라도 아주 쉽게 저버려질 수 있다는 영적 원리를 명심해야 한다.

- 주여! 항상 영광 받으시옵기를 비나이다.

오늘날 샌디에고 카운티 주요 구역마다 "호라이즌채플"이란 지교회를 볼 수 있고, 그의 모체인 "Horizon Christian Fellowship"은 대강당, 간 이식당, 정구장, 농구장, 체육관, 교실, 서점 등을 고루 갖춘 거대한 대학 교 시설로 옮겼다.

마이크는 라디오와 텔레비전 방송을 하고 '호라이즌 매거진'(Horizon International Magazine)이란 전도지를 발간하였으며, 교회와 함께 설 립했던 전도자학교를 통해 세계 곳곳에 복음 전도사를 파견하고 있다.

우리 갈보리채플과 관련된 많은 목사들 중에서 마이크 매킨토쉬는 60년 대의 말로 표현할 수 없는 영적 타락의 밑바닥에서 기적적으로 구출되 어 가장 극심한 정신치료의 단계를 거쳐야 했던 사람이다. 마이크의 내 면은 광증, 마약, 깨진 윤리와 도덕, 그리고 부모들의 이혼의 상처로 얼 룩져 있었다.

나는 마이크 매킨토쉬가 해변의 불량배, 정신이상, 이혼의 상처에서 깨 어나 제정신을 찾고 성실하고 헌신적인 사람으로 변화되는 과정을 지 켜봐 왔다.

그는 현재 성실한 남편이며 아버지로서, 또한 어마어마한 교회의 목회자 로서 두각을 나타내고 있다. 이러한 현상을 보고도 하나님의 능력을 모 른다고 한다면 나로서는 더는 할 말이 없다. 그러므로 나는 성령의 역사 로서 우리 성도들이 성경의 진리를 깨닫게 해달라고 기도한다.

마이크와 같은 또 많은 사람이 갈보리채플에서 배운 믿음의 원리를 발 견하고, 자신이 겪었던 시행착오들의 비성경적인 생활의 원리를 깨닫게 해달라고 기도한다.

이러한 진리는 과연 전수가 가능한 일인가? 정식으로 성경의 훈련을 받지 않고도 누구나 다 이러한 원리를 따를 때 열매 맺는 목회가 이루어질 수 있다는 것인가? 이에 대하여 수많은 증인들이 한결같이 대답할 것이다.

- 그렇다. 주께서 하신다.

4부

성장과 부흥의 원칙

척 스미스

성품이 아닌 원칙
교회의 목표
설교의 핵심과 준비
교회 운영의 융통성
성령을 따름

성품이 아닌 원칙

많은 교회들이 목사의 성품을 바탕으로 세워지는데, 그 결과로 이루어진 업적은 모방이나 전수되기가 어렵다. 타인의 인품을 모방한다는 것은 절대로 불가능한 일이기 때문이다. 왜냐하면 하나님은 우리 각 개인에게 특유한 개성을 주셨으며, 각자의 특성에 따라 하나님이 뜻하신 사명을 부여하기 때문이다.

실제로 흔히 있는 일로 많은 목사들이 교회의 성장과 부흥의 원리를 배우기 위해 대형 교회를 찾아가서 그들의 목회 철학과 프로그램은 물론 목사의 대인 관계에서 있을 법한 묘책까지 찾아내어 이를 답습해 보려는 잘못을 저지르고 있다. 그러나 목회는 그렇게 되는 것이 아니다. 절대로 모방할 수 없는 것이다.

물론 하나님이 사람의 성품을 통하여 일하시는 것은 사실이다. 그리고 그 성품이란 대인 관계에서 대단히 중요한 역할을 한다. 그러나 우리 갈보리채플은 성품이 아니고 원칙을 바탕으로 하고 있는데, 이 원칙은 전수가 가능하며 각자가 가진 성품과 더불어 적용이 가능하다. 이처럼 간단한 원리적 절차를 밟음으로써 갈보리채플 목사들은 성공적인 목회를할 수 있었다. 여기서 이에 관한 얘기를 좀 더 나누어 보자.

내가 처음 목회를 시작했을 때, 나는 전도를 제일의 목표로 하는 어느 교파의 한 교회에서 봉사했었다. 그 교회 목회에서 교단에 보고할 월례 보고서의 제1순위는 기간 동안 몇 명을 구원했느냐 하는 것이다. 그리고 그 다음은 몇 명이 침례 받았느냐이다. 나는 교회의 으뜸 목표는 복음화라는 말을 수없이 들어왔고, 나는 설교할 때마다 전도를 강조한 나머지 예수 그리스도를 주와 구세주로 맞이할 것을 거듭 호소했었다.

죄인들을 전도하여 구원하는 설교문을 준비하고 강대상에 설 때면, 나는 적지 않은 실망감에 사로잡히곤 했다. 왜냐하면 고집이 세고 철갑을 쓴 죄인일지라도 이들을 깨고 굴복시킬 수 있는 힘찬 설교문을 준비해서 설교를 했는데, 설교 후 강대상에서 내려다볼 때 예수를 구주로 맞이하지 않은 사람은 하나도 안 보였기에 말이다.

살펴볼수록 모두가 낯이 익고 이름까지 외고 있는 교인들로서 예수를 모르는 죄인은 찾아볼 수조차 없었는데도 나는 이들에게 예수를 믿으라고 호소해야 하는 상황을 어떻게 설명해야 할지 스스로도 이해가 안 되었다. 예배할 때마다 죄인을 교회로 보내 달라고 기도했고, 그 주일에 새로운 죄인이 없을 때의 설교는 예수를 잘 안 믿는 크리스천들을 책망하는 설교로 일관했었다.

나는 매주 신도들에게 주님이 원하시는 증인이 못 된다고 꾸짖는 얘기를 되풀이해야 했다. 참으로 나는 그들을 꾸짖으며, 만약에 당신들이 진실로 주님을 섬기고 있고 하나님이 원하시는 일을 하고 있다면 마땅히 이웃들을 데리고 주님 앞에 나와 하나님 말씀을 듣고 구원받게 해야 한다고 강요했다. 그리고 나는 계속해서 그들이 효과적으로 교인 수를 늘리지 못하고 있고, 예수 그리스도를 올바로 증거하지 못하고 있다며 무조건 죄 없는 양을 책망하기 시작했다.

그때마다 믿는 자들을 그 얼마나 죄의식에 사로잡고 실망하게 했는지, 그동안 내가 행한 목회를 생각할 때마다 마음이 아프다. 물론 내가 전한 메시지는 잘못된 것이 많았기 때문에 그들은 설교를 들을 때마다 죄의식에 사로잡혀 있었다. 그들은 그리스도를 위하여 마땅히 해야 할 증거를 못 하고 있었고, 그들의 생활이 성경에서 요구하는 수준에 미치지 못하고 있었다.

그들은 자신의 생활을 승리로 이끌고 또 훌륭한 그리스도의 증인이 되고 싶었지만, 스스로 어찌해야 하는지 모르기 때문에 자신에 대해 실망하지 않을 수가 없었다. 그러나 이것은 결국 목사들의 책임이다.

목사들이 그리스도의 몸(Body of Christ)인 성도에게 하나님의 말씀으로 먹여서 키워 주지는 못하고, 오직 믿어야 하고 믿으면 산다는 복음 전도만을 자꾸만 되풀이했기 때문이다. 이것이 목회에 있어서 내가 얻은 첫 교훈이었다.

교회의 목표

전통적으로 교회의 우선 목표는 '세계의 복음화'라고 생각했다. 그러나 성경을 보면 바울은 에베소서 4장에서 교회의 우선 목표는 하나님을 섬길 수 있는 완성된 성도들로 키우기 위해 그리스도의 몸을 세우는 데 있다고 했다. 언제나 젖먹이 애가 아니고 그리스도 안에서 자라나 믿음의 열매로 무르익은 씩씩한 어른을 만들어 내는 일을 말한 것이다.

그럼에도 나는 생명력을 잃은 교단에서 중요시하는 침례의 교리를 기준으로 한 회개만을 계속해서 강조했기 때문에 신자들로 하여금 전적으로 주님과 성숙한 관계를 갖게 하는 데 실패했으며, 따라서 그들은 영적인 어린아이의 상태에서 성장하지 못했다.

또 나의 목회생활에서 얻어진 두 번째 교훈은 매우 흥미롭다. 내가 하는 설교는 성경의 신구약을 통하여 발췌한 화제의 제목(Topical)으로 이루어져 있었지 어떤 일정한 형태를 보이고 있지는 않았다.

그래서 이번 주의 논제는 마태복음이고 다음 주는 이사야, 그 다음은 창세기가 되고 또 계시록, 이렇게 뛰어다녔다. 주일마다 나에게 흥미롭다고 생각되거나 혹시 성경이 내게 말해 주는 것이 있다고 생각되면 그것이 곧 설교 제목이 되었다.

설교의 핵심과 준비

그 당시 목회에서 제일 힘들었던 일은 바로 이러한 설교 제목을 어디서 끄집어내느냐 하는 문제였다. 성경을 아무 데나 펴서 읽다가 어떤 성경적인 영감이 떠오르면, 그것을 바탕으로 내용을 형성해 나갔다. 이러한 노력 끝에 나는 2년을 족히 끌고 나갈 수 있는 설교 제목을 마련할 수 있었고, 그것이 끝나면 한 교회에서의 봉사도 끝났다. 그래서 2년 동안의 준비된 설교가 끝나면 나는 다른 교회를 찾아 옮기기로 했다.

그때 우리는 헌팅톤 비치(Huntington beach)에서 살고 있었는데, 2년이 다 될 무렵, 우리 가족은 그 마을에 정들어 있었다. 나날의 생활이 재미있었고, 또 딸아이가 이제 막 그곳에서 학교에 다니기 시작했다. 그래서 사실 떠나고 싶지가 않았다.

이로 인해 나는 더 오래 있기 위해서 설교 제목을 더 많이 만들어 내야 할 책임을 느꼈다. 그때 나는 그리피스 토마스(Griffith thomas)의 『사도 요한』(The Apostle John) 핸드북을 읽고 있었다.

그 책에는 요한일서가 해설되어 있었다. 놀랍게도 나는 여기서 주옥같은 설교 자료를 40개나 찾아낼 수가 있었다. 그래서 매 주일 아침 설교에서 요한일서를 다룬다면 족히 1년은 문제없이 끌고 나갈 수 있으므로 여기서 떠나지 않아도 될 것 같았다. 그래서 불이 나게 서점에 뛰어가서 요한일서에 관한 주석을 몇 권 사다가 철저하게 파고들었다. 이렇게 나는 그리피스 토마스의 연구서를 보완하여 요한일서를 갖고 1년을 지냈다.

그러는 동안에 주목할 만큼의 놀라운 일은 우리 교회가 그사이에 전례 없이 부흥하기 시작한 것이다. 과거에 경험해 보지 못한 새신자들이 늘었고 침례를 받았다.

많은 사람이 그리스도를 맞이한 삶에서 전에 모르던 기쁨을 얻었고, 죄를 밟고 일어서는 강력한 힘을 경험하였으며 구원의 확신을 찾았다. 이것이 바로 요한이 편지를 쓴 세 가지 이유이고, 이것은 곧 하나님 말씀이 결코 헛되지 아니하고 뜻을 이루신다 함을 보여주는 산 증거였다.

요한서신이 믿는 자들에게 더없는 기쁨과 죄에서 자유와 구원의 확신을 안겨준 것은 하나님 말씀이 그들의 삶에서 이루어졌음을 말해 준다. 이것을 통해 나는 두 번째 교훈을 터득한 것이다. 이는 양 떼를 키움에 있어서 제목설교(Topical) 위주의 가르침보다 성경강해(Expositional)를 통한 가르침이 더 힘이 있다는 것이다.

한 해가 또 지났지만 여전히 우리는 헌팅톤 비치를 떠나고 싶지 않았다. 이제 성경을 해설하는 장점을 찾아낸 이상 다음 단계로, 한때 신학교 교수가 강조했던, 어떤 교회라도 변화시킨다던 로마서를 택하기로 작정했다. 그래서 로마서에 대한 주석을 다 사서 모으고 심층 연구를 한 뒤 2년은 더 가르칠 수가 있었다. 그러면서 우리 교회는 두 배로 늘어났다.

그들이 하나님의 은총을 발견하고 나 자신도 그것을 체험했을 때, 사람들 마음속에서 영적 각성은 전격적으로 하나님과 새로운 관계를 이루어 주었다.

바로 그 무렵 나는 헬리(Halley)의 저서 "Bible Handbook"을 새로 구입했다. 바이블 핸드북을 펴보니 공백 난에, 이 책의 가장 중요한 부분은 814쪽이라는 주(註)가 달려 있었다. 그래서 헬리가 가장 중요시하는 것이 무엇인지 알아보기 위해 다시 그 부분을 폈다.

거기에는 단순한 제안이 적혀 있었는데, 그것은 교회마다 합동으로 성경 통독을 계획할 것이며, 목사의 설교는 지난주에 읽은 성경을 내용으로 하는 것이 바람직하다는 내용이다. 실제로 교회가 성경을 독파해 본 일이 없었을 뿐만 아니라 나 자신도 그렇게 진지하게 시도해 본 일이 없었다.

그리하여 나는 세 번째 교훈을 실천해 보기로 했다. 주마다 성경을 열 장씩 차례로 전 교인이 읽고 공부해 오기로 하고, 나의 설교 내용은 그들이 읽은 내용 중에서 정하였다. 나는 다년간 이 일을 실천해 왔는데, 그러는 동안 전 교인들이 성경을 통독함을 목격할 수가 있었다.

제목설교에서 성경별 강해설교로, 그리고 성경 전체를 통한 성경공부로, 두 단계의 전환을 통하여 나는 대단히 놀라운 사실을 배웠다. 첫째로, 애초의 개별적인 제목을 일삼던 목회 때의 설교는 성경을 바로 증거하지 못하고 있었음을 깨달았다. 실제 주일예배에서 성경을 바탕으로 하는 설교를 한다고 했지만, 그 내용이 성경에 입각하지 못하고 있었고 균형을 잃고 있었다.

성경은 하나님 편에서의 여러 가지 면과 인간의 면을 강조하고 있었다. 그러나 내가 한 대부분의 제목 설교는 인간적인 면만을 강조하고 있었다. 사람들에게 기도하고, 증거하고, 헌신적인 봉사를 계속하라고 강권하기에 여념이 없었다.

그러나 우리가 성경을 펴서 처음부터 정신을 차려서 봉독해 가다 보면 사람이 하나님을 위해 무엇을 해야 한다는 것보다도 하나님이 인간을 위해 하신 일을 더 크게 강조하고 있음을 발견하게 된다. 그런데 나는 제목 설교를 하는 동안에는 항상 하나님의 응답을 얻기 위해서 우리가 어떻게 봉사해야 하는가를 강조했었다. 그때 나는 시종일관 사람은 제안자요, 하나님은 응답자라고 증거했었다.

- 네가 하나님께 바치면 그것을 받은 하나님은 더 많은 것을 다져서 넘쳐흐르도록 주신다. 네가 찬양하면 하나님은 찬양하는 자기 백성들과 계시기를 좋아하시니 하나님이 너와 같이하심을 실감하는 축복이 내려진다. 네가 이웃을 구원했다면 너는 잘되고 영원토록 별과 같이 빛나게 될 것이다.

그러나 이제 깨달은 것이다. 하나님이 시작하시는 분이고 하나님 편이 항상 먼저라는 것을 깨달았다. 에베소서를 예로 들어보자. 사도 바울은 에베소서 처음 세 장에서 하나님이 교회를 위해 하신 일에 관해 설명했다. 그는 이 부분에서 다음과 같이 서원했다.

- 찬송하리로다 하나님 곧 우리 주 예수 그리스도의 아버지께서 그리스도 안에서 하늘에 속한 모든 신령한 복으로 우리에게 복 주시었으니 …….

그토록 바울은 1장에서부터 하나님으로부터 우리에게 내려지는 허다한 영광스러운 영적 축복을 우선 설명했다. 그러다가 4장에 와서 비로소 바울은 "부르심을 입은 부름에 합당하게 행하라" 권함으로써 인간으로서의 할 일과 그 책임을 논하였다.

하나님이 창시자이시니, 사람은 모름지기 하나님 부르심에 응답해야 함을 바울은 가르쳤다. 나는 사람들이 과연 하나님이 누구이시고 무엇을 하셨는지 깨닫기 시작했을 때, 그들은 열성껏 하나님 부르심에 답하고 섬기려 했으며 더 이상의 기도나 봉사를 위한 강요가 불필요함을 알았다.

이제 그들은 자진하여, 그리고 자발적으로 봉사와 시간을 아끼지 않게 되었으며 주님이 그들을 위해 하신 일에 보답하고자 가진 것 이상으로 헌신하려고 노력함을 볼 수가 있었다. 이러한 교훈을 통하여 내가 또 배운 것은 복음 전도란 건실한 교회의 자연적인 부산물이라는 사실이다. 일찍이 목회를 통하여 나는 각자가 거리로 나가 전도를 하여 많은 사람에게 예수 그리스도를 알리도록 시종 강요했었는데, 그로 인하여 교회로 찾아오는 사람의 수는 극히 적었다.

그러나 하나님 말씀으로 '그리스도의 몸'(Body of Christ)을 키우기 시작하자, 첫해만도 예수를 영접하고 침례 받은 사람들은 예전의 여러 해 동안의 수보다도 훨씬 많았다. 사람들의 믿음이 자람에 따라 해를 넘길수록 성도가 늘어났고, 또 이들 모두의 믿음 생활이 두터워지고 경건해짐에 따라 우리 교회는 급속도로 성장했다.

교회 운영의 융통성

이런 과정을 거치는 동안 우리는 세 번째 재미있는 일에 부딪혔다. 우리 교회는 크리스마스와 부활주일을 맞으면 대혼란을 빚곤 했는데, 너무나 많은 부모들이 자기 자녀들이 행하는 크리스마스, 부활절 주일학교 행사에 참석했기 때문에 특별 행사가 있는 날이면 그들을 한꺼번에 수용하기가 힘들었다. 그 결과 일 년에 한두 번만 찾아오는 부모들은 수많은 사람들 틈에 끼어 장마당 구경하고 돌아가는 바람에 그들을 정기 예배로의 인도를 못 하고 마는 것이었다.

초만원으로 인한 대혼잡의 폐단을 해소하기 위해 크리스마스와 부활절 예배 때는 본 예배 앞에 하던 주일학교 예배를 없애고, 유년부, 중고등부 주일학교와 성인 본 예배를 같은 시간에 갖도록 했다. 사실 믿음은 들음에서 오는 것인데 주일학교 축제에만 참석하고 떠났기 때문에 그 부모들에게 복음의 메시지를 전할 수 없었다. 그러나 이제 아이들과 청년과 성년들을 모두 한데 모으고 성탄절, 부활절 축복 예배를 함께 드리게 되니, 그들에게 복음을 들을 좋은 기회가 주어진 것이다.

이러한 특별한 예배를 어른이나 아이들이나 모두가 좋아했기 때문에, 우리는 매주 그대로 해나갔다. 그리고 어린아이들을 나이에 따라 별도로 돌보게 하여 본 예배에 방해가 안 되도록 하여 어른들의 참석이 늘어났다. 또한 주일 아침의 본 예배와 청년부를 하나로 통합함으로써, 나는 본당에서 청년부 담임을 겸직하게 된 것이다. 그래서 우리는 자동으로 네번째 교훈인 2부 예배에 눈을 뜨게 되었고, 청년부 학교 교사들의 시간적 여유를 다른 프로그램을 위하여 쓸 수 있게 됨으로써, 우리 교회는 여러 가지 일을 하기에 일손이 넉넉했다.

2부 예배를 시작하면서, 우리는 작게 보이는 강당이나 시설이 본래 좌석 수의 두 배 정도 수용할 수 있음을 알게 되었다. 성도가 계속 늘어남에 따라 주일예배에 일찍 오고 싶어 하는 사람과 늦게 오는 사람으로 나누어 2부 예배를 봤더니, 같은 시설과 같은 스텝으로 두 배의 효율이 나타났다. 결국 두 스텝들이 나누어 봉사를 하게 되니 한 팀이 지역개발을 도울 수 있었고, 여분의 헌금으로 외부의 여러 선교활동을 도울 수 있었다.

후일 다시 3부 예배로 늘어남에 따라 일은 더욱 활기를 띠기 시작했는데, 삼 분의 일의 자금을 우리 자체 운영에, 그리고 삼 분의 이는 폭넓은 선교 활동에 충당하게 되었다. 그리고 이 활동은 오늘도 이어지고 있다.

그 후에 나는 다섯 번째 교훈으로, 어떻게 하면 건전한 교회를 세울 수 있는가를 또 배웠다. 우리 교회가 이렇게 급속도로 부흥됨에 따라 주변의 큰 교회들의 주의를 끌기 시작했는데, 틈만 생기면 와서 설교해 달라는 초청을 받게 되었다. 그럴 때마다 성령의 역사에 흥미를 발견한 그룹들은 성경 지식을 더 얻기 위해서 가정 예배를 인도해 달라는 요청을 해왔다. 그렇게 시작된 성경 공부반이 또 커져서, 곧 두세 개로 계속 늘어났다.

가정채플이 주는 중요성은 값으로 헤아릴 수 없는 교훈이 되었다. 나는 이러한 가정 채플을 전적으로 새로운 방식으로 가르치기 시작했다. 주일 예배 때의 연설조가 아닌 앉아서 지극히 자연스럽게 대화식으로 가르치기 시작했더니, 좀 이해가 안 되는 구절이 나오거나 해석이 이상하다고 느껴지면 자유로운 질문을 서슴지 않았고 그로부터 생기 있는 토론이 이루어져 산 공부가 되곤 했다. 교회에서는 보통, 설교가 30분을 넘으면 사람들은 초조해지기 시작한다. 그러나 가정에서는 1시간 반에서 2시간을 앉아 공부하기가 보통이고, 내가 끝을 맺으려 하면 어느 때는 실제로 좀 더 했으면 하고 아쉬워하기도 했다.

후일 우리가 갈보리채플을 짓기 시작했을 때, 몇 개의 가정 성경 공부반을 동시에 시작했다. 월요일 밤은 젊은이들을 위한 날이었는데, 코스타메사의 어느 넓은 집에 모이면, 나는 대체로 그들과 같이 쭈그리고 앉아 계속 대화식으로 성경 공부를 이끌어 나갔다. 곧 그룹 인원수가 늘어나기 시작하여 방 안에 다 앉을 수가 없게 되자 더러는 2층 계단에 더러는 부엌에 그리고 들어오지도 못한 젊은이들은 밖에서 서성거려야 했다.

그때 우리 갈보리채플로서는 맨 처음 교회를 짓고 있었다. 콘크리트 바닥이 굳어지자마자 그곳으로 자리를 옮겼는데 어두워지면 등불을 몇 군데 매달고 모두 차가운 콘크리트 바닥 위에 앉았다. 물론 나도 그들 틈에 끼어 함께 앉아 성경 이야기를 주고받았다. 그리고 시간이 좀 더 흘러 교회당 벽이 세워졌는데, 이때가 바로 히피 문화의 소굴에서 뒹굴던 수백 명의 젊은이에게 우리의 따뜻한 손길을 내밀었을 때다.

그들은 격식을 안 차리고 밖에 아무렇게나 앉을 수 있어 좋았고, 또 목사 설교의 방식이 아니라 그들과 같이 어울려 앉아서 따뜻하게 성경 얘기를 나눌 수 있는 것이 무척 좋았다. 나는 이러한 격식을 떠난 대화에서, 나름대로 지극히 자연스럽고도 효과적인 교수법을 찾아낼 수 있었다. 나는 어떤 모임에 가서 그저 하나님에 대해서, 영광스러운 하나님의 인격에 대해서, 그리고 하나님 나라에 대해서 가식 없이 얘기해 준다.

앞서 말했듯이 사람들이 성경을 펴들고 하나님 말씀을 배울 때, 내가 설교 조의 어법에서 벗어나 그들과 대화 형식을 취했을 때 그들의 주의 한계는 한 시간 이상을 쉽게 지탱해 주었다. 반 시간의 설교는 사람들을 지치게 해도, 한 시간의 가르침이 쉬운 대화 형식으로 주어질 때는 사람들이 흥미를 갖고 받아들였다.

이것은 결코 힘들거나 복잡한 교훈들이 아니다. 실제로 목회를 열망하는 분들에게 권하고 싶은 딱 한 가지는 하나님 말씀을 쉽게 가르치라는 것이다. 전통을 깨버리는 일이 쉽지는 않지만 성장하지 못하는 교회를 붙들고 있는 것은 더욱 힘든 고역이다.

하나님의 무한한 권능과 구원의 손길이 쉴 새 없이 온 백성의 삶을 바로 잡기 위해 역사하실 때, 우리 갈보리채플이 미국 전역에 뿌리를 내리고 갈수록 급속도로 성장하고 있는 것을 보는 기쁨은 얼마나 감격스러운 일인가? 말로 표현할 수 없다. 하나님 나라로의 영혼의 구제를 향한 거대한 추수는 우리의 목표다. 하나님께 영광을 돌리고 하나님 이름에 합당한 영예의 찬송을 올린다.

갈보리채플의 목사들이 터득해야 하는 또 하나의 중요한 원칙은, 하나님 말씀을 풀이함에 있어서 전적으로 성령의 도움에 의지한다는 것이다. 예수께서 말씀하시기를, 성령께서 모든 것을 가르치시고 지난날에 배운 모든 것을 상기시켜 주신다고 하셨다. 바울은 또 "사람들은 성령의 일을 이해할 수가 없는데, 이는 성령의 세계가 영적 눈으로만 볼 수 있기 때문이다"라고 했다.

성령을 따름

갈보리채플에서 우리가 찾는 것은 성령께서 하나님 말씀을 통하여 하나님의 백성을 변화시키는 일이다. 오늘날 성경을 훌륭하게 가르친다고 자처하는 교회가 많이 있지만, 이들은 한편으로는 성령의 역사하심을 소홀하게 다루고 있다. 이는 바로 생명 없는 교리주의를 신봉하므로, 그들이 성경에 능통할지라도 성경 말씀이 그들의 생활방식에 실천되지 못하고 있는 것이다.

성령의 역사를 믿지 않으므로 설혹 그들의 모습은 경건한 듯하지만, 사실 하늘로부터 오는 성령의 능력은 부정하고 있는 것이다. 이와 반대로 또 어떤 교회는 성령을 지나치게 치중하다 보니 하나님 말씀을 소홀히 하는 경우가 있다. 이는 감정주의로 흐르고 불안정한 상태로 이끌어가기 때문에 색다른 교리의 바람이 불 때마다 그쪽으로 쏠리고, 또 주위에서 항상 기회를 엿보는 이단 교주들과 사이비 단체의 계략에 붙들릴 위험성을 내포하고 있다.

가면을 쓴 이단의 사기꾼 목사들은 감정과 체험을 지나치게 강조하는 교단에서 비옥한 땅을 찾곤 한다. 그러나 하나님의 말씀과 성령의 철저한 균형만이 교회를 굳건한 반석 위에 세울 수 있게 하며, 이를 통해서만이 우리는 인간성 개조라는 대과제가 하나님의 권능으로 이루어짐과 또 "그리스도의 몸"의 꾸준한 성장을 볼 수 있게 된다.

갈보리채플에서 우리는 하나님이 우리 교회를 인도하실 때, 하나님께서 채워 주신다는 확신을 갖고 있기에 돈 문제를 일체 거론하지 않으며, 따라서 기부에 대해 치중하지 않는다. 그래서 우리 갈보리채플 중에는 헌금을 걷는 그릇을 돌리는 대신 헌금하기를 조용히 원하는 사람들을 위해 입구에 통을 놔두는 데도 있다. 하나님은 결코 궁핍하지 않으시며 파산 직전에 놓여 있지도 않기 때문이다.

우리의 하나님은 원하시는 일의 완성을 위한 어떠한 필요도 빈틈없이 충족시켜 주시는 완전하신 하나님이라는 사실을 우리 갈보리채플의 목사들은 배워왔다. 하나님은 하나님 사업을 지탱해 나감에 있어서 하나님 백성의 뒷받침을 필요로 하시지 않는다. 사람이 하나님의 도움을 필요로 할 뿐이다.

교회 자금을 걷기 위한 강요와 교묘한 수법에 못 이겨 성도들이 교회를 떠나는 것은 참으로 안타까운 일이다. 남들처럼 헌금하지 못하니 때때로 난처해져 스스로 그 교회를 떠나게 된다. 그러나 우리 갈보리채플은 절대 헌금을 강요하지 않는다. 사도 바울은 "각각 그 마음에 정한 대로 할 것이요 인색함으로나 억지로 하지 말지니 하나님은 즐겨 내는 자를 사랑하시느니라"(고후 9:7) 기록했다

누구라도 갈보리채플의 교인을 붙들고 교회 일을 물어보라. 그들의 대답은 구구하겠지만 한 가지 공통된 것은 경건한 가운데서도 부담 없고 따뜻하고 사랑이 넘치며 마음 편한 곳이라는 대답을 들을 것이다. 또 예배당 안을 찾아 들어올 때의 첫인상은 모여든 주위의 사람들로부터 풍기는 하나님의 따뜻한 사랑인 것이다.

서로의 따뜻한 분위기가 전체를 감싸줄 것이다. 모두 행복하고 기쁨으로 맞이해 줄 것이다. 그리고 또 사람들의 옷차림이 보여주듯이 경건하면서

도 꾸밈없는 분위기를 보게 된다. 교회에 간다고 애써 치장할 필요가 없다는 느낌이다. 그러면서도 또 치장을 해도 불편할 것이 없는 분위기이다. 이와 같이 갈보리채플에서의 옷차림과는 전혀 상관이 없다.

다시금 히피시대로 되돌아가 비유하자면 그때 그들이 걸치고 왔던 옷차림은 별 무지개 색깔이 다 얽혀 있어서 참으로 가관이었다. 우리 갈보리채플 초창기에 "Love Song"의 가수인 척 기라드(Chuck Girard)는 그가 부른 가사에서 그때의 사정을 이렇게 잘 표현하고 있다.

- 긴 머리, 짧은 머리
- 넥타이에 윗도리
- 이제 사람들 모여드네
- 긴 머리카락 사이로 반짝이는 눈동자 …….

갈보리채플의 찬양은 늘 새로워 생기가 넘치고 하나님과 그 아들을 향한 경배 송으로 가득 차 있다. 이러한 경배 때마다 우리의 찬송은 기타와 드럼 신디 등의 악기가 뒷받침된다. 로큰롤 음악에서 변화 받은 찬양 리더들이 고전찬송을 편곡하고 바로 다른 갈보리채플로 전달해 주기 때문에 갈보리채플은 항상 생기발랄하다. 어떤 젊은이는 찬양 후에, 지금 부른 찬양은 지금 주님께서 주신 노래였다고 고백하기도 했다.

오늘날 대부분의 미국 교회들은 고도로 조직화되어 있고, 또 고도로 프로그램화되어 있다. 이는 교회가 철저하게 교인들에게 의존하고 있으며, 따라서 교인은 교회에 의존한다는 뜻이다. 그러나 우리 갈보리채플은 전적으로 하나님에게만 의존하고 있기 때문에 조직에 있어서 그러한 긴박감을 찾아볼 수가 없다.

이러한 자유로운 조직 운영은 오늘날 미국 사람들의 대부분이 조직에서 벗어난 자유롭고 부담 없는 부서에서 안정을 찾고 있다는 현실에서 착안한 것이다. 그러므로 많은 교회가 메마르고 비좁은 연못에서 고기를 찾느라 애쓰는 동안, 우리는 그 광활한 호수에서 제멋대로 뛰노는 고기 떼들을 무더기로 건져내고 있는 것이다.

사도행전에서 우리는 믿는 자들이 성실하게 사도들의 가르침을 받아 서로 교제하며 떡을 떼며 기도를 계속했다는 말씀을 배웠다. 이 네 가지 요소야말로 초대교회의 특징이며, 또한 이 네 가지는 우리 갈보리채플의 특징이기도 하다.

이러한 교회의 모델을 우리는 꾸준히 이어나가며 성심껏 추구하며 실천에 옮겨왔는데, 초대교회에서 그랬듯이 주님은 날마다 우리의 수를 더해 주셨다. 이처럼 훌륭하고 알찬 아름다운 열매를 맺게 해주신 주님의 공로를 우러러볼 때, 오직 한 가지의 명백한 결론은 바로 이것이다.

 - 영광 받으옵소서 하나님! 너무나 크신 일을 하나님께서 해주셨습니다!

갈보리 채플 권장도서

응답받는 기도생활
척 스미스 저 / 이요나 감역

우리의 기도는 절대적 믿음의 신뢰 속에서 하나님의 능력이 방출되게 하는 것이다. 갈보리채플 부흥의 역사는 아주 작은 신념의 기도로부터 시작되었다. 이 책은 크리스천들이 왜 실패하는 가에 대한 해답과 어떻게 성공적인 삶을 살 수 있는가에 대한 기도생활의 비결을 깨닫게 한다.

계시의 봉인을 떼라
척 스미스, 데이빗 웜비시 공저 / 이요나 감역

언젠가부터 교회 안에 "계시록을 멀리하라 계시록은 봉한 책이므로 절대로 이해할 수 없다"는 소문들이 퍼지기 시작했다. 그러나 분명한 것은 종말의 날이 우리 앞에 다가오고 있다는 것이다. 갈보리채플 척 스미스 목사의 계시록 강해는 오랜 목회생활 속에서 연구하고 깨달은 것을 이해하기 쉽게 정리한 것으로, 이제 이 땅에 일어날 일들을 대처하는 지혜를 제공한다.

영적전쟁의 실체
브라이언 브로더슨 저 / 이요나 감역

인류 역사의 어두움이 절정에 가까워질수록 영적전쟁은 더욱 명백해 진다. 이 전쟁은 단지 철학적 감각의 선과 악의 전쟁이 아니라, 이 땅의 그리스도인들과 마귀와의 전쟁이다. [영적전쟁의 비밀]은 사탄 문화권의 젊은이들을 복음의 승리로 이끌어낸 갈보리채플 척 스미스 목사의 후계자 브라이언 목사가 제언하는 영적전쟁의 승리의 비결이다.

세상을 바꾼 사람들 : 위대한 추수
Harvest

지은이	Chuck Smith & Tal Brooke
번역	최모세(Moses Choi)
감역	오영길(Stephen Oh)
펴낸곳	홀리북스(Holybooks)
출판등록	제2014-000225호
주소	서울시 강남구 언주로 608 3층
전화	070)7565-3535
팩스	02)798-5412
이메일	seoul@calvarychapel.kr
홈페이지	www.holybook.kr
가격	14,800원
출판일	2020.12.20.
ISBN	979-11-970990-4-5 (93230)